融合应用传播丛书之三农传播系列

崔效辉·著

# 现代化视野中的
## 梁漱溟乡村建设理论

ZHEJIANG UNIVERSITY PRESS
浙江大学出版社

**图书在版编目(CIP)数据**

现代化视野中的梁漱溟乡村建设理论/崔效辉著.
—杭州：浙江大学出版社，2013.12
ISBN 978-7-308-11547-6

Ⅰ.①现… Ⅱ.①崔… Ⅲ.①梁漱溟(1893～1988)
—农村社会学—研究 Ⅳ.①C912.82

中国版本图书馆 CIP 数据核字（2013）第 107389 号

现代化视野中的梁漱溟乡村建设理论

崔效辉 著

| | |
|---|---|
| **责任编辑** | 李苗苗(Limiaomiao@zju.edu.cn) |
| **封面设计** | 十木米 |
| **出版发行** | 浙江大学出版社 |
| | （杭州市天目山路 148 号 邮政编码 310007） |
| | （网址：http://www.zjupress.com） |
| **排 版** | 杭州中大图文制作有限公司 |
| **印 刷** | 浙江云广印业有限公司 |
| **开 本** | 710mm×1000mm 1/16 |
| **印 张** | 11.25 |
| **字 数** | 225 千 |
| **版 印 次** | 2013 年 12 月第 1 版 2013 年 12 月第 1 次印刷 |
| **书 号** | ISBN 978-7-308-11547-6 |
| **定 价** | 32.00 元 |

CONTENTS **目 录**

# 绪论:为什么要研究梁漱溟的乡村建设理论

梁漱溟是一名活跃于 20 世纪上半叶的教育家、思想家和社会活动家,除了文化哲学思想外,他的"乡村建设理论"及其 20 世纪 30 年代在山东邹平领导的"乡建"实验,也是广为人知的,在当时和以后长时间里曾引起广泛争论的。梁漱溟认为,20 世纪上半叶中国社会的崩溃源于中国文化的失败。必须把来自西方的"团体组织"和"科学技术"应用于乡村,构造新的社会组织,复兴农业,从农业引发工业,实现国家的工业化,才能完成中国的文化重建和民族复兴。实际上梁漱溟的"乡村建设理论"涉及乡村的文化教育与文化复兴、农民的自我组织与管理、乡村合作事业与乡村工业建设等内容,是有关国家富强、民族振兴的一整套设计方案,而非仅仅是解决乡村问题的。正如他自己所言的那样:"我所主张的乡村建设,乃是解决中国的整个问题,非是仅止于乡村问题而已。"①

## 一、研究思路

乡村建设运动也是一种内容广泛、意义深远的社会综合发展实验。本书拟以现代化理论与发展社会学理论为依托,用分析与对比的方法,来研究在中国现代化历史进程中的梁漱溟乡村建设理论。研究思路是:

(1)梁漱溟乡村建设理论是一种极具时代特征和个人特色的理论,是有关中国现代化的重要理论之一,这一理论部分地反映了 20 世纪初叶中国社会的现实,并创造性地提出了具有可操作性的中国现代化的具体方案;

(2)由于这一理论实践时间短、实践环境恶劣等因素,再加上 20 世纪 40 年代末中国政治格局的巨大变化,梁漱溟乡村建设理论的巨大价值长期被忽略;

(3)20 世纪 50 年代以后中国现代化道路的曲折及今日中国"三农"问题的困境,也从另一侧面证明了梁漱溟乡村建设理论的价值;

(4)与中国农村具有可比性的日本、韩国以及和大陆农村具有可比性的台湾地区,在 20 世纪 50 年代以后的现代化实践中吸收了梁漱溟乡村建设理论中的有价值的内容甚至某些操作性的具体设计;

(5)在新世纪之初,中国现代化进程又面临重要的转折关头,如何在借鉴国外

---

① 梁漱溟著:《梁漱溟自述》,漓江出版社 1996 年版,第 83 页。

经验教训的同时，挖掘和利用中国现代化的本土资源，走出一条中国自己的现代化道路，是值得认真思考的问题。梁漱溟乡村建设理论为我们反思历史和描绘未来提供了一个重要的参考坐标。

### 二、研究乡村建设理论就是研究中国建设理论

若从鸦片战争算起，中国的现代化历程已走过了一个半世纪之久，但时至今日，我们仍在现代化的道路上艰难跋涉。对中国 20 世纪的发展理论、经验与道路进行研究并反思，将会有助于我们更好地走向未来，近 20 年来，国内外学术界对中国现代化进行了多角度、全方位的深入研究，对梁漱溟思想的研究就是这种反思的重要组成部分。

研究梁漱溟乡村建设理论及其实践意义主要基于以下几个方面的原因：

（一）梁漱溟是 20 世纪中国最重要的思想家之一，他对中国文化及其与现代化的关系进行了全方位思考，其理论涉及中西哲学、佛学、儒学、文化、教育、工业化、农村社会发展等诸多方面。更为重要的是梁漱溟不仅是一位坐而论道的思想家，更是一位身体力行的社会活动家，尤其是他对自己乡村建设理论进行了多年的实践。但是，由于众所周知的原因，梁漱溟的学术创作和创造性的社会实践活动，在 20 世纪 50 年代初期就过早地结束了，当时对其理论的研究和批判基本上停留在政治意识形态方面。改革开放以后，梁漱溟重新活跃在中国的学术讲台，对其理论的研究也成为学术研究的热点之一。继《梁漱溟全集》（8 卷本）之后，又出版了《梁漱溟文化理论研究》、《梁漱溟评传》（马勇著，安徽人民出版社 1992 年版；景海峰与黎业明合著，江西百花洲文艺出版社 1995 年版）、《梁漱溟研究集》、《梁漱溟与胡适：文化保守主义与西化思潮的比较》、《梁漱溟思想研究》、《梁漱溟社会改造构想研究》、《梁漱溟学术思想评传》、《梁漱溟乡村建设理论研究》、《最后的儒家——梁漱溟与中国现代化的两难》、《梁漱溟的文化思想与中国现代化》、《梁漱溟自传》、《梁漱溟合作理论与邹平合作运动》等多本著作与译著，见诸于学术期刊的相关论文也有百篇之多。这些研究主要集中在以下几个方面：（1）梁漱溟的哲学思想，包括政治哲学、文化哲学、生命哲学、道德哲学与艺术哲学。（2）文化思想，包括佛学文化观和东西文化观。（3）教育思想主要内容是有关教育的大生命、教育的大功能和教育的大系统。（4）新儒学思想，梁漱溟是被海内外公认的新儒学的开山派人物，其新儒学思想在国内外产生了深远影响。对梁漱溟研究的重点集中在其文化和哲学方面，对其教育思想和乡村建设理论的研究较少。

（二）梁漱溟的乡村建设理论是梁漱溟理论体系中的"行动理论"，是其其他诸方面理论的逻辑归宿，对该理论的实践也是梁漱溟社会活动中的最重要的组成部分。在《乡村建设理论》中梁漱溟不仅回答了中国社会"是什么"、"为什么"的问题，而且还提出了解决中国问题的行动方案，即回答了"怎么办"的问题，更为重要的是

梁漱溟先后用了近10年的时间对其乡村建设理论进行实践。

在梁漱溟看来中国社会的崩溃源于中国文化的失败,是极其严重的文化失调的客观后果。"近百年来世界交通使中国与西洋对面,只见他引起我们的变化,诱发我们的崩溃,而不见我们影响到他有何等的变化发生。这无疑是中国文化的失败。"①与西方个人本位的社会不同,中国社会在本质上是伦理本位的社会,这种社会突出了家庭、家族,压抑了个人,其社会秩序的维持主要在于"教化、礼俗、自力"。而不是法律。这就发生了黄仁宇在《万历十五年》中所言的"法律与道德的错位"现象,结果是所有的问题都被转换为道德问题,以伦理判断代替技术化的行政管理,这是中国文化渐失生命力的根本原因之一,②梁漱溟认为对中国社会的改造,要求助于西方的"团体组织"和"科学技术"这两大法宝,并且从农村着手才能取得成功。所谓"团体组织"也就是西方的民主制度,因此,他提倡社会本位教育,创办"村学"这种政教合一的农村社会组织形式,试图用合作的手段来解决中国社会散漫无力的状况。"科学技术"是梁漱溟从西方借来的改造中国社会的又一"法宝",实现工业化是改造中国社会不言自明的目标,在各种改造中国的社会思潮中,这一点是共同的,梁漱溟也不例外。梁漱溟认为现代化的大生产要依赖科学技术和社会化的组织手段,所以把"团体组织"和"科学技术"引进中国,复兴农业,从农业引发工业,才能实现中国的工业化,进而为实现民族的复兴和中国文化的重建提供物质基础。

(三)对梁漱溟乡村建设理论研究的深度与广度都远远不够。对其乡村建设理论及其在山东邹平所领导的乡村建设实践的评价长期受意识形态的影响,不够公正与客观,没有能"放宽历史的视野",缺少对其理论和实践在中国现代化的历史进程中的比较研究。③ 在已有的研究成果中,美国学者艾凯最先把对梁漱溟的研究放到现代化和全球化的大背景中,艾凯认为"如果我们把梁漱溟作为对'非保守'、非现代现象——现代化——的世界性反应的一种,或许能看出梁漱溟的真正意义"。④ 中国的现代化是一种非内生型的现代化,对中国这样一个拥有几千年悠久文明的民族来说,现代化的进程必定是一个充满痛苦的涅槃过程,中国的现代化进程是在中国社会内外压力下实现蜕变和自我更新的过程,这一过程充满了艰辛、痛

---

① 梁漱溟著:《梁漱溟全集》第二卷,又名《乡村建设理论》,山东人民出版社1989年版,第191页。

② 童星、崔效辉:"儒家视野中的工业化——从梁漱溟《乡村建设理论》看中国现代化的道路选择",《江苏国家行政学院学报》2002年第2期。

③ 在已有的研究中,袁洪亮的"现代化视野中的梁漱溟乡建思想研究"(《孔子研究》2000年第5期)虽名为"现代化视野"的研究,但实际上仍仅限于对梁漱溟乡村建设思想及实践的分析与批判,缺少把梁漱溟乡村建设思想放到中国现代化的历史进程中进行研究的宏观视角。

④ [美]艾凯著:《最后的儒家——梁漱溟与中国现代化的两难》,江苏人民出版社1995年版,第5页。艾凯认为,现代化的动力来自外部的国家或地区都有一种对现代化冲击的本能性的反应,既要求本土精神文化的优越性,又主张为了进步尽可能地借鉴西方的物质文化。落后地区反应中的这种分类因素是这些地区集体性认同危机。

苦和屈辱,当然也有收获、喜悦和自豪。①。从"传统"到"现代"是一条漫长的道路。"现代化"不是一天的工作,也不是一年或十年的工作。② 中国的现代化过程就是一个不断"试错"的过程,也就是要"摸着石头过河"(Sailing In Unscented Rive),在这个长期曲折的历史进程中,我们不能奢望有一个思想家、一种理论或理论流派能够为中国的现代化进程描绘出准确的蓝图。一种思想或理论的生命力在于它为中国的现代化事业贡献了多少有价值的思考。梁漱溟乡村建设理论的生命力就在于它为中国社会的改造提供了一整套的可操作性的方案,并进行了极为可贵的实验。同自由主义和革命的激进主义一样,以梁漱溟为代表的现代新儒家也为中国的现代化事业提供了有价值思考。但长期以来,我们深受"革命万能论"的束缚,认为革命是改造中国社会唯一可行的手段,并试图以革命来促进建设或以革命来取代建设,甚至在一段时间内把凡是不革命的就看成是反革命的,对人与事物的评价完全取决于他与革命的关系。在 20 世纪 90 年代还有人论证梁漱溟领导的乡村建设运动"反共的性质无论在主观上还是在客观上都是明显存在的"。③ 梁漱溟试图"以进步达到平等,以建设完成革命",这固然是行不通的,革命的问题只能用革命的手段来解决,但建设的问题同样只能用建设的手段来完成。梁漱溟乡村建设理论不能解决革命前的中国问题,也不能解决只有用革命的手段才能解决的问题,但可以为革命以后中国社会的改造和建设提供有价值参考。在已有的研究中,仍多以"失败"来看待梁漱溟带领的山东乡村建设运动,实际上,山东的乡村建设运动只有短短的 7 年时间(从梁漱溟 1931 年 6 月创办"中国乡村建设研究院"到 1937 年 7 月全面抗战),对这样一种全方位的社会改造实验来说,试验时间是太短了,而且,山东乃至全国的乡村建设运动是被日本侵华战争所打断,并非这一运动本身原因所致。我们仍然习惯以成败论英雄,但正如美国学者艾恺所言的那样:"并非任何事都宜于根据我们眼见的成败去认识和估量。多次去邹平后,我觉得本来是他对了。他提出的确实是建设中国的长期方案。……他的思想在当下不易为人们所接受。不过,一百年后回顾 20 世纪中国的思想家,或许只有他和少数几个人才经得起时间的考验,而为历史所记住。"④

(四)乡村建设理论、实践与农村集体化理论、实践的对比研究有助于反思 20 世纪中国的乡村发展道路。在农村进行彻底的土地改革后,很快又进行了农业的合作化及集体化——人民公社化。在完成工商业社会改造以后,城市国有工业已成为国民经济的主体,城乡之间、工农之间按照有利于城市与工业的原则,在国家的严格控制下进行不平等的交换,这种不平等交换的实质是把农业剩余甚至是部

① 童星主编:《教育科技与知识经济》,南京出版社 1998 年版,第 37 页。
② 金耀基著:《从传统到现代》,中国人民大学出版社 1999 年版,第 71 页。
③ 余科杰:"重评梁漱溟的乡村建设理论与实践",《信阳师范学院学报》,1994 年第 2 期。
④ [美]艾恺著:《最后的儒家——梁漱溟与中国现代化的两难》,江苏人民出版社 1995 年版,第 4 页。

分非剩余转移到城市和工业中去。为了更有效地从农业中把其剩余转移出来,国家一方面低价收购农副产品,用做工业原料和供给城市居民消费,以扩大工业的利润和降低工人的工资水平,由此形成了巨大的工农业产品的价格"剪刀差"。另一方面为保证工业化的顺利推进,防止农民流向城市,又构筑了以户籍管理制度为核心的二元社会结构,使得大量的过剩劳动力堆积在有限的土地上,导致我国农业在新中国成立后的 30 年里仍处在"过密化"(involution)状态。① 城乡之间这种不平等交换的结果是使中国实现了梦寐以求的初步工业化,但农业劳动生产率却没有多少提高,农民的生活也没有实质性的改善。改革开放结束了长达 26 年(1958—1984 年)的人民公社,农民有了流动和择业的自由,也有了部分生产经营自主权和土地的使用权,各种非农产业迅速发展,这才有了东部沿海地区农村的富裕。经过 20 年的改革开放,中国农村经济有了较快的增长,基本上解决了农民的温饱问题,并有部分地区的农民过上了富裕的生活。但是在温饱型的传统农业走向市场、向现代农业的转变过程中,农业内部的产业结构、农村社会的组织结构和农民在交易中所处的地位等都面临着一系列的问题。要解决这些问题,就要寻找产生这些问题的原因。20 世纪 50 年代初构建的、在经过调整之后一直沿用至今的以牺牲农民利益为特征、以城市工业发展为目的、以城乡分治为手段的农业发展战略(实际上也是整个国家发展战略的最主要的组成部分)是今日"三农"困境的根源。在新世纪之初政府重新提出了"新农村建设"的主张,"新农村"该"如何建设"、"建设什么"、"谁来建设"等问题都需要理论回答,因此,在借鉴国外农业和农村现代化经验的同时,有必要重新审视在现代化历史进程中,那些很有价值的本土资源,尤其是 20 世纪二三十年代那场轰轰烈烈的乡村建设运动。作为乡村建设运动两大流派之一的梁漱溟的乡村建设理论及其实践,一定能为今天的新农村建设提供很有价值的参考。

### 三、研究梁漱溟乡村建设理论及其实践能够有助于反思现代化理论

经过 20 多年的改革开放,中国社会的面貌发生了很大的变化,综合国力有了很大提高。但农村、农民与农业问题仍没有得到很好的解决,现有的某些政策还强化了计划经济时期的做法,城乡社会没有能实现协调发展,甚至还出现了一定程度的"断裂"。改革开放以后,农民获得了部分生产自主权,但国家同农民之间的强制性交易关系仍未得到实质性的改变,农业生产者所处的谈判地位是非常不利的,农业的经济地位仍然是工具性的。这说明"赶超战略"仍然主导着我们的发展思维,其具体表现就是把"发展"理解为片面的经济增长,试图把"如何分蛋糕"的问题等同于"如何做蛋糕"的问题,有意无意地忽视了对经济增长的"伦理追问"。实际上,

---

① 崔效辉:"从国家与农民间的关系理解中国农村的内卷化",《二十一世纪》(香港)2002 年第 3 期。

农民问题是个政治问题,而非仅仅是个经济问题,[①]更不能将其等同于技术问题(技术进步、规模经营、产业结构调整等)。这使得我们要重新审视我们的发展战略,放弃"赶超战略"的思维,寻找一条适合中国自己的发展道路。

发展是当今世界性的主题,对发展的结果——现代化即获得现代性,各发展主体基本上是没有异议的,但对用什么样的手段来发展,不同时空条件下的发展主体却难以取得共识。由于各个国家和地区自然条件、历史传统的差异性很大,发展的手段实际上也不可能是一致的。近半个世纪以来,现代化的后来者们希望模仿现代化的先行者的发展模式,通过经济增长来完成本国的现代化事业。但现代化不只是包含一个方面的内容,而是一个多层面的进程,它涉及人类思想和行为所有领域的变革。经济发展只是现代化的内容之一,如果忽视了现代化的其他方面的内容,甚至连经济增长也无法实现。近几十年的发展实践表明,真正能与发达国家接轨的只是极少国家和地区。作为现代化理论分支的"依附"理论认为,大部分发展中国家在获得现代性的过程中出现了"内在殖民化"或"拉美化"现象。所谓"内在殖民化",是指在一个国家内部,以城市为代表的相对先进的部分、地区和阶层与国际资本连接起来,剥削这些国家的落后部分、地区和阶层,形成内部的依附关系,造成"两极分化"。[②] 所谓"拉美化"是指社会的阶层结构呈现出很不合理的金字塔形,经济增长的成果被占社会成员人数很少的主导性阶层分享殆尽,处于社会中下层的城市贫民和农村无地、少地的农民没有机会分享经济与社会发展的成果,这种拉美国家普遍存在的经济与社会之间的结构失衡现象被称为"拉美化"。[③] 巴西、阿根廷、秘鲁、哥伦比亚、委内瑞拉、墨西哥等拉美国家在 20 世纪六七十年代有着当时世界上最快的经济增长速度,但社会阶层结构的畸形使其丧失了继续发展的动力。由于不能使社会中的大多数人分享经济与社会发展的成果,引发许多社会问题。社会长期动荡不安,贩毒活动、恐怖活动猖獗,左翼游击队长期与政府分庭抗礼,贩毒集团、恐怖组织和左翼游击队都能在城市和农村的贫民中找到自己的后备军。这些国家仍在现代化的道路上艰难跋涉,"并落入为世人诟病的'万劫不复'的锁定状态。"[④]社会学意义上的社会良性运行或可持续发展的关键在于,社会各个阶层都能分享发展的成果,哪怕社会的下层分享成果的比重小一些,这就是所谓的"帕累托改进"。如果不能这样,甚至以牺牲一些阶层的利益为代价来谋求发展,就会陷入一种有增长没发展的"过密化"状态,因此,以现代化理论为代表的传统发展理论的有效性正在受到怀疑。

在计划经济模式被遗弃,赶超战略被批判和传统的现代化理论受到怀疑时,我

---

① 许前席:"作为政治问题的农民问题",《战略与管理》2002 年第 1 期。
② 李小云著:《参与式发展概论》,中国农业出版社 2001 年版,第 19 页。
③ 崔效辉:"警惕中国社会的'拉美化'倾向",《决策咨询》2002 年第 2,3 合刊。
④ 许前席:"作为政治问题的农民问题",《战略与管理》2002 年第 1 期。

们尤其要珍惜中国现代化建设中的本土资源,20 世纪二三十年代那场轰轰烈烈的乡村建设运动,给我们留下了许许多多有价值的理论思考和极为宝贵的实践经验,因此对乡村建设运动进行深入的研究具有很强的现实意义,其研究价值是不言而喻的。

### 四、关于几个名词的说明

1. 乡村建设理论

不仅指梁漱溟的《乡村建设理论》,还包括梁漱溟在不同时期、不同场合所发表的关于乡村建设的一些思想、观点、主张。

2. 乡村建设实验或乡村建设实践

梁漱溟领导的乡村建设是对其理论的实践,这种实践带有一定的实验性质,因此,这种实践就是一种实验,在本文中乡村建设实验和乡村建设实践不做区分。

3. 乡村建设理论、乡村建设运动和乡村建设实验

乡村建设理论是指梁漱溟关于乡村建设的理论,而乡村建设实验在全国有多处,正是有这么多地方在搞乡村建设实验,才有了乡村建设运动。从广义上讲乡村建设实验就是乡村建设运动。

4. 农民、农业、农村

在现代社会中,农民应指从事种植业或养殖业的人,也就是第一产业的从业者,这是指“职业农民”。在中国,农民则不仅是一种职业标记,更是一种社会身份,在本书中,农民的含义带有更多的身份意味。农业指广义的农业,即农、林、牧、渔及农村副业,农村则是指农业劳动者的居住场所,本书中的农村包括建制镇以下的乡村(镇在我国的存在有多种形态,有些镇在国际上可能已经是 City ,而不是 Town,但中西部地区的“镇”可能带有更多的“村”的特色,尤其是在最近几年很多地区都热衷于把“乡”改成“镇”以后)。农民是从事农业的人,农村是农民居住的场所,这就是它们三者的关系。有时本书使用“农村现代化”这样的表述方法,这里的农村显然包含了农业和从事农业的人。

5. 现代化理论和发展理论

从广义上说现代化理论是发展理论的一种,本书中的现代化理论则是相对狭义的现代化理论,是指 20 世纪 60 年代以来诞生的以研究现代化为主题的各种理论,依附理论、世界体系理论可视为广义的现代化理论的一部分。本书把参与式发展理论视为是一种微观发展理论,其发展思路与现代化不同,但发展目标是一致的,因此,本书以参与式理论为坐标,考察了乡村建设运动中的两大流派:“定县实验”和“邹平实验”。

# 第一章　传统与现代的两难选择

发展是当今世界性的主题,对发展的结果——现代化即获得现代性,除极少数受到极端意识形态(如宗教激进主义者)支配的群体和处于比较原始状态(如非洲热带丛林中卑米格人)的群体外,各发展主体基本上是有一定共识的,但对于使用什么样的手段、通过什么样的途径来获得发展,不同时空条件下的发展主体却难以取得共识。由于各个国家和地区自然条件、文化传统的差异性很大,发展的手段实际上也不可能是一致的。近半个世纪以来,以现代化理论为主体的发展理论在世界各地被较为广泛地接受。这种发展理论所包含的是以经济增长为中心的发展思想,其理论背景是二战后资本主义经济的高速发展,因此,"传统发展理论所要求模仿西方发达国家的核心是经济增长",①希望通过经济增长使发展中国家与发达的"中心"国家接轨。"如果现代化只包含一个方面的内容,比如只包含经济发展,事情也许就简单多了"。② 但"现代化是一个多层面的进程,它涉及人类思想和行为所有领域的变革"。而且"这些变革终究会波及与已拥有现代化各种模式的国家有所接触的一切民族"。③ 因此,现代化作为一种不可阻挡的世界性潮流,带给每一个被这种潮流波及的国家和民族这样的难题:如何应对这种潮流? 不管是主动迎接还是被动波及,这是 19 世纪以后每一个现代化的后来者必须直面的问题。对中国这样一个有着几千年悠久文明的古老东方大国来说,这个问题尤其尖锐。现代化何以可能? 在现代化进程中如何保存自我? 如果"全盘西化"是不可能的,那在"部分西化"的进程中该保存哪些自我、如何选择? 现代与传统如何共存? 等等,这些都是我们这个古老的东方大国在被迫卷入现代化大潮之后必须回答的问题,也是我们用了 20 世纪整整 100 年的时间都没能很好地回答的问题。

## 第一节　什么是"现代化"?

鸦片战争以来,中国社会所面临的是"三千年未有的变局",遇到的是从未遇到过的挑战。中国知识分子面对西方文化的挑战,所思考的主题主要是中西文化的

---

① 李小云著:《参与式发展概论》,中国农业出版社 2001 年版,第 10 页。

② 钱乘旦、刘金源著:《透视:现代化的迷途》,浙江人民出版社 1999 年版,第 349 页。

③ [美]塞缪尔·P.亨廷顿著:《变化社会中的政治秩序》,读书·生活·新知三联书店 1989 年版,第 30 页。

差异、优劣以及中国文化发展的方向,等等。所得出的基本结论是,中国的文化特质是精神的,西方文化的特质是物质的。在这种认识的基础上,又一厢情愿地发展出廉价的折中主义:中国文化之长处＋西方文化之长处＝理想的文化。但这种想法是不合经验的,在性质上是情绪性的。其错误在于否定了文化的复杂性与有机性,是一种"文化乌托邦",因此,持这种观点的人"他们的努力,虽不必是反现代化的,但至少是非现代化的"。① "五四新文化运动"试图通过对中国传统文化,尤其是作为其核心价值的儒家思想的彻底清算来为中国的现代化开辟一条道路,"打倒孔家店"的口号就是例证,但是,"所谓'全盘西化'的说法,实际上不只是在理论上是可争论的,而且在经验上是绝对不可能的。"②这是中国的部分知识分子对洋务运动以来"中体西用"之说的一种反动。彻底的文化清算理所当然地激起了中国传统文化的反抗,梁漱溟就是这种反抗的中心人物。"五四新文化运动"并没有使中国走上现代化的康庄大道,中国在此后的岁月中仍然在现代化的道路上蹒跚而行。中国现代化所遇到的阻力来自许多方面,其中一个方面就是中国知识分子的"认知不足"。中国的现代化,在本质上应是一场理性运动,而理性的第一步则是认真思考何谓"现代"及"现代化"。但不幸的是现代化运动的领导者们并未对此进行系统的思考、比较、反思。在鸦片战争之后,先进的中国人知道中国必须学习西方,但对于学习哪些方面、如何学习等问题没有进行深入的思考和理性的分析。20 世纪 30年代之前,知识分子和政府官员普遍使用的是"西化"一词,之后开始使用"现代化"一词。

"现代性"一词的含义可以前溯到启蒙运动。孟德斯鸠、伏尔泰、洛克、卢梭等启蒙思想家所"阐述的'自然状态'、'理性'、'科学'、'个人自由'、'民主'、'平等'等概念深刻而系统地描绘了现代社会的特征,是每个社会必须经历的而且每一代人都必须重复的启蒙教育的基本内容"③。而"现代化"一词的最早来源应追寻到德国社会学家韦伯(Max. Weber)那里,尽管他本人并没有使用"现代化"一词,他使用的是"理性"、"理性化"。他认为人类以其理性对自然和社会环境加以征服和控制所做出的种种努力,是近代西方发展的精神动力。韦伯的"理性化"一词包含两个方面的内容,一个是"价值理性",一个是"工具理性"。"价值理性"是指某些终极价值是人类理性所共有的,对于这些价值应该无条件地接受,而不能计较其效果之得失。"工具理性"则是指在获取价值的过程中应充分考虑所用手段的功效或效果。④ 韦伯认为"唯有在西方,科学才处于这样一个发展阶段:人们今日一致公认

---

① 金耀基著:《从传统到现代》,中国人民大学出版社 1999 年版,第 147 页。
② 金耀基著:《从传统到现代》,中国人民大学出版社 1999 年版,第 115 页。
③ 尹保云著:《什么是现代化》,人民出版社 2001 年版,第 6—7 页。
④ 张灏:"传统与现代化——以传统批判现代化,以现代化批判传统",姜义华、吴根梁、马学新编:《港台及海外学者论传统文化与现代化》,重庆出版社 1988 年版,第 219 也。

它是合法有效的"。① 这是因为，虽然教育和研究不只是今日西方社会特有的事物，但是，"一种理性的、系统的、专门化的科学职业，以及训练有素的专业人员，却只有在西方才存在，而且只有在西方才达到了它今日在我们的文化中所占据的主导地位。"②"理性的科学研究"是"理性的资本主义"的伴生物。"资本主义更多的是对这种非理性(Irrational)欲望的一种抑制或至少是一种理性的缓解。不过资本主义确实等同于靠持续的、理性的、资本主义方式的企业活动来追求利润并且是不断再生的利润。"③除了理性化的经济生活、理性化的技术、理性化的科学研究、理性化的军事训练、理性化的法律和行政机关，"各式各样的理性化早已存在于生活的各个部门和文化的各个领域了。"④其结果是，"国家本身，如果指的是一个拥有理性的成文宪法和理性制定的法律、并具有一个受理性的规章法律所约束、由训练有素的行政人员所管理的政府这样一种政治联合体而言，那么具备所有这些基本性质的国家就只是在西方才有，尽管用所有其他的方式也可以组成国家。"⑤很显然，在韦伯那里，"理性"，就是"合理性"，"合理性"就是"现代性"，"理性化"的过程也就是获得"现代性"的过程——"现代化"。因此，可以认为"世俗理性的萌发与发展，是一个民族走向现代化的重要契因"⑥。

在"现代化"一词中，"现代"(modern)一词有两层含义："一层是作为时间尺度，它泛指从中世纪结束以来一直延续到今天的一个'长时程'；一层是作为价值尺度，它指区别中世纪的新时代精神与特征。"⑦"现代化"一词在英语里是一个动态的名词：modernization 意为 to make modern，即"成为现代的"之意，因此，"现代化"可理解为"获得现代性的过程"。"现代性"即是"合理性"，也就是韦伯所言的"理性"。"现代化"一词是用来描述人类近期发展进程中社会急剧变革的动态的新概念，这一概念出现的历史并不长，但它所描绘的人类历史的进程却有几百年的历史了，而且这段历史也是被人们广为研究和熟知的。"现代化"一词在政治学、经济学、社会学和历史学的研究中被广泛使用，不同学科在使用这一概念时各有不同的侧重。

最早对"现代化"进行讨论的国际学术会议就是 1960 年在日本举行的"箱根会议"，来自世界各国的社会学、政治学、历史学等领域的学者在这次会议上，第一次认真而有系统地讨论了有关现代化的问题，并为"现代化"概念立下了八条标准：

① [德]马克斯·韦伯著：《新教伦理与资本主义精神》，三联书店 1987 年版，第 4 页。
② [德]马克斯·韦伯著：《新教伦理与资本主义精神》，三联书店 1987 年版，第 6—7 页。
③ [德]马克斯·韦伯著：《新教伦理与资本主义精神》，三联书店 1987 年版，第 8 页。
④ [德]马克斯·韦伯著：《新教伦理与资本主义精神》，三联书店 1987 年版，第 15 页。
⑤ 马克斯·韦伯著：《新教伦理与资本主义精神》，三联书店 1987 年版，第 8 页。
⑥ 萧功秦著：《危机中的变革——清末现代化进程中的激进与保守》，上海三联书店 1999 年版，第 21 页。
⑦ 罗荣渠著：《现代化新论——世界与中国的现代化进程》，北京大学出版社 1993 年版，第 6 页。

1.人口相对高度地集中于城市和整个社会不断上升的城市向心趋势。

2.较高程度的无生命动力能源的利用,商品流通和服务设施的增长。

3.社会成员大范围的相互交流以及这些成员对经济和政治事务的广泛的参与。

4.公社性和世袭性集团的普遍瓦解以及通过这一瓦解在社会中造成更大程度的个人社会流动性和更加多样化的个人活动领域。

5.通过个人对其环境的世俗性和日益科学性的选择,广泛地普及文化和知识。

6.一个延展和渗透的大众传播系统。

7.存在大规模的诸如政府、商业、工业等社会制度,以及成长中的这些制度的官僚管理组织。

8.在一个单元(如国家)扩展之下大量人口不断趋向统一性和在一些单元(如国际关系)扩展之下日益增长的相互影响。①

这次会议给出"现代化"的概念是一个"理想型"概念,是对已经"现代化"了的国家经验的一种高度概括和抽象。但这些标准无疑又是比较简单的,有些标准如第七、八两条对"现代化"这一概念的描述似乎并无多少意义。金耀基在其《从传统到现代》一书中为"现代化"制定了六条标准:第一是工业化,第二是都市化,第三是普遍参与,第四是世俗化,第五是高度的结构分殊性,第六是普遍的成就取向。②显然这一设定仍然是不完善的。钱乘旦与陈意新所著《走向现代国家之路》中,依据经验为现代化立下了九条标准,这些标准在价值上是中立的,所概括的是一个长过渡时期中人们社会活动的主要方面,因而也带有理想化的色彩。这些标准是:现代化在经济方面的标准是工业化,在政治方面的标准是民主化,在社会生活形态上的标准是城市化,在人们精神活动方面的标准是世俗化,在社会文明开化方面的标准是知识化,在个人行为方面的标准是普遍的成就取向,在社会组织结构方面的标准是功能专门化,在社会成员的关系方面的标准是自由流动性,在社会等级层次方面的标准是人身自由与机会均等。③钱乘旦与陈意新为现代化所确立的这些变项的确是简洁的、可操作的。它比目前在中国流行的所谓"英格尔斯指标体系"内容要丰富得多、丰满得多。

"英格尔斯指标体系"的10项现代化的指标内容是:

1.人均 GDP(美元)>3000;

2.农业增加值占 GDP 比重(%)<12-15;

3.第三产业占 GDP 比重(%)>45;

4.非农就业者占总就业人口比重(%)>70;

①　罗荣渠著:《现代化新论——世界与中国的现代化进程》,北京大学出版社1993年版。

②　金耀基著:《从传统到现代》,中国人民大学出版社1999年版,第98-103页。

③　钱乘旦、陈意新著:《走向现代国家之路》,四川人民出版社1987年版,第46-47页。

5. 成人识字率(％)＞80；

6. 同年龄青年中受高等教育的比重(％)＞10－15；

7. 城市人口占总人口比重(％)＞50；

8. 平均每个医生服务人口(人)＜1000；

9. 平均期望寿命(岁)＞70；

10. 人口自然增长率(‰)＜10。①

显然，英格尔斯标准具有简明、可测、数据容易获得，度量比较直接等特点，因此受到许多统计工作者的青睐，英格尔斯指标更加强调现代化的外部表征，如人均GDP、成人识字率、人口自然增长率等，而对现代化的内涵与实质，如"推动现代化的动力"、"体现现代化的质量"和"实现现代化的公正"，不具备清晰的内部逻辑依据。②

罗荣渠对"现代化"的含义进行了归纳，概括为四大类：

1. 现代化是指近代资本主义兴起后的特定国际关系格局下，经济上落后国家通过大搞技术革命，在经济和技术上赶上世界先进水平的历史过程。

2. 现代化实质上就是工业化，更确切地说，是经济落后国家实现工业化的进程。

3. 现代化是自然科学革命推动人类社会急剧变动过程的统称，按照这种说法，人类社会在现阶段发生的史无前例的变化，不仅限于工业领域，同时也发生在知识增长、政治发展、社会动员、心理适应等各个方面。

4. 现代化主要是一种心理态度、价值观和生活方式的改变过程。这主要是从社会学、文化人类学、心理学的角度考察现代化的。③

亨廷顿则从政治学的角度对"现代化"进行了不完全归纳，他认为现代化是一

---

① 谢立中：《如何看待社会发展指标的综合评估——兼评"中国现代化研究报告"》，《光明日报》2001年8月2日。实际上除了中国以外，世界上根本不存在一个用来对"现代化"进程进行综合评估的"英格尔斯指标体系"。据我所知，所谓"英格尔斯指标体系"是这样产生出来的：1983年美国著名社会学家英格尔斯教授应北京大学社会学系之邀到该系讲学，讲课中提到有一个叫拉西特(Russett)的学者曾经在20世纪70年代用60个指标对72个国家(包括发达与不发达国家)进行了比较研究，得出了一些有意思的结果。他主要对其中的14个方面(人均国民生产总值、农业产值占总产值比重、城市人口比重等)做了简单介绍，并提出可以以某个典型数字任意画一条线(譬如人均年收入3000美元)，来区分发达国家与不发达国家，观察它们在其他各个指标上的区别，将它们看做是发达国家与不发达国家的另一些分界线。这里有两点要指出：第一，英格尔斯在这里介绍的只是一些分散的指标，并不是一个我们今天所理解的"综合评估指标体系"，无论是他还是拉西特似乎都不曾像我们中国学者今天所做的那样，用它来对各个国家的"现代化"进程进行综合评估；第二，英格尔斯只是在介绍拉西特的研究成果，而不是他自己的成果，因此，如果要叫一个名称，似乎也应该称之为"拉西特指标体系"更准确。这些讲课内容后来通过该系教师孙立平、韩明谟等人在文章或著作中加以引用而得以发表。中国社会科学院社会学研究所朱庆芳研究员看到后，觉得很有启发，遂将其进一步发展为一个"综合评估指标体系"。这就是所谓"英格尔斯指标体系"的由来。它作为一个我们今天所看到的"综合评估指标体系"，实际上主要是中国学者的发明。

② http://www.china.com.cn，20世纪国际上衡量传统现代化的评述，2003年1月21日。

③ 罗荣渠著：《现代化新论——世界与中国的现代化进程》，北京大学出版社1993年版，第9～14页。

个多层面的进程,它涉及人类思想和行为所有领域里的变革,"从心理层面讲,现代化涉及价值观念、态度和期望方面的根本性转变。从智能的层面讲,现代化涉及人类对自身环境所具有的知识的巨大扩展,并且通过日益增长的文化水准、大众媒介和教育等手段将这种知识在社会上广泛传播。从人口统计学角度来看,现代化意味着社会方式的转变、健康水平和平均寿命的明显提高、职业性和地域性流动的增长,以及个人升降沉浮速度的加快,特别是和农村相比,城市人口的迅速增长。"①
"现代化可以理解为在以下各社会领域(次系统)中相互影响的结构变化:国家与民族的形成,民主化,以及继之而来的福利国家的保障和在政治领域的再分配;工业化,自源性经济增长,以及接踵而来的第三产业化,即:扩展服务行业并把它纳入经济领域的大众消费之中;城市化、发展教育、大众通讯(社会流动)和随之而来的更小的社会领域中流动性的提高;文化领域的世俗化、理性化和普遍主义,其原因之一是科学和技术的进步;个人领域的个人主义化、成功取向。从系统角度观察,现代化即全体社会调适和自控能力的提高,即资源和负荷同时增长并出现顺差。从历史角度观察,现代化即 18 世纪工业革命以及政治革命的长期结果,革命促进了几个国家进入国际领先地位,并在世界范围内推动了模仿和赶超的进程。"②这是沃尔夫冈·查普夫对现代化概念的归纳,无疑这一归纳既有微观视角,同时又有宏观视角。

可能是由于"现代化"这一概念在内容上过于庞杂和含混,所以,任何企图完善这一概念的努力都难以达到目的,所以,有的学者干脆放弃了这一努力,"我们把现代化视作社会在科学技术革命的冲击下,业已经历或正在进行的转变过程。业已实现现代化的社会,其经验表明,最好把现代化看做是涉及社会各个层面的一种过程。"③而且,"现代化一经在世界上任何一地展开,其影响便无可避免地渗及全球各处,不管这种影响靠的是武力还是人心所向,或是二者兼而有之。"④现代化是一个包罗宏富、多层次、多阶段的历史进程,从历史的角度来透视,"广义而言,现代化作为一个世界性的历史过程,是指人类社会从工业革命以来所经历的一场急剧变革,这一变革以工业化为推动力,导致传统的农业社会向现代的工业社会的全球性的大转变过程,它使工业主义渗透到经济、政治、文化、思想各个领域,引起深刻的相应变化。狭义而言,现代化又不是一个自然的社会演变过程,它是落后国家采取高效率的途径(其中包括可利用的传统因素),通过有计划的经济技术改造和学习世界先进技术,带动广泛的社会改革,以迅速赶上先进工业国和适应现代世界环境

---

① [美]塞缪尔·P.亨廷顿著:《变化社会中的政治秩序》,读书·生活·新知三联书店 1989 年版,第 30—31 页。

② [德]沃尔夫冈·查普夫著:《现代化与社会转型》,社会科学文献出版社 2000 年版,第 8 页。

③ [美]吉尔伯特·罗兹曼主编《中国的现代化》,江苏人民出版社 1998 年版,第 4 页。

④ [美]吉尔伯特·罗兹曼主编《中国的现代化》,江苏人民出版社 1998 年版,第 6 页。

的发展过程。"①本书认为罗荣渠对现代化内涵的归纳可视为一种发生性定义,是比较全面的,但就现代化的变项而言,钱乘旦与陈意新为现代化所确立的九条变项的确是简洁的、可操作的。本书拟采用这些标准来衡量一种理论或实践的现代化程度。

关于"现代化"的理论就是现代化理论,因此,现代化理论是一个包含着观点差异、甚至观点对立的关于现代化的庞大理论体系。现代化理论是发展社会学中出现最早、最有影响的一个理论流派,该理论是根据西方社会的发展道路提出来的,它以理性化理论为基础,侧重于概念类型的推演,与社会学理论中的社会进化论和帕森斯的新进化论观点密切相关。② 它可分为五大流派:一是从西方社会学衍生出来的各种现代化理论;二是从西方经济学衍生出来的各种经济发展理论;三是从西方政治学衍生出来的各种政治理论;四是从激进发展主义引出的各种依附理论;五是从西方新马克思主义观点提出的有关新帝国主义和新殖民主义理论。③ 现代化理论兴起于 20 世纪 60 年代的美国,这主要是因为第二次世界大战以后,世界格局发生了很大的变化,殖民体系的崩溃、社会主义阵营的崛起以及"冷战"格局的确立,这一切迫使美国"修改传统的以欧洲为中心的世界政策的基点",同时加强对共产主义国家和发展中国家的研究,④于是,现代化研究应运而生。根据现代化理论,欠发达社会应以一种有计划、有控制、加速度的方式重现西方的发展。在亚非拉各国尚不存在西方体制及传统时,应引进或通过"功能等同物"来加以替代。⑤

但是由于时空条件的差异,"西方模式"无法被广泛地复制。近几十年的现代化实践表明,真正能与发达国家接轨的只是极少国家和地区。作为现代化理论分支的"依附"理论认为,大部分发展中国家在获得现代性的过程中出现了"内在殖民化"或"拉美化"现象。正是出于对现代化理论的有效性的怀疑,作为对现代化理论的批判和超越,20 世纪 70 年代新的发展理论应运而生。其中,最引人注目的是强调发展的可持续性、整体性、公平性与发展性原则的可持续发展理论,⑥以及参与式发展理论和为贫困者代言的自由发展理论。参与式发展理论是一种微观的区域发展理论,与现代化理论的"宏大叙事"不同,它强调尊重差异、平等协商,在"外来者"的协助下,通过当地社区成员的积极、主动的广泛参与,实现其可持续的、成果共享的、有效益的发展。⑦ 自由发展理论认为,经济发展就其本性而言是自由的增

① 罗荣渠著:《现代化新论——世界与中国的现代化进程》,北京大学出版社 1993 年版,第 16—17 页。
② 吴忠民、刘祖云编:《发展社会学》,高等教育出版社 2003 年版。第 269 页。
③ 罗荣渠著:《现代化新论——世界与中国的现代化进程》,北京大学出版社 1993 年版,第 41—43 页。
④ 钱乘旦、陈意新著《走向现代国家之路》,四川人民出版社 1987 年版,第 12 页。
⑤ [德]沃尔夫冈·查普夫著:《现代化与社会转型》,社会科学文献出版社 2000 年版,第 8 页。
⑥ 童星主编:《现代社会学理论新编》,南京大学出版社 2003 年版,第 380—382 页。
⑦ 李小云著:《参与式发展概论》,中国农业出版社 2001 年版。

长,人们生活质量应该不是根据我们的财富而是根据人们的自由来衡量。①

　　现代化理论是近半个世纪以来的一种主流发展理论,主要是对发达国家发展经验的总结和归纳,尽管从它诞生之日起就带有意识形态的印记,并且在指导发展中国家的现代化实际进程中也并非十分有效,但现代化理论所归纳和所抽象的一些价值准则(工业化、城市化、民主化、世俗化、知识化、自由流动、结构分化等)仍带有很大的普适性。"现代性在各个民族、各个文化中是共同的。"②因此,用现代化理论来审视另外一种理论或社会实践仍然是有意义的。

## 第二节　中国现代化的两难:传统与现代性的艰难取舍

　　中国的传统文化是指在中国几千年的文明历史中占优势地位、传承到近代的主流文化,主要是以儒家文化为中心,包容了法、道、佛等思想内容的庞大体系。从内容上来看,它包括以儒家知识分子为载体的精英文化,也包括以社会大众为载体的通俗文化。中国传统文化发源于黄河流域,"其文化个性基本上是以个体的农业经济为基础,以宗法家庭为背景,以儒家思想及其文化制度为核心发展起来的。以农业为基础,故近于自然,质朴厚重,尚人伦,尊祖宗;以儒家思想和文化制度为核心,故主道德,尚礼教。"③从其发展的历程来看,在先秦春秋战国时期,出现了中国历史上一个思想活跃、精英辈出的"百家争鸣"的局面,这是中国文化博大精深的思想基础,也是以后几千年中中国文化雄居东方的历史前提。由于中国传统文化的博大精深,以及"理性早启、文化早熟"(梁漱溟语),更加上中华民族所处的独特地理位置——东面和南面是浩瀚的太平洋,西面是青藏高原,北面是草原和戈壁沙漠这样一种相对封闭的地理环境,所面对的都是些海岛民族和游牧民族,在文化的交流中,中国文化一直处于相对优势地位,"中国始终是一个文化的输出者,绝对的文化出超者。"④这使中国文化在长期的发展过程中,成为一个相对自给自足的系统(a self-sufficient system),演化出以自我为中心的"天朝模型"世界观。⑤ 由于中国处在相对孤立的状态中,中国在技术、制度、语言和观念上都发展出一种高度的自我满足感。在悠久的岁月里,受过教育的知识分子之精粹不知世界上尚有在任何方面足以与他们自己的文明相颉颃的其他文明,因此,认为中国在地理上乃是文明生活的中心,并且中国文化在一切方面优于别的一切文化,基于这样的看法,中国

　　① ［英］阿马蒂亚·森(Amartya Sen)著:《以自由看待发展》(Development as Freedom),中国人民大学出版社 2002 年版。

　　② 尹保云著:《什么是现代化》,人民出版社 2001 年版,第 5 页。

　　③ 司马云杰著:《文化社会学》,中国社会科学出版社 2001 年版,第 447 页。

　　④ 金耀基著:《从传统到现代》,中国人民大学出版社 1999 年版,第 44 页。

　　⑤ 殷海光著:《中国文化的展望》,上海三联书店 2002 年版,第 1 页。

人认为自己负有使别人文明开化的使命。可以从"中国"(中央之国)和"中华"(位于正中的文化之华)这两个名词看出这种以自我为中心的"天朝模型"世界观。①中国人这种"自我影像"是一种"种族中心主义",把四周的种族都看做"东夷"、"西戎"、"南蛮"、"北狄"。中国不承认他们也是文化之邦,中国也不承认与他们是平等的,中国不是万国之一国,而是万国之国。由于中国对一个民族的评价标准在文化而非其他,因而"种族中心主义"又转为"中国中心的文化主义"。②

地理环境的相对封闭和文化上的输出者的地位,使中国文化的自我更新机制慢慢变得僵化。在梁漱溟看来,中国文化本来是极富生趣的,"他(中国文化)一无锢蔽的宗教,二无刚性的法律,而极尽人情蔚成礼俗,其社会中的组织及秩序是松软灵活的;乃以日久慢慢机械化之故,其锢蔽不亚于宗教,其刚硬冷酷有过于法律。"民国"七八年间新思潮起来,咒之为'吃人的礼教',就是如此。"③除此之外,中国文化还是"理性早启",但幼稚形态未除,"(中国文化)所走之路不十分反科学,转而长保其不科学的行迹,其所走之路不十分反德谟可拉西,转而长保其不德谟可拉西的行迹。他不是尚未进于科学而是永远不能进步到科学了;他不是尚未进于德谟可拉西,而是永远不能进步到德谟可拉西了。质言之中国文化实是一种成熟了的文化,而幼稚形态未除。"④费正清也认为,"中国的国家制度是牢固的,其权威来自坚不可摧的意识形态基础和长期积累起来的历史先例,世界上没有任何一种政府体制像它那样经得起时间的考验。中国的政治制度具有精密的专门化和职能区分,并由职业官僚遵照高度理性化并有案可稽的成规及先例进行管理。在很多方面,中国非常具备现代转变的条件。"⑤实际上,这是中国文化在东亚长久以来所处的"光荣而孤立"地理环境,缺乏平等的交流对象所产生的结果。当19世纪资本主义势力扩张到东亚时,中国才遇到真正的对手,但中国对这个对手一无所知,还是用旧手段来解决新问题,于是19世纪中叶后的一个世纪是"中国的悲剧性世纪"。"一百年来,中国在'挑战—回应'发展模式中,常常在盲目与错误中,迷失了方向,浪费了时间与精力,我们虽然也获得报酬,但所付出的代价则过于巨大。整个地说,我们的回应是失败的。"⑥现代化不仅是一种新的思想、新的制度,更是一种新的价值,在现代化的潮流席卷全球的同时,引起各种各样的反应。最常见的反应之一就是激起原有文化对这种包含全新价值的新文化的反抗,这种文化反抗遍布全球。在多种多样反抗的形式中,文化守成主义(文化保守主义)就是其中常见的一

---

① 殷海光著:《中国文化的展望》,上海三联书店2002年版,第9页。
② 金耀基著:《从传统到现代》,中国人民大学出版社1999年版,第46—47页。
③ 梁漱溟著:《梁漱溟全集》(第二集),山东人民出版社1989年版,第201页。
④ 梁漱溟著:《梁漱溟全集》(第二集),山东人民出版社1989年版,第203页。
⑤ 吉尔伯特·罗兹曼主编:《中国的现代化》,江苏人民出版社1998年版,第258页。
⑥ 金耀基著:《从传统到现代》,中国人民大学出版社1999年版,第61页。

种类型,"文化守成主义"的共同特征是原有文化发生了认同性危机,这种危机的反应表现为俄国文化优越论、德国的民族主义和泛德意志主义、伊斯兰复兴运动、日本的泛亚洲主义,等等。①

文化保守主义是一种世界范围内的现象,尤其是在资本主义势力向全球扩张之后。地理大发现和工业革命使资本主义成为世界范围内的"强势力量",世界的区域性格局被打破,全球化的步伐开始了。作为对资本主义势力挑战的反应方式之一,文化保守主义成为一种世界性思潮。"保守主义是人类的一种天性,人们对未来不可捉摸之命运的恐惧与惶恐,是守旧求稳倾向的心理基础:天然的守旧思想是人们心灵的一种倾向。那是一种厌恶变化的心情;它部分地产生于对未知事物的怀疑以及相应地对经验而不是理论论证的信赖;部分地产生于人们所具有的适应环境的能力,因此,人们熟悉的事物仅仅因为其习以为常就比不熟悉的事物容易被接受和容忍。"②安全性需求是人类与生俱来的一种本能,这种安全既包括人身的安全也包括认知的安全。"保守主义来源于一种自然的态度,这种态度对有价值的东西的欣赏和失去它的恐惧集于一身。"③因此,"保守的态度不是支持传统安排的不加甄别的偏见,而是对经受住了时间考验的传统安排的一种合理的和反思性的辩护。"④在现代化的历史进程中,作为现代化起源地的英国,提供了一种以缓和、平稳、渐进为特色的发展模式。以保守著称的英国人奠定了现代政治制度的基本原则,如分权原则、全民选举的原则、行政从属于立法的原则、政府向选民负责的原则、法治而不是人治的原则等等。民主化、法律化、制度化、效率化等对现代国家普遍适用的要求,也是最早从英国起步的;政党制、内阁制、文官制、地方自治制等现代政治中常见的形式,显然是在英国最先发展的。在英国的历史中也充满了激进与保守的斗争,"从长远的观点看,激进主义仍然是赢家,因为它是历史的预言家,它走在历史的前面。一切变革都是激进主义原则的胜利,保守主义只是对这些原则加以接受。然而具有讽刺意义的是,在渐进改革这种方式中,它只是让激进主义去摘取历史荣誉的桂冠,却让保守主义去接受改革的实际成果。"⑤

对中国而言,19世纪中叶以后,在应对西方挑战的过程中,占主导地位的保守主义是政治保守主义,一方面,这些保守主义者在价值上认同中国的传统文化,另一方面,也就是更为重要的一方面,政治上的保守主义从本质上看,是对变革可能

---

① ［美］艾凯著:《最后的儒家——梁漱溟与中国现代化的两难》,江苏人民出版社1995年版,第11—12页。

② 钱乘旦、陈晓律著:《在传统与变革之间——英国文化模式溯源》,浙江人民出版社1991年版,第176页。

③ ［美］约翰·凯克斯著:《为保守主义辩护》,江苏人民出版社2003年版,第5页。

④ ［美］约翰·凯克斯著:《为保守主义辩护》,江苏人民出版社2003年版,第1页。

⑤ 钱乘旦、陈晓律著:《在传统与变革之间——英国文化模式溯源》,浙江人民出版社1991年版,第176页。

损害自己的既得利益的恐惧。"有人口口声声维护传统文化,实则不过是维护本身的权益。这种人你要他接受现代化的观念,并非绝不可能,但你要他放弃现有的权益,则万不可能。所以,有许多争论中西文化问题的人,表面上是学术之是非,实际上是争身家之利害,这样的人物,他们自觉与不自觉地成为阻碍中国现代化脚步向前的绊脚石。"①在晚清帝国儒学思想中,"保守主义更多是一种习惯和特权,而不是信仰问题;他意味着支持绅士阶层和官僚由来已久的特权,因而也支持这种特权的帝国制度。"②这能够解释为什么在接受外来刺激的人们中间,有些做出了这种反应,而另外一些做出了别的反应,或者根本就没有反应。19世纪末,以王韬、冯桂芬、郭嵩焘、薛福成、黄遵宪、郑观应等为代表一些知识分子,"这些人都在内地的环境中长大,都在年轻时接受了正统儒家文化训练。然而,与成千上万的其他中国士子不同,他们没有受到传统文化的禁锢,牢固地束缚在狭隘的中国传统上。相反,在西方文化影响的刺激下,在西方造成的政治、经济挑战(真实的或想象的)面前,他们开始了一个文化上的自我再估价过程。这个过程在中国以这样或那样的名义一直延续至今。"③这些人也许在文化上是保守的,但坚决主张进行变革。就其中的代表郭嵩焘而言,"无论他出身与教育,都属当时的主流。他亦以儒学自任,并对礼学有深入的研究。尽管许多保守派(显然是政治上的)将他视为离经叛道之人,但他从未自认为是儒家的叛徒,事实上亦从未向儒学挑战。至少深厚的儒学背景并未阻碍他认识西方,走向世界。"④政治保守主义给中国带来了灾难性的后果,那就是甲午战败和庚子事变,因此,历史在进入20世纪以后,政治保守主义已开始淡出历史的舞台,"与戊戌变法相比,清末新政具有了新的有利条件:庚子事变后,中国人的心态已出现了巨大而深刻的变化;像徐桐、倭仁这样一些顽冥守旧的'原教旨'式的保守主义者,在政治决策层中已经销声匿迹。即使在中国社会的一些角落里仍然有这样的人士,但是,他们在政治生活与社会舆论中的影响力已微乎其微。"⑤在此情况下,形成了近代意义上的文化保守主义思潮,它不同于封建文化保守主义,也不同于政治保守主义,这种"文化保守主义所肯认的'中体'则更注重于体现民族历史精神的文化传统,他们不但将中国文化的道统与旧政统分离出来,还极力赋予其非封建性甚至现代意义的诠释,两者的差别是显而易见的。"⑥文化保守主义的形成也是对越来越激进的革命思潮和革命行动的一种反应,在清王朝灭

---

① 金耀基著:《从传统到现代》,中国人民大学出版社1999年版,第153页。

② [美]杰罗姆·B.格里德尔著:《知识分子与现代中国》,南开大学出版社2002年版,第23页。

③ [美]柯文著:《在传统与现代性之间——王韬与晚清改革》,江苏人民出版社1992年版,第253页。

④ [美]汪荣祖著:《走向世界的挫折——郭嵩焘与道咸同光时代》,岳麓书社2000年版,第322页。

⑤ 萧功秦:《危机中的变革——清末的现代化进程中的激进与保守》,上海三联书店1999年版,第121页。

⑥ 萧功秦:《危机中的变革——清末的现代化进程中的激进与保守》,上海三联书店1999年版,第6页。

亡以后,部分知识分子开始了对中国传统文化的清算,并在五四运动前后演化成"打倒孔家店"和"全盘西化"的极端思潮。作为对这种极端思潮的反应,各种文化保守主义如国故派、学衡派、东方文化派等纷纷提出了自己关于如何对待中国传统文化的主张,"最能显示此期文化保守主义思潮主流色彩的,则是现代新儒家的活动。该派代表人物为梁漱溟、张君劢、熊十力、冯友兰和贺麟等。五四时期,梁漱溟首先在思想界公开打出现代'新孔学'的旗帜,鼓吹复兴儒学,将全世界都引导到'孔子的路上'。"①与政治保守主义不同,20世纪初叶的中国文化保守主义,他们批判传统,"原无意要消灭传统;从传统中解放出来之后,仍需在传统的基础上创新;如果传统被消灭了,则创新的基础也就没有了。"②因此,在新文化运动中出现"全盘西化"和"打倒孔家店"的极端反传统思想、使中国传统文化面临覆灭的危机时,他们不得不作为激进思想的对手出来维护传统。"文化保守主义"和"激进主义"争论的焦点,主要集中在对社会变革和文化传统关系的认识方面。"激进主义"认为,社会的变革必然带来文化性质上的根本改变,不祛旧就无以立新,新旧之间难以调和。胡适的言论最有代表性,"此时没有别的路可走,只有努力全盘接受这个新世界的新文明。全盘接受了,旧文化的'惰性'自然会使它成为一个折中调和的中国本位新文化。若我们自命做领袖的人也空谈折中选择,结果只有抱残守缺而已。古人说:'取法乎上,仅得乎中;取法乎中,风斯下矣。'这是最可玩味的真理。我们不妨拼命走极端,文化的惰性自然会把我们拖向这种调和上去的。"③而保守主义则认为,历史的承传是延绵不断的,新旧之间并无确切的界限,"旧者,根基也。不有旧,决不有新,不善于保旧,决不能迎新;不迎新之弊,止于不进化,不善保旧之弊,则几于自杀。"④东西文化之争不是新旧文化之争,文化作为"民族生活的样法"(梁漱溟语)各有优劣,两种不同文化的接触的结果是"折中调和"。激进与保守之争此后又演化出"科学与玄学"之争和现代化进程中"农业立国与工业立国"之争。总的说来,激进主义迎合了当时求变求新的社会心理,成为时代思想的主流,而保守主义相对来说则受社会的冷落。

在如何对待中国传统文化上,中国社会在鸦片战争后的100多年间一直存在着争论,从"师夷长技以制夷"到"中体西用",从"戊戌变法"到"辛亥革命",从"五四运动"到"在无产阶级专政下继续革命",保守主义逐步让位于激进主义,但中国现代化成果并不令人满意。如何对待传统文化? 如何推进中国的现代化进程? 这不

---

① 胡逢祥著:《社会变革与文化传统——中国近代文化保守主义思潮研究》,上海人民出版社2000年版,第15页。

② [美]汪祖荣著:《走向世界的挫折——郭嵩焘与道咸同光时代》,岳麓书社2000年版,第526页。

③ 胡适:《独立评论》第142号编后记。转引自胡逢祥著:《社会变革与文化传统——中国近代文化保守主义思潮研究》,上海人民出版社2000年版,第17页。

④ 章士钊:《新时代之青年》,见《东方杂志》第16卷第11号,1919年11月。转引自胡逢祥著:《社会变革与文化传统——中国近代文化保守主义思潮研究》,上海人民出版社2000年版,第19页。

仅是梁漱溟式的难题，也是中国的难题，甚至在 21 世纪的今天还是我们无法回避的问题。激进主义和保守主义都为中国社会的现代化提出自己的方案，从教育救国、实业救国、科技救国、民主救国到革命救国，等等，作为文化保守主义旗帜的梁漱溟，也为中国社会的现代化这一难题开出了药方，他认为 20 世纪上半叶中国社会的崩溃源于中国文化的失败。必须把来自西方的"团体组织"和"科学技术"应用于乡村，构造新的社会组织，复兴农业，从农业引发工业，实现国家的工业化，才能完成中国的文化重建和民族复兴。乡村建设运动也是一种内容广泛、意义深远的社会综合发展实验。在 20 世纪 30 年代参加乡村建设运动的团体和教育机构达 600 多个，建立各种实验区 1000 多处，[①]由于日本侵略战争打断了乡村建设运动对中国现代化道路的继续探索，乡村建设运动关于中国现代化的许多有益的思考和可贵实践经验大多被历史湮没了。但是中国的现代化事业，尤其是农村的现代化事业要求我们重新审视这段历史，以便为今天的农村现代化建设提供可用的本土资源。因此，要推动"新农村建设"，在借鉴国外农业和农村现代化经验的同时，有必要重新审视在现代化历史进程中，那些很有价值的本土资源，尤其是 20 世纪二三十年代那场轰轰烈烈的乡村建设运动。作为乡村建设运动两大流派之一的梁漱溟的乡村建设理论及其实践，一定能为我们今天的新农村建设提供很有价值的参考。

面对这一难题，20 世纪 90 年代以来，中国的知识分子试图通过重新审视鸦片战争后的 100 多年的历史，来寻找中国现代化建设的新突破口。对 20 世纪 20～30 年代"乡村建设运动"再研究就是这种反思性研究的一个组成部分。学者们试图通过对已经成为历史的"乡村建设运动"的研究和发现，为中国农村现代化建设提供宝贵的本土资源。尤其是近几年关注中国农村现代化事业的专家、学者、政府官员等已不满足于坐而论道，在撇开"形而上"的争论后，在"形而下"的层次上、在新的历史时期开始了中国"新乡村建设运动"的实验，这种实验不是对历史的重复，而是在新的历史时期，在总结前人经验教训基础上的新的超越。"今天的农村问题是温饱已经解决前提下的农村问题；是在农民可以占有养家糊口土地基础上的农村问题；是工业化已经完成，国家财政收入主要依赖工商业而不是主要依赖农业的农村问题；是国家内政稳定，国力比较强盛背景下的农村问题。这样的农村问题，正是知识分子可以贡献智慧发挥作用的农村问题，正是乡村建设千载难逢的机会！在市场经济不可逆转、农民处境日渐边缘化的背景下，学术界及政策制定部门尽早介入乡村建设，探索农村希望之路，也是中国现代化的希望所在。让我们都来介入乡村建设事业吧！"[②]

---

① 郑大华著：《民国乡村建设运动》，社会科学文献出版社 2000 年版。

② 贺雪峰：《农村的希望在于乡村建设》，http://www.ccrs.org.cn. 2003 年 11 月 7 日。

## 第三节 梁漱溟个人成长、学术思想及社会活动

中国的现代化进程已经历了一个半世纪之久,尤其在 20 世纪 50 年代以后,中国的现代化进程明显地表现出一些"中国特色"。但总体而言,中国的现代化事业尚未完成,我们仍然在现代化的道路上艰难跋涉。"全盘西化"——彻底抛弃传统文化——在方法上不可行,当然"全盘东化"——闭关锁国、拒绝任何外来文化——也是走不通的,中国现代化事业所遭遇到的阻力到底来自哪里,是否真的是传统文化阻碍了中国的现代化进程? 在现代化进程中如何处理传统文化与现代化的关系? 这些问题就成了现代化进程中必须直面的问题。被认为是文化保守主义者的梁漱溟,在 20 世纪二三十年代用其文化思想和乡村建设理论试图对这一问题做出回答。

梁漱溟于 1893 年 10 月 18 日出生在北京,其祖先是元朝宗室后裔。由梁漱溟主编的《桂林梁先生遗书》卷一(年谱)中写道:"我梁氏之先可考者,当元氏居河南汝阳。旧族谱载:一世也先帖木儿公,云公为梁氏始祖,与二子并为元之右翎万户,孙曾袭封,终元世弗替。考元史,也先帖木儿为世祖第五子和克齐之子。……则吾宗先为元之贵近重臣可知。至入明时,元裔之未从顺帝北归者,往往该其旧氏,汝阳地属大梁,故以梁为氏。"①梁氏后于清乾隆年间迁往广西桂林,并在梁漱溟祖父在山西做官时全家迁往北京。梁漱溟的曾祖、祖父、父亲都是举人或进士而做官的,其祖父永宁公曾是山西永宁知州,36 岁时因剿寇而战死,家道一度衰落。梁漱溟父亲梁济,字巨川,四十岁入仕,官至内阁中书,后晋升为侍读,加四品衔。梁漱溟在 1987 年为《梁漱溟学术精华录》一书而写的"自传"中写道:"先父为人忠厚,凡事认真,讲求实效,厌弃虚文。同时又重侠义,关心大局,崇尚维新。"②梁漱溟的外祖父是云南大理人,白族,也考取进士而做官,其祖母、母亲也都读过不少书,能为诗文。梁家是真正的"书香门第"、"仕宦之家"。梁漱溟在家排行第二,有一长兄,名焕鼐,1903 年,京师译学馆成立,梁济就送长子梁焕鼐入馆学习,三年后又送其到东京明治大学学习商业,回国后曾在西北大学任教,也在清王朝商务部做过秘书。梁济还把寄养在家里的两个表外甥也送出国留学,老大张耀曾到日本学习法律,老二张宽西到英国爱丁堡大学学习,梁漱溟的两个妹妹也都毕业于清末的北京女子师范学校。梁漱溟的同祖兄弟梁焕奎、梁焕章等曾于甲午战争之前,在湖南创办我国近代最大的锑矿企业——久通公司,为学习矿业技术,梁漱溟的几个族弟梁焕彝、梁焕廷等先后留学日本、美国、英国等。③

---

① 李渊庭、阎秉华著:《梁漱溟先生年谱》,广西师范大学出版社 2003 年版,第 1 页。
② 梁漱溟著:《梁漱溟全集》(第六卷),山东人民出版社 1989 年版,第 634 页。
③ 梁漱溟著:《梁漱溟全集》(第七卷),山东人民出版社 1989 年版,第 616 页。

梁漱溟 6 岁时开始读书,在读完《三字经》后,没有像其他儿童那样接着读四书五经,而是开始读《地球韵言》。《地球韵言》是一部关于世界各大洲地理、风俗等方面的书籍。一年后,梁漱溟进入北京第一个"洋学堂"——中西小学堂学习。8 岁时因庚子事变,学堂停办而辍学在家,9 岁时入南横街公立小学堂读书,10 岁时与两个妹妹一起入蒙养学堂读书。蒙养学堂是梁漱溟父亲的好友彭翼仲为"灌输新知,启迪童蒙"而创办的小学堂。① 梁漱溟认为对他来说,影响很大的还有彭翼仲同时创办的《启蒙画报》。彭翼仲 1902 年在北京创办(梁漱溟的父亲梁济协助彭翼仲办报,并在其财务上遇到困难时给予大力支持)了第一家报纸,共有三种:《启蒙画报》、《京话日报》、《中华报》。《启蒙画报》是专为孩子们办的,内容多是科学常识、历史掌故、名人佚事、伊索预言等,而后两种报纸则是社会、新闻、政论性的。梁漱溟曾在《记彭翼仲先生——清末爱国维新运动一个极有力人物》中称彭翼仲:"倡导爱国反帝和维新改革运动,遭受摧残,身被重罪",并指出,"他在一般具有维新思想的人士中不见其新鲜,而由于他力行其所知,不顾一切险阻和人们的非笑,在广大的顽旧社会中却显得他新鲜别致而不能不落于孤军奋战了。"② 彭翼仲的为人和他所创办的报纸都对梁漱溟产生了很大的影响,梁漱溟认为:"我所受益最大的是《启蒙画报》;影响于北方社会最大的,乃是《京话日报》;使他自身得祸的则是《中华报》。"③ 梁漱溟 13 岁到由江苏同乡会办的江苏小学堂读书,14 岁考入顺天中学堂读书。由于受父亲的影响,关心时事,留心收集时政资料,因此,在 15 岁时,"无论在人生问题或中国问题上,先生(梁漱溟)在当时已能取得最好自学资料。拥有梁任公手编之《新民丛报》壬寅(1902)、瑮卯(1903)、甲辰(1904)三整年六巨册,和同时他编的《新小说》(杂志月刊)全年一巨册(以上约共五六百万言)。——这都是从日本传进来底。还有其他从日本传进来底,或上海出版的书报甚多。"④"《新民丛报》一开头有任公先生著的《新民说》;他自署曰'中国之新民'。这是一面提示了新人生观,又一面指出中国社会应该如何改造的;恰恰关系到人生问题中国问题双方的,切合我的需要,得益甚大。任公先生同时在报上有许多介绍外国某家某家学说的著作,使我得以领会近代西洋思想不少。"⑤

中学阶段(从 14 岁到 19 岁)是梁漱溟思想形成的第一个时期,这一时期梁漱溟的思想主要是受其父亲的实用主义思想的影响。梁父虽是读书中举之人,但"他最看不起读书人",在国势危殆之时,"看到西洋各国之强盛,事事有办法、有功效、

---

① 李渊庭、阎秉华著:《梁漱溟先生年谱》,广西师范大学出版社 2003 年版,第 9 页。

② 梁漱溟著:《梁漱溟全集》(第七卷),山东人民出版社 1989 年版,第 75—95 页。

③ 梁漱溟著:《梁漱溟自传》,江苏文艺出版社 1998 年版,第 16 页。彭翼仲因办报得罪清廷,曾两次被捕并被发配新疆,在辛亥革命后方回到北京。

④ 李渊庭、阎秉华著:《梁漱溟先生年谱》,广西师范大学出版社 2003 年版,第 17 页。

⑤ 梁漱溟著:《梁漱溟自传》,江苏文艺出版社 1998 年版,第 19 页。

有用处,而反观中国,则一无办法,事不见功效,人又无用处。先父之倾向于维新者,实即其人感情真挚,关切国事,及其一种实用主义哲学,主张务实不务虚之故。惟其如此,故不令我读经书而使我入学堂也。"①美国学者艾恺称梁漱溟20岁之前"是个献身的边沁式功利主义者",由于受父亲和教育的影响,梁漱溟"是一个多多少少的'全盘西化派',他对中国的文化没有兴趣。"②梁漱溟早期思想的确受其父亲的影响很大,梁漱溟的父亲梁济不仅主张维新,实际上还参与了维新,除帮助彭翼仲创办报纸外,1904年还创作并上演了北京第一出"新戏"——"女子爱国",1906年在巡警部任职时,在监狱中创办职业学校并实行教育贫苦儿童的计划,梁济的夫人张春漪除积极参与北京妇女界的社会活动外,还参与了北京第一所新式女校"女子传习所"的建立并在该校教授中国文学。③

1911年,梁漱溟毕业于北京顺天中学,中学毕业后应是到社会上"就业",但梁漱溟却和当时的许多青年一样,由"求学"而"革命"。④ 梁漱溟参加革命的契机缘于他认识了插班进来的同盟会会员甄元熙,受他的影响,梁漱溟的政治立场也从君主立宪变成反满革命,并参加了京津同盟会支部。在清廷退位之前,梁漱溟也和他的同志们"玩弄些手枪、炸弹"的玩意,⑤但清廷退位后,暴力革命用不着了,梁漱溟和京津同盟会的一些人一起到天津办报。报纸名曰《民国报》,总编辑就是对梁漱溟参加革命影响很大的插班生甄元熙,而社长则是后来参加共产党且被国民党杀害的孙炳文,梁漱溟的"漱溟"两个字就是孙炳文给题写的笔名。梁漱溟担任《民国报》外勤记者的时间并不长,约一年有余,加上参加革命的时间也不满两年,但这段经历对梁漱溟的思想却产生了很大的影响。在这期间,读书少而活动多,书本知识未见长进,但社会阅历却很丰富。"而以与社会接触频繁之故,渐晓得事实不尽理想。对于'革命'、'政治'、'伟大人物'……皆有'不过如此'之感。有些下流行径、鄙俗心理,以及尖刻、狠毒、凶暴之事,以前在家庭学校所遇不到的,此时却看见了;颇引起我对于人生,感到厌倦和憎恶。"⑥梁漱溟因是记者,持有长期旁听证,目睹了民国初年的许多重大政治活动,使他对人生和社会感到失望,在增加了对政治人物不信任的同时,也使他增加了许多宝贵的知识和经验,"这些实际知识和经验,有

---

① 梁漱溟著:《梁漱溟自传》,江苏文艺出版社1998年版,第51页。
② [美]艾恺著:《世界范围内的反现代化思潮——论文化守成主义》,贵州人民出版社1991年版,第160页。
③ [美]艾恺著:《最后的儒家——梁漱溟与中国文化的两难》,江苏人民出版社1995年版,第20页。
④ 梁漱溟著:《乡村建设理论》,《梁漱溟全集》(第二卷),又名《中国民族之前途》,山东人民出版社1989年版,第685页。
⑤ [美]艾恺著:《最后的儒家——梁漱溟与中国文化的两难》,江苏人民出版社1995年版,第39页。由于这一地区仍在清廷的控制之下,同盟会的活动是秘密的。梁漱溟投身于一个振奋人心的秘密革命的天地里,这个天地里充满着暗杀、秘密会议、军火走私和自制炸弹。
⑥ 梁漱溟著:《乡村建设理论》,《梁漱溟全集》(第二卷),山东人民出版社1989年版,第686—687页,有

助于我对中国问题之认识者不少。"①在彷徨苦闷之际,梁漱溟偶遇日本人幸德秋水写的《社会主义之神髓》一书,被书中所言的"反对私有财产"主张所吸引,曾撰写《社会主义粹言》一小册子,油印数十本送人。② 梁漱溟离开《民国报》后,回到家里,由于精神苦闷一度试图自杀,由积极的"入世"态度转变到"出世"的态度,开始全身心地研究佛学并身体力行,这种状态一直持续到 1918 年梁父自杀为止。这段精神迷乱时期可以说是梁漱溟的"青春期危机",这种危机严重到了一定的程度就会导致精神变态。一个人个人生活中的中心事件是他未来个性的决定因素。这个中心事件是复杂的,它由许多层面的事实和许多种真理组成,因此,要完全理解这种事件是困难的。毫无疑问,梁漱溟的这种精神危机对他未来产生了重大影响。"在此后的一生中,梁漱溟都将表现出某种心理病态——妄自尊大、对权力的误解、多少还有些偏执、一度的意志消沉——这些都可以作为辨认的标志。"③在这段闭门读书的日子里,梁漱溟不顾父亲的反对,一心研究佛学,他想通过佛学研究来回答人生与人心这样的大问题。他自己总结说:"大约十六七岁时,从利害之分析追问,而转入何谓苦何谓乐之研索,归结到人生唯是苦之认识,于是遂尔倾向印度出世思想了,十七岁曾拒绝母亲为我议婚,二十岁开始茹素,寻求佛典阅读,怀抱出家为僧之念,直至二十九岁乃开始放弃。"④在这期间,除佛学书籍外,他阅读了一些严复翻译的穆勒、赫胥黎、孟德斯鸠等人的著作,也阅读了一些其他人翻译的柏格森、叔本华、尼采等人的著作。对西方学术思想的理解为梁漱溟从"出世"转到"入世"提供了一个重要的契机。

1916 年梁漱溟的《究元决疑论》在《东方杂志》(6、7、8 三期)上发表,北京大学校长蔡元培看到这篇文章后,邀请梁漱溟到北大讲授"印度哲学"。第二年的下半学年梁漱溟到北大任教,一直到 1924 年离开北大去山东曹州办学,前后共七年。在北大的这七年对梁漱溟来说是重要的七年,"七年之间从蔡元培和诸同事、诸同学所获益处,直接间接,有形无形,数之不尽,总之,北京大学实在培养了我。"⑤梁漱溟认为,陈独秀、胡适等人是在北大得到发扬的,而自己则是在北大得到培养的。这七年也是梁漱溟从佛学转向儒学的关键时期。对于这种转变,梁漱溟自己把它归于"参入知识分子一堆,不免引起好名好胜之心。"⑥实际上并非这么简单,梁漱溟的这种转变一个很大的触动因素是其父亲梁济于 1918 年 11 月 14 日自杀。梁济的自杀在当时的社会引起很大的轰动,各种社会名流评论和纪念文字也很多,对

---

① 梁漱溟著:《梁漱溟全集》(第二卷),山东人民出版社 1989 年版,第 687 页。
② 李渊庭、阎秉华著:《梁漱溟先生年谱》,广西师范大学出版社 2003 年版,第 29 页。
③ [美]艾恺(Guy. s. Alitto)著:《最后的儒家——梁漱溟与中国文化的两难》,江苏人民出版社 1995 年版,第 45—52 页。
④ 梁漱溟著:《乡村建设理论》,《梁漱溟全集》(第二卷),山东人民出版社 1989 年版,第 691 页。
⑤ 梁漱溟著:《梁漱溟自传》,江苏文艺出版社 1998 年版,第 309 页。
⑥ 梁漱溟著:《乡村建设理论》,《梁漱溟全集》(第二卷),山东人民出版社 1989 年版,第 698 页。

于他的自杀也有各种各样的解释，当时的社会学家陶孟和试图给出一个社会学式的解释，但艾恺认为："梁济的自杀是经不起这种社会学分析的，无论是迪尔凯姆的经典范畴还是其学生哈尔卜瓦哈对这些范畴的修订都不能做出圆满的解释。""如果不加任何奉承的话，梁济的自杀可以理解为一个没落贵族的怨恨和迷茫。"①但不管如何，梁济的自杀还是给梁漱溟极大的心理震撼，梁济虽然在梁漱溟的成长中对其采取"放任"的态度，但还是希望梁漱溟能够像自己一样，怀抱救世济民的人格理想，在看到梁漱溟闭门念佛、不问世事的做法后，父子之间发生了严重的分歧，在对世事失望后，又对儿子感到绝望，这是他自杀的主要原因。而父亲的死也确使梁漱溟幡然醒悟。在1925年所撰的《思亲记》中，梁漱溟这样写道："漱溟自元年（指民国元年）以来，谬慕释氏。语及人生大道必归宗天竺，策数世间治理则矜尚远西；于祖国风教大原，先民德礼之化顾不知留意，尤大伤公之心。"②梁漱溟遂放弃出家的念头，并于1920年冬结婚。

梁漱溟转变的第二因素则是当时的时代环境与其自己的个性的矛盾使然。梁漱溟在北大讲授印度哲学课程时，"当时新思潮是既倡导西欧近代思潮（塞恩斯与德谟克拉西），又同时引入各种社会主义学说的。"③梁漱溟感到在这种氛围中讲东方哲学有很大的压力，不得不把西洋、中国、印度三种不同的文化体系进行比较，《东西文化及其哲学》就是这种压力下的产物。在研究中，梁漱溟发现，佛家认定人生唯是苦，而儒家则讲乐，"正是由于我怀人生是苦的印度式思想，一朝发现先儒这般人生意趣，对照起来顿有新鲜之感，乃恍然识得中印两方文化文明之为两大派系，合起来西洋近代基督教改革下发展着现世幸福的社会风尚，岂不昭昭然其为世界文化文明三大体系乎。"④因此，"一旦发见儒家书《论语》开头便是'学而时习之不亦乐乎'，一直看下去，全书不见一个苦字，而乐字则出现了好多好多，不能不引起我的极大注意。在《论语》书中与乐字相对的是一个忧字。然而说'仁者不忧'，孔子自言'乐而忘忧'，其充满乐观气氛极其明白；是何为而然？经过细心思考反省，就修正了自己一向的片面看法。此即写出《东西文化及其哲学》的由来，亦就伏下了自己放弃出家之念，而有后到世间来的动念。"⑤在五四运动前后，把中国传统文化与西方文化放到一个参照系中来考察，具有非常重要的历史意义。梁漱溟"试图第一次从哲学的高度对东西文化进行比较研究，为中国文化思想开辟了新的研究领域"，更为重要的是，在"五四时期民族虚无主义思潮盛行的背景下，梁漱溟别

① ［美］艾恺著：《最后的儒家——梁漱溟与中国文化的两难》，江苏人民出版社1995年版，第64—65页。

② 梁漱溟著：《桂林梁先生遗书》卷首，《梁漱溟全集》（第七卷），山东人民出版社1989年版，第181页。

③ 梁漱溟著：《乡村建设理论》，《梁漱溟全集》（第二卷），山东人民出版社1989年版，第698页。

④ 梁漱溟著：《梁漱溟全集》（第七卷），山东人民出版社1989年版，第185页。

⑤ 梁漱溟著：《乡村建设理论》，《梁漱溟全集》（第二卷），山东人民出版社1989年版，第698页。

树一帜地强调中国文化的特殊性和民族性,并赋予中国文化以世界文化的形式"①。这对中国人如何审视自身的传统文化提出了一个重要的参考坐标。

1924 年,梁漱溟辞去北大教职,接受王鸿一的邀请到山东曹州办学。要办之学乃是以研究和发扬中国文化为己任的曲阜大学,在此之前,为"储备人才,培养人才之计:先成立一书院,兼办一高级中学,访求有可深造之高材分任高中各科教员,同时兼为书院研究员。"在梁漱溟所写的曲阜大学《办学意见述略》中,说明了办学的目的:"办曲阜大学的旨趣是想取东方的——尤其是中国的学术暨文化之各方作一番研讨昭宣的功夫,使它与现代的学术思想能接头,发生一些应有的影响和关系。"②梁漱溟的这种想法源于他对东西文化的重新认识。他已不满足于在大学里坐而论道,并且他也不满意当时北大的办学思路,他认为"所谓办教育就应当是与青年为友之意。所谓与青年为友一句话含有两层意思:一、帮助他走路;二、此所云走路不单是指知识技能往前走,而实指一个人的全生活。然现在学校的教育则于此两层俱说不到"③。因此,他离开北大到山东曹州办学,一方面是想按自己的思路来办教育,另一方面,则是想在重新认知东西文化之后,按照一个新的方法来改造中国社会。1924 年梁漱溟到山东曹州办学,半年后因政局有变而退出;1927 年应邀到广州讲学,作《乡治十讲》;1928 年在广州筹办乡治讲习所,并接办广州一中;1929 年,在全国考察各地的乡村建设;同年秋,应邀到河南百泉县河南村治学院任教务长,为河南村治学院制定了《南村治学院趣旨书》及组织大纲、学则、课程等文件;1930 年,在《村治月刊》上分期发表《中国民族自救运动之最后觉悟》一文;1930 年 10 月,蒋、冯、阎中原大战,冯军败北,蒋介石的中央军进驻河南,河南村治学院被封,梁漱溟到山东筹建"山东乡村建设研究院";1931 年 6 月,任山东乡村建设研究院研究部主任。从 1924 年离开北大到 1931 年在山东创办乡村建设研究院,这一段时间是梁漱溟从"形而上"哲学思想转到"形而下"的乡村建设思想的关键时期,也就是梁漱溟从宏观的、抽象层次的理论(文化、哲学)转到微观、具体操作层次的理论(乡村建设)时期,梁漱溟关于乡村建设的理论大多形成于这一时期(虽然《乡村建设理论》一书 1936 年才由邹平乡村书店出版)。在《东西文化及哲学》、《中国文化要义》等著作中,梁漱溟试图回答"中国是什么"的问题,在这段时间里发表的《乡村建设大意》、《中国民族自救运动之最后觉悟》等关于乡村建设的论著中,梁漱溟试图回答"中国该怎么办"的问题,因此,可以认为梁漱溟的乡村建设理论是

---

① 熊吕茂:"近十年梁漱溟研究综述",《湖南师范大学社会科学学报》1997 年,第 5 期。
② 梁漱溟:"办学意见述略",《梁漱溟全集》(第四卷),山东人民出版社 1989 年版,第 782 页。
③ 梁漱溟:"办学意见述略",《梁漱溟全集》(第四卷),山东人民出版社 1989 年版,第 783—784 页。

梁漱溟理论体系中的"中层理论"，①也是他诸方面理论的逻辑归宿。梁漱溟全部理论和社会活动的内在逻辑就是要"认识老中国，建设新中国"，虽然他经历了几个不同的历史时期，社会活动的内容发生了很大的变化，但这个终生为之奋斗的目标没有改变。②

　　1931 年 6 月到 1937 年底这段时间，是梁漱溟一生中最为重要的一段时间，也就是他对自己的乡村建设的理论进行实践的一段时间。在这段时间里，梁漱溟与晏阳初一起成为乡村建设运动的主要领导人，成为全国知名的社会活动家。若从理论影响力来说，梁漱溟的影响力远远超过了晏阳初，因为，此前梁漱溟文化哲学思想就已经引起很大反响，在乡村建设运动期间，梁漱溟又发表了一系列的文章、演将、讲话等，系统阐述了乡村建设运动的缘起、性质、目标、手段，成为乡村建设运动理论上的一面旗帜。1937 年 7 月抗战爆发，梁漱溟被南京国民政府任命为国防委员会委员，开始为抗战奔走呼号。1938 年 1 月，梁漱溟借机访问延安。其目的一是要对共产党进行考察，二是要同中共领导人交换意见，"我是要求改造社会的人，我始终同情共产党改造社会的精神。但我又深深反对共产党不了解中国社会，拿外国的办法到中国来用。我认定北伐后，老社会已崩溃，只需清理头绪来建设社会，没有再事暴动破坏的必要。这里有两句话：'从进步达到平等；以建设完成革命。'"③这次延安之行，梁漱溟如愿地见到了毛泽东等中共高级领导人，其中与毛泽东有两次长时间的交谈。除了抗战话题外，两人交谈最多的是在抗战胜利后如何建设一个新中国的问题，两人对此问题分歧很大，都不能说服对方。梁漱溟把自

---

　　①　所谓的中层理论，是介于抽象的综合性理论同具体的经验性命题两者之间的一种理论，美国社会学家默顿（Robert. K. Merton）指出，在社会学中，中层理论原则上应用于指导经验的调查，它是以下两种理论的中介：一方面是同观察到的特定等级的社会行动、社会组织的变迁相离甚远的概括理论；另一方面是完全没有概括化特点的有条理的详细描述。宋林飞著：《西方社会学理论》，南京大学出版社 1997 年版，第 110－111 页。本文借用"中层理论"这一概念，是指梁漱溟的乡村建设理论是一个可以用来操作、指导社会有计划地变迁的这样一种理论，它不同于宏观、抽象层次的哲学理论，也不同于指导乡村变迁中的实务理论，如合作社理论、乡村教育理论等，而是介于两者之间。

　　②　1950 年 3 月 12 日，梁漱溟会见毛泽东时表示："今天我们当然要建设一个新中国（现代中国），而必先认识老中国才行，'认识老中国，建设新中国'是我一惯的口号。我虽不参加政府，但我建议在政府领导下，设置一个中国文化研究所，或称世界比较文化研究所，我愿当顾问，参与研究工作。"9 月 18 日，梁漱溟对毛泽东再提此事并拿出已拟好的中国文化研究所的草案，但毛泽东不悦，梁漱溟此后再也未提此事（李渊庭、阎秉华著：《梁漱溟先生年谱》，广西师范大学出版社 2003 年版，第 234－239 页）。虽然梁漱溟的学术研究活动在1953 年后就终止了，但他对自己的这一目标并未放弃。1984 年中国文化书院成立，其宗旨是"通过对中国文化的教学与研究，继承并发扬中国文化的优良传统；通过对外国文化的介绍和中外文化的比较研究，促进中国文化的现代化。"梁漱溟应邀担任第一届院务委员会主席，梁漱溟自己说中国文化书院的"这个宗旨颇合我的一贯主张。"（汪东林著：《梁漱溟与毛泽东》，吉林人民出版社 1988 年版，第 81 页）1988 年 5 月 17 日，梁漱溟病重住院，台湾《远见》杂志记者尹平来访，当问及对台湾青年有什么希望时，梁漱溟说："要注意中国传统文化，……要顺应世界潮流。"此后再不能言语，这两句话实际上成了梁漱溟留给这个世界的最后遗言（李渊庭、阎秉华著：《梁漱溟先生年谱》，广西师范大学出版社 2003 年版，第 378－379 页）。

　　③　李渊庭、阎秉华著：《梁漱溟先生年谱》，广西师范大学出版社 2002 年版，第 137 页。

己的《乡村建设理论》一书送给毛泽东,毛泽东阅后认为梁著太看重中国社会的特殊性而忽视了中国社会的一般性,梁则认为毛泽东是太看重中国社会的一般性,而忽视了中国社会的特殊性。虽然没有说服毛泽东,但梁漱溟对毛泽东的印象还是很好,认为毛有"政治家的风貌和气度"。①

1941 年 3 月,梁漱溟去香港筹备成立中国民主政团同盟,年底因香港沦陷回到桂林。从 1941 年底到抗战胜利这段时间,梁漱溟虽然也参加一些国内的政治活动,但主要是在桂林从事著述、讲学。抗战胜利后,国共两党的斗争使中国面临着内战的危险,梁漱溟作为中国民主同盟的领导人又奔走于国共两党之间,为和平建国而努力。在国共两党的斗争已见分晓的情况下,梁漱溟决心退出中国的政治舞台,专门从事著述和办学。1949 年 5 月在重庆创办勉仁书院,同年 6 月出版《中国文化要义》一书。1950 年 1 月,梁漱溟在中共的多次邀请下到北京参加新中国的建设,在随后的两年里参观了各地的土改活动,并被安排为全国政协委员。1953 年 9 月,因对中共的农村政策有异议而招致毛泽东的严厉批评,此后,梁漱溟的政治活动和学术活动基本上停止了。梁漱溟在 1957 年的"反右"运动中未受冲击,在"文革"初期曾一度被抄家,②但很快又过上了平静的日子。在 1953 年以后的日子,梁漱溟只是零星发表了一些应他人要求所写的回忆文章,当然也有一些适应时局变化要求而写的应景文章。因为不能对社会生活进行有效的参与和深入的观察,加上信息闭塞和舆论钳制,梁漱溟这一阶段发表的文章在学术上几乎无成就可言。在 1974 年"批林批孔"运动中,梁漱溟被要求批判孔子,随后写了《今天我们应当如何评孔子》一文作为答复。在 1974 年 3 月 23 日的政协小组会上,面对会议主持人再三询问,梁漱溟脱口而出"三军可夺帅,匹夫不可夺志"之语,震惊四座。③改革开放以后,梁漱溟又重新活跃在学术讲台上,1985 年应邀担任中国文化书院院务委员会主席,这个书院的宗旨是要"通过对中国文化的教学与研究,继承并发扬中国文化的优良传统;通过对外国文化的介绍和中外文化的比较研究,促进中国文化的现代化"。这个中国文化书院,与 20 世纪 50 年代初期,梁漱溟向毛泽东提议成立从事文化比较研究的"中国文化研究所"很相似,梁漱溟很愿意参与其中的活动。梁漱溟还曾受邀到美国讲学,后因年龄的原因而没有成行。山东人民出版社从 1989 年到 1993 年开始陆续出版《梁漱溟全集》,共八卷。国内学术界对其理

---

① 汪东林著:《梁漱溟与毛泽东》,吉林人民出版社 1988 年版,第 8 页。

② 1966 年 8 月 18 日,"红卫兵"到梁家"造反",梁家被抄,梁夫人被打得血透衣衫,夫妻二人被赶到耳屋居住,工资也被降低到维持最低生活的标准。几个月后梁漱溟的生活又恢复到原来的样子,不同的是政协瘫痪,梁漱溟"一直在家,每天去公园练拳、散步,无书可读了就认真看报、看材料,关切着时局的发展和演变",主要的著述是《儒佛异同论》和《人心与人生》(汪东林著:《梁漱溟与毛泽东》,吉林人民出版社 1988 年版,第 59—68 页)。

③ 梁漱溟:"'批孔运动'以来我在学习会上的发言及其经过的事情略",《梁漱溟全集》(第七卷),山东人民出版社 1993 年版。

论的研究也风行一时,国内外学术界先后出版了十余部研究梁漱溟的专著和论文集,散见于各种期刊上的学术论文也多达 200 多篇。

1988 年是梁漱溟生命的最后一年,这一年的 4 月,台湾学者沉重来访,梁漱溟在交谈中"始终强调乡村建设的重要,一再谈到要深入民众之中,到乡村去做实地调查"。5 月 17 日,台湾《远见》杂志记者尹平来访,此时的梁漱溟已经重病卧床,梁漱溟对来访者断断续续地说:"一定要注意中国传统文化,……要顺应世界潮流。"①此后梁漱溟便不能再言语,这实际上是梁漱溟留下的最后遗言。

---

① 汪东林著:《梁漱溟与毛泽东》,吉林人民出版社 1988 年版,第 377—379 页。

# 第二章 梁漱溟乡村建设理论的文化与社会背景及主要内容

## 第一节 梁漱溟对中西文化和中国社会的认知

梁漱溟一生自称是"问题中人"而不是"学问家",他所思考的问题都是社会中的现实问题。如何认识中国? 如何改造中国? 这是梁漱溟一生思考的中心。1921年梁漱溟正式发表《东西文化及其哲学》一书,就是围绕这一中心的。《东西文化及其哲学》的出版当即引起很大的反响。在此书出版之前,梁漱溟已在不同的场合就这一主题做过多次演讲。梁漱溟的《东西文化及其哲学》在西学、西风劲吹之际以及全盘西化的背景下,重新肯定了中国传统文化的价值,"他所从事的是一种转换理论视角、承前启后、继往开来的理论创造性工作。"①梁漱溟第一次把中国文化纳入世界文化体系中加以考察,赋予中国文化以世界文化的形式,被认为是新儒学的开山祖师。

### 一、以西方文化为参照重新认识中国文化

梁漱溟认为东西文化问题是个很现实、急迫的问题,这不仅是个理论问题,也是一个涉及中国向何处去的一个实践问题。"我们现在放眼去看,所谓东西文化的问题,现在是怎样情形呢? 我们所看见的,几乎世界上完全是西方化的世界! 欧美等国完全是西方化的领域,固然不必说了。就是东方各国,凡能领受接纳西方文化而又能运用的,方能使它的民族、国家站得住;凡来不及领受接纳西方化的即被西方的强力所占领。"②在西风劲吹之际,作为一个古老的东方文明古国,应和西方文化有对话的资格,但"唯一东方化发源地的中国也为西方化的强力所压迫,差不多西方化撞进门来已经好几十年,使秉受东方化很久的中国人,也不能不改变生活,采用西方化! 几乎我们现在的生活,无论精神方面、社会方面和物质方面,都充满了西方文化,这是无法否认的。所以这个问题的现状,并非东方化与西方化对垒的

---

① 唐凯麟、王泽应:"梁漱溟伦理思想评价",《吉首大学学报》1995 年第 4 期。
② 梁漱溟著:《东西文化及其哲学》,《梁漱溟全集》(第一卷),山东人民出版社 1989 年版,第 332 页。

战争,完全是西方文化对于东方化绝对的胜利,绝对的压服。"①面对这种情况,一方面是部分中国人自己失掉了对自己民族文化的信心,要"全盘西化"、要"打倒孔家店";另一方面,在欧洲资本主义遭遇第一次世界大战、欧洲人自己对文化进行反思的同时,又有些中国人认为中国的文化可以拯救世界。"杜威来北京后说东西文化应当调和,……罗素因对西方文化很有反感,所以就说中国文化如何地好。梁任公从欧洲回来后,看到西方人反感自己的文化,而对中国的文化有不知其所以然的一种羡慕,所以在其《欧游心影录》里面也说到东西文化融合的话。"②在梁漱溟看来,这都不是正确的态度,其错误的原因在于中国人没有能认识到西方文化与中国文化的本质差异。从明朝徐光启翻译《几何原本》,到康熙时西方的天文、数学输入中国,中西文化的交流实在是很有限的。当欧洲资本主义势力大肆向全球扩张时,中国人认识到了"坚船利炮",以至于后来的洋枪、声、光、电、化等等,这些都是中国人认为不得不学的东西,提出"师以长技以制夷"的主张,并随后兴起了"洋务运动"。但"这时候全然没有留意西洋这些东西并非凭空而来,却是有他们的来源。他们的来源,就是西方的根本文化。有西方的根本的文化,才产生西洋的火炮、铁甲、声、光、化、电这些东西;这些东西对于东方从来的文化是不相容的。"③在此后历经甲午战争、戊戌变法以至于最近的新文化运动,中国人对现代化的认识终于从"器物"层次上升到"制度"层次,进而又上升到"价值(文化)"的层次,这是中国人认识上的一个飞跃。但有些人又偏向了另一个极端,认为中国的落后全是中国文化的过错,认为中西文化是"一古一今的;一前一后的;一是未进的,一是既进的。"④因此,要全面清算中国文化、全面引进西方的文化,甚至不惜矫枉过正,"全盘西化"和"打倒孔家店"就是这种思潮的反映。当然,"全盘西化"的主张不仅在认识上是错误的,而且在方法论上也是不可能的。所以,首先要做的事情就是"认识老中国"——以西方文化为参照重新认识中国的文化。由于中国文化在东亚二千年来享有的"光荣的孤立",形成了以自我为中心的"天朝模型"世界观,⑤不能平等对待外来文化,在中西文化交流之初,仍然把西方文化看做"夷、狄"文化。当被这种文化屡次打败后,又认为中国文化不如西洋文化。因此,要把中国文化放到世界文化的大背景中来考察,为中国文化确立一个必要的参照系,才能正确认识中国的文化,梁漱溟的《东西文化及其哲学》及《中国文化要义》正是按照这种思路来认识中国文化的。在正确地认识了中国文化之后,才能为中国的社会改造提供有价值的、

①　梁漱溟著:《东西文化及其哲学》,《梁漱溟全集》(第一卷),山东人民出版社 1989 年版,第 332—333 页。

②　梁漱溟著:《东西文化及其哲学》,《梁漱溟全集》(第一卷),山东人民出版社 1989 年版,第 331 页。

③　梁漱溟著:《东西文化及其哲学》,《梁漱溟全集》(第一卷),山东人民出版社 1989 年版,第 333 页。

④　梁漱溟著:《东西文化及其哲学》,《梁漱溟全集》(第一卷),山东人民出版社 1989 年版,第 340 页。

⑤　殷海光著:《中国文化的展望》,上海三联书店 2002 年版,第 1 页。

可操作的设计。在梁漱溟看来,通过中西文化的对比是"认识老中国"的最好方法。

中西文化的交流、碰撞,对作为弱势文化的中国文化来说,应付的方法不外三种:

"(一)倘然东方化与西方化果真不并立而又无可通,到今日要绝其根株,那么,我们要自觉的如何彻底的改革,赶快应对是去,不要与东方化同归于尽;

"(二)倘然东方化受西方化的压迫不足虑,东方化确要翻身的,那么,与今日之局面如何求其通,亦须有真实的解决积极的做去,不同要做梦发呆卒致倾覆;

"(三)倘然东方化与西方化果有调和融通之道,那也一定不是现在这种'参用西法'可以算数的,须要赶快有个清楚、明白的解决,好打开一条活路,决不能有疲缓的态度。"①

显然,中国人要做的就是在重新认识中国文化的同时,引进西方文化中外来因素改造中国文化。如果没有对西方文化的本质认识,而只是被西方文化的外表所吸引,那么,中国人引进的西方文化必定是囫囵吞枣、难以消化的。例如中国人引进了西方的政治制度,但在中国遇到了梗阻,这是"因为中国人民在此种西方化政治制度之下仍旧保持东方化的政治制度底下所抱的态度。东方化的态度,根本上与西方化剌谬;此种态度不改,西方化的政治制度绝对是不会安设上去"②。"要引进西方文化到中国来,不能单搬运,摹取他的面目,必须根本上从他的路向、态度入手"③。那么,什么是西方文化的根本呢?梁漱溟认为:"西方化是以意欲向前要求为根本精神的。或说:西方化是由意欲向前要求的精神产生'塞恩斯'与'德谟可拉西'两大异彩色的文化。"④作为西方文化精华的"民主"与"科学"产生于西方人意欲向前的人生态度。通过东西方文化对比,梁漱溟认为人生有三种路向:

"(一)本来的路向:就是奋力取得所要求的东西,设法满足他的要求;换一句话说就是奋斗的态度。遇到问题都是对于前面去下手,这种下手的结果就是改造局面,使其可以满足我们的要求,这是生活的本来路向。

"(二)遇到问题不去要求解决,改造局面,就在这种境地上求我自己的满足。他并不想奋斗改造局面,而是回想的随遇而安。他所持应付问题的方法,只是自己意欲的调和罢了。

"(三)遇到问题他就想根本取消这种问题或要求。"

一般说来,"所有人类生活大约不出三个路径样法:(一)向前面要求;(二)对于自己的意思变换、调和、持中;(三)转身向后要求。"⑤中西文化的根本差异就在于

---

① 梁漱溟著:《东西文化及其哲学》,《梁漱溟全集》(第一卷),山东人民出版社1989年版,第337页。
② 梁漱溟著:《东西文化及其哲学》,《梁漱溟全集》(第一卷),山东人民出版社1989年版,第337页。
③ 梁漱溟著:《东西文化及其哲学》,《梁漱溟全集》(第一卷),山东人民出版社1989年版,第385页。
④ 梁漱溟著:《东西文化及其哲学》,《梁漱溟全集》(第一卷),山东人民出版社1989年版,第353页。
⑤ 梁漱溟著:《东西文化及其哲学》,《梁漱溟全集》(第一卷),山东人民出版社1989年版,第381—382页。

人生的不同态度，"中国文化是以意欲自为、调和、持中为其根本精神的。印度文化是以意欲反身向后为其根本精神的。"①中西文化是两种不同的文化，各自有自己的内在发展逻辑，"我可以断言假使西方文化不与我们接触，中国是完全闭关与外间不通风的，就是再过三百年、五百年、一千年也断不会有这些轮船，火车、飞行艇、科学的方法和'德谟可拉西'的精神产生出来。"②"中国人的思想是安分、知足、寡欲、摄生，而决没有提倡要物质享乐的；却亦没有印度的禁欲思想。不论境遇如何他都可以满足安受，并不要求改造一个局面。"③

中国文化想要翻身，成为与西方并驾齐驱的世界文化，就要改变中国人的人生态度。"所谓翻身，不仅说中国人仍旧使用东方文化而已，大约使东方化可以翻身亦是同西方化一样，成为一种世界文化——现在西方化所谓科学和民主之二物，是无论世界上哪一个地方的人皆不能自外的。所以，此刻问题真直截了当的，就是东方化可否翻身成为一种世界文化？如果不能成为世界文化则根本不能存在；若可以存在，当然不能仅只使用于中国而须成为世界文化。"④

梁漱溟认为，"我们推测的世界未来文化既如上说，那么我们中国人现在应持的态度是怎样才对呢？对这个三种态度如何取舍呢？，我可以说：

第一，要排斥印度的态度，丝毫不能容留；

第二，对于西方的文化是全盘承受，而根本改过，就是对其态度要改一改；

第三，批评的把中国原来态度重新拿出来。"⑤

中、西、印度三种文化路径本身没有优劣之分，只是一个是否合时宜的问题，中国人应该向西方文化学习。"西洋文化的胜利，只是在其适应人类目前的问题，而中国文化印度文化在今日的失败，也并非其本身有什么好坏可言，不过就在不合时宜罢了。人类文化之初，都不能不走第一条路，中国人自也这样，却他不待把这条路走完，便中途拐到第二条路上来；把以后方要走的路提前走了，成为人类文化的早熟。但是明明还处在第一问题未了之下，第一路不能不走哪里容得你去走第二条路？所以就只能委委曲曲走出一种暧昧不明的文化——不如西洋文化那样鲜明；并且耽误了第一路的路程，在第一问题之下的世界出现很大的失败。"⑥

梁漱溟还以西方文化为参照，指出了中国文化的本质特征及其存在的问题。梁漱溟认为，同西方文化相比，中国文化存在的问题是：

"第一，中国非是迟慢落后，……中国不是尚未进于科学，而是已不能进于科

---

① 梁漱溟著：《东西文化及其哲学》，《梁漱溟全集》(第一卷)，山东人民出版社 1989 年版，第 383 页。

② 梁漱溟著：《东西文化及其哲学》，《梁漱溟全集》(第一卷)，山东人民出版社 1989 年版，第 392 页。

③ 梁漱溟著：《东西文化及其哲学》，《梁漱溟全集》(第一卷)，山东人民出版社 1989 年版，第 392—393 页。

④ 梁漱溟著：《东西文化及其哲学》，《梁漱溟全集》(第一卷)，山东人民出版社 1989 年版，第 338 页。

⑤ 梁漱溟著：《东西文化及其哲学》，《梁漱溟全集》(第一卷)，山东人民出版社 1989 年版，第 528 页。

⑥ 梁漱溟著：《东西文化及其哲学》，《梁漱溟全集》(第一卷)，山东人民出版社 1989 年版，第 528 页。

学;中国不是尚未进于资本主义,而是已不能进于资本主义;中国不是尚未进于德谟可拉西,而是已不能进于德谟可拉西。

"第二,中国已是陷于盘旋不进了——中国走上了与西洋不同路。而它在此路上,又走不出去;遂陷于盘旋不进。

"第三,中国较之西洋,是因其过而后不及的——例如科学和德谟克拉西,在中国皆曾有萌芽苗露,而且萌芽甚早。后来之不见,是萎缩荒废的。

"第四,中国文化是人类文化的早熟。"①

## 二、中国传统社会的特征

同西方社会相比,中国社会的特征是:

### (一)中国是伦理本位的社会

"伦者,伦偶;正指人们彼此之相与。伦理关系,即是情谊关系,亦即是其相互间的一种义务关系。"②"中国人的生活,即一向倚重于家庭亲族间,到最近方开始趋于超家庭的大集团;因亲及亲,因友及友其路仍熟,所以遇事总喜托人,你若说公事公办,他便说你打官腔。法治不立,各图侥幸,秩序紊乱,群情不安。"③这种伦理本位的社会是一种特殊主义的价值取向,对人、对事的态度,取决于什么人来办什么事,而不是既定的原则,费孝通用"差序格局"来描绘传统中国社会中的人际关系:"我们儒家最考究的是人伦,伦是什么呢?我的解释就是从自己推出去发生社会关系的那一群人里所发生的一轮轮波纹的差序。"④如果用帕森斯的模式变项来衡量,⑤这是典型的非现代社会的价值取向。伦理关系在政治方面的体现,就是"旧日中国之政治构造,比国君为大宗子,称地方官为父母,视一国如一大家庭。"⑥这是中国社会家国同构的主要原因。

### (二)中国社会没有阶级对立,只有职业分途

梁漱溟认为中国社会没有阶级对立,只有职业分途,其依据是:

"第一,土地自由买卖,人人得而有之;

"第二,土地集中垄断之情形不著;一般估计,有土地的人颇占多数。"⑦

---

① 梁漱溟著:《中国文化要义》,《梁漱溟全集》(第三卷),山东人民出版社 1989 年版,第 47—48 页。
② 梁漱溟著:《中国文化要义》,《梁漱溟全集》(第三卷),山东人民出版社 1989 年版,第 81 页。
③ 梁漱溟著:《中国文化要义》,《梁漱溟全集》(第三卷),山东人民出版社 1989 年版,第 68 页。
④ 费孝通著:《乡土中国 生育制度》,北京大学出版社 1998 年版,第 27 页。
⑤ 帕森斯(T. Parsons)列举了现代社会的五对模式变项:(1)特殊主义与普遍主义;(2)广泛性与专一性;(3)感情性与非感情性;(4)自致性与先赋性;(5)自我取向与集体取向。帕森斯及其追随者就是用每组变项中的后者合并而成的变项组合来描述现代社会的。谢立中、孙立平主编:《二十世纪西方现代化理论文选》,上海三联书店 2002 年版,第 49 页。
⑥ 梁漱溟著:《中国文化要义》,《梁漱溟全集》(第三卷),山东人民出版社 1989 年版,第 84 页。
⑦ 梁漱溟著:《中国文化要义》,《梁漱溟全集》(第三卷),山东人民出版社 1989 年版,第 146 页。

作为中国社会统治阶层来源者士人，在隋唐以后主要通过科举考试来选拔，中国的"封建制度"在秦朝已被打破，门阀制度也逐渐退出舞台，科举制度给平民以参与政治的机会，相比较于欧洲的贵族制度，中国政治的开放程度要大得多，所以，"从读书人授徒应试，到小农小工小商所营生业，全是一人一家之事（与其他人几乎不相干）。人人各奔前程，鲜有集体合作，既不必相谋，亦复不相碍（阶级社会则相碍）。"①"至于业农、业工、业商之人，虽无明设之考试制度，却亦有'行行出状元'之说。谁有本领，都可表现，白手起家，不数新鲜之事。盖土地人人可买，生产要素，非常简单。既鲜有特权，又无专利。遗产均分，土地财产转瞬有聚而散。大家彼此都无可凭恃，而赌命运于身手。"②梁漱溟主要是从中国社会各阶级结构的开放程度来说明中国社会是无阶级对立的。在前现代社会中，中国社会的阶级开放程度确是少有的。费正清也认为："世界上没有任何一种政府体制像它那样经得起时间的考验。中国的政治制度具有精密的专门化和职能区分，并由职业官僚遵照高度理性化并有案可稽的成规及先例进行管理。在很多方面，中国非常具备现代转变的条件。"③中国的土地制度基本上可以自由买卖的，尽管在实际的操作中还要受诸多条件的限制。遗产诸子均分制度也使得中国社会的主要财富——土地难以长时间地集中在一个人、一个家族的手中，地权的相对分散和阶级结构的相对开放使得梁漱溟认为中国社会，只有职业分途而无阶级对立。

**（三）以道德代替宗教**

梁漱溟认为，"宗教问题实为中西文化的分水岭"④。基督教强大的维系功能使得人人要过"集团生活"，而这种"集团生活"在经过宗教改革、文艺复兴、人文主义、启蒙运动、人权宣言，民主的风气形成（还有工业革命的社会原因），是西方文化中"民主"的源泉。"宗教最初可以说是一种对于外力之假借；此外力却实在就是自己。其所以依赖者，原出于自己的一种构想。""文化都是以宗教开端，中国亦不例外。"⑤中国虽有"尊天、敬祖、崇德报功"的原始宗教形式，可是近"两千余年来中国之风教文化，孔子实为其中心"。其中有一些成分显然属于宗教范畴，但"其发展统一不依宗教做中心"。儒学中的世俗的、现世的精神却是宗教所不具备的，"这就是他相信人都有理性，而完全信赖人类自己所谓'是非之心，人皆有之'，什么事该做，什么事不该做，从理性上讲原自明白。"⑥道德代替了宗教的社会功能之所以可能，

---

① 梁漱溟著：《中国文化要义》，《梁漱溟全集》（第三卷），山东人民出版社 1989 年版，第 193 页。

② 梁漱溟著：《中国文化要义》，《梁漱溟全集》（第三卷），山东人民出版社 1989 年版，第 196 页。

③ ［美］吉尔伯特·罗兹曼（G. Rozman）主编《中国的现代化》，江苏人民出版社 1998 年版，第 258 页。

④ 梁漱溟著：《中国文化要义》，《梁漱溟全集》（第三卷），山东人民出版社 1989 年版，第 52 页。

⑤ 梁漱溟著：《中国文化要义》，《梁漱溟全集》（第三卷），山东人民出版社 1989 年版，第 100—111 页。

⑥ 梁漱溟著：《中国文化要义》，《梁漱溟全集》（第三卷），山东人民出版社 1989 年版，第 105 页。

"大约由于二者：一、安排伦理名分以组织生活；二、设为礼乐揖让以涵养理性。"①

以道德代替宗教的结果，在梁漱溟看来就是使中国成为"一个理性之国"，没有刻板的宗教对人性的摧残，但是，儒家学说的理性只能成为社会精英文化中的价值核心，一般芸芸众生多还是以利益为其行为的导向，试图通过道德教化来安排有序的社会生活在中国历史上总的说来是不成功的。这就产生了道德说教和道德实践的严重脱节，也就发生了黄仁宇在《万历十五年》中所言的"法律与道德的错位"现象，结果是所有的技术问题都被转换为道德问题，以伦理判断代替技术化的行政管理，使中国成为一个不能在数目字上进行管理（mathematically unmanageable）的国家。但道德之长无法弥补技术之短，何况"人世间很多残酷的事都用道德的名义去施行，也是中外古今一律"②。这是中国文化渐失生命力的根本原因之一。梁漱溟在其乡村建设实验期间，比较看重中国传统文化中的"理性"，希望从中国传统文化中寻找中国现代化的可用因素，这除了文化方面的原因外，梁漱溟父亲梁济的道德实践给梁漱溟留下了很深刻的印象，其自杀也与其对社会道德堕落的失望有关，艾恺称梁济为"真正的精神贵族"。梁漱溟一生在道德上也堪称楷模，正是在此意义上，艾恺才称梁漱溟为"最后的儒家"。

### （四）循环于一治一乱而无革命

梁漱溟认为中国历史自秦汉以后，即陷入一治一乱的循环，而不见有革命。所谓"革命指社会之改造，以一新构造代替旧构造，以一新秩序代替旧秩序，像资本主义社会代封建主义社会，或社会主义社会代资本主义社会那样。……中国历史所见者，社会构造尽一时破坏失效，但不久又见规复而显其用。它两千年只是一断一续，断断续续而已，初无本质之变革。……假如不是世界大交通因西洋近代潮流输入而引起它的变革（如今日者），无人可想象其少之如何打破。文化早熟而又陷于盘旋不进的状态，当然难以有革命性的社会变革出现。"③在梁漱溟看来，辛亥革命也不算真正的革命，"必待五四新文化运动，直向旧礼教进攻，而后探及根本，中国乃真革命了。"④没有政治、文化的革命也就没有产业革命，因为"中国人的心思聪明恰没有用在生产上。数千年知识学问之积累，皆在人事一方面，而缺乏自然之研究。殖产营利，尤为读书人所不道。我想：其经济之停滞不进，产业革命之不见，至少可从这里说明一半"⑤。而另一因素也可从文化中来寻找，中国文化是以意欲自为、调和、持中为其根本精神的，"中国人的思想是安分、知足、寡欲、摄生，而决没有提倡要物质享乐的；却亦没有印度的禁欲思想。不论境遇如何他都可以满足，并

① 梁漱溟著：《中国文化要义》，《梁漱溟全集》（第三卷），山东人民出版社1989年版，第110页。
② 黄仁宇著：《万历十五年》，三联出版社1987年版，第272页。
③ 梁漱溟著：《中国文化要义》，《梁漱溟全集》（第三卷），山东人民出版社1989年版，第219页。
④ 梁漱溟著：《中国文化要义》，《梁漱溟全集》（第三卷），山东人民出版社1989年版，第225页。
⑤ 梁漱溟著：《中国文化要义》，《梁漱溟全集》（第三卷），山东人民出版社1989年版，第228页。

不要求改造一个局面。"①中国的文化决定了中国人对自然、物质的态度,这是中国产业不发达的文化原因。"总结言之:一面理性早启,文化早熟,社会构造特殊,而中国之不发生产业革命其势法定。更一面由中国不发生产业革命其势决定。那么,当然其社会构造亦就变不出什么来。而社会构造愈不变,其不发生产业革命之势愈决定,从而其社会愈不变。如是两面绞扣。互相牵缠,动转不得。这就是中国经济停滞不进,社会历久不变之理。"②

从社会学的学科视角来看,政治、经济、文化等社会子系统是相互作用的,正是这些子系统之间的互动才对社会结构的形成以及变迁施加决定性的影响。社会子系统之间持久的、均衡的相互作用意味着社会结构的稳定性,也即没有革命性的社会变迁。在帕森斯看来,"稳定均衡的概念暗示着,通过整合机制,内生的各种变异被限制在与主要结构模式的维持相容的范围内;通过适应机制,系统和环境之间关系的波动同样处于一定的限制范围之内。"③引起稳定的社会结构变迁的因素有两个方面:一个是社会系统中的某个子系统发生变异,导致了整个社会系统中其他子系统的连锁反应,从而最终引起了社会结构的革命性变革,韦伯的《新教伦理与资本主义精神》就是这种解释的范例。另一个引起社会变迁的因素来自外部,最典型的例子是在地理大发现和资本主义工业革命成为现实之后,资本主义作为一种外来因素对世界的各个角落产生了巨大的影响,现代化成为一种不可阻挡的历史潮流。从梁漱溟对中国文化和中国社会的认知来看,他也认识到,没有中西的文化交流,中国就不会被纳入到现代化的潮流中,而会像过去的两千年那样在东亚独享"光荣的孤立"。因为从中国社会内部的结构来看,因某一内部因素的变化而导致整个中国社会结构革命性变迁的可能性是有限的或是不可能的。这基本上符合中国社会的实际,也是当时、甚至今天中国知识分子的主流认识。

## 第二节 梁漱溟乡村建设理论的主要内容

在梁漱溟看来,中国社会的崩溃源于中国文化的失败,是极其严重的文化失调的客观后果。"近百年来世界交通使中国与西洋对面,只见他引起我们的变化,诱发我们的崩溃,而不见我们影响到他有何等的变化发生。这无疑是中国文化的失败"。④

---

① 梁漱溟著:《东西文化及其哲学》,《梁漱溟全集》(第一卷),山东人民出版社 1989 年版,第 528 页。
② 梁漱溟著:《中国文化要义》,《梁漱溟全集》(第三卷),山东人民出版社 1989 年版,第 239 页。
③ [美]帕森斯(T. Parsons):"关于变迁的功能理论",谢立中、孙立平编:《二十世纪西方现代化理论文选》,上海三联书店 2002 年版,第 91 页。
④ 梁漱溟著:《乡村建设理论》,《梁漱溟全集》(第二卷),又名《中国民族之前途》,山东人民出版社 1989 年版,第 191 页。

### 一、中国的文化危机及其引发的社会危机

社会危机源于文化危机,要想应对社会危机,就必须了解引发危机的文化元素。

#### (一)中国文化危机的表现

梁漱溟认为,中国文化有五大病态:

1. 幼稚——中国文化实是一成熟了的文化,然而形态间时或显露幼稚。

2. 老衰——中国文化本来极富生趣,比任何社会有过之无不及,但无奈历史太久,传到后来,生趣渐薄,此既老衰了。

3. 不落实——西洋文化从身体出发,很合于现实。中国文化有些从新出发,便不免理想多过事实,有不落实之病。

4. 落于消极亦再没有前途——与其不落实之病相连者,尚有一病,就是落于消极。

5. 暧昧而不明爽——以中国文化与其他文化(如西洋文化)——相对照,令人持有"看不清楚"、"疑莫能明"之感。①

与西方个人本位的社会不同,中国社会在本质上是伦理本位的社会,这种社会突出了家庭、家族,压抑了个人,其社会秩序的维持主要在于"教化、礼俗、自力"。"中国文化最大之偏失,就在个人永不被发现这一点上,一个人简直没有站在自己立场说话的机会,多少感情要求被压抑,被抹杀。五四运动以来,所以遭受'吃人礼教'等诅咒者,事非一端,而其实也不外此。"②比较而言,梁漱溟认为西方文化有三点长处:"一是社会和政治上的德谟克拉西精神;二是思想学术上的科学方法;三是征服自然的物质文明"。③ 也可以合为"团体组织"和"科学技术"两点。这也是梁漱溟为解决中国问题向西方借来的两大法宝。西洋文化的强大生命力引起了中国人对西洋的模仿和对自己固有文化的厌弃与反抗。"这厌弃与反抗,是中国社会崩溃的原因。引起这厌弃与反抗的自身缺欠,是中国文化的真失败点"。④ 这就是梁漱溟所言的中国文化的"自觉地破坏"即文化自毁。文化失调的直接后果就是中国近代社会的崩溃。在梁漱溟看来,"中国近百年史,原可说是一部乡村破坏史。国际与国内的两重压迫,天灾人祸的两种摧毁,使乡村的命运益沉沦而就死"。⑤

#### (二)中国的社会危机

其实中国农村危机乃至整个中国社会的危机征兆在十七八世纪就出现了,在这两个世纪里,中国的人口成倍增长。人多地少的矛盾导致了农业劳动分工的停

① 梁漱溟著:《中国文化要义》,《梁漱溟全集》(第三卷),山东人民出版社1989年版,第285—288页。

② 梁漱溟著:《中国文化要义》,《梁漱溟全集》(第三卷),山东人民出版社1989年版,第251页。

③ 梁漱溟著:《乡村建设理论》,《梁漱溟全集》(第二卷),山东人民出版社1989年版,第192页。

④ 梁漱溟著:《乡村建设理论》,《梁漱溟全集》(第二卷),山东人民出版社1989年版,第201页。

⑤ 梁漱溟著:《乡村建设理论》,《梁漱溟全集》(第二卷),山东人民出版社1989年版,第352页。

滞和劳动生产率的下降。在华北地区,人均粮食产量长时间没有增加,农村产业结构、劳动生产率、生产组织和生产关系长期停滞不前。① 当然,这并不说明华北农村社会在近几个世纪没有任何变化,农村的粮食商品率提高了,农村雇佣劳动的比重增加了,农村的工业(手工业)化水平也提高了,但"这些变化,是三个世纪中农村长期变化过程的一面,它们产生于农业的内卷化、社会分化和小农半无产化的汇合。和清初的小农相比,这些 20 世纪 30 年代的贫农过着一种异于往昔而更为朝不保夕的生活:其家庭式农场,在更大程度上卷入市场商品生产中,他们的农场面积往往过小,自有的劳动力过多,这是人口压力与分配不均汇合的结果;他们农场的收入,常不足维持一家的生计,而必须当佣工补充"②。在中国最富裕的长江三角洲地区,农村工副业在农家经济中占有主要的地位,大部分是兼业农户,在那些人均耕地不足一亩的村庄,副业收入占农家年收入的三分之二以上,非农业已成为名副其实的主业。"农村中一个而兼数业者比比皆是,它是家庭小农生产的产物,又是固化小农生产的强化剂。它对社会经济的最直接的影响是使社会分工愈益模糊,劳动效率愈益低下"③。人地矛盾的过度紧张使得当地的贫困农民自觉采取节制生育的措施,费孝通调查的"江村","16 岁以下的儿童,总共只有 47 名,平均每家 1.3 个"④。显然,人口的控制是为了预防贫穷,而不是为了保持富裕。⑤ 黄宗智的研究证实了长期以来在华北平原和长江三角洲地区,我国农业总产量的增长是以劳动边际报酬递减为代价的,即是一种没有发展的增长,这种现象被称为农业的"内卷化",尤其要指出的是,进入 20 世纪后,随着国家权力不断地向乡村扩张,乡村中原有的保护型经济体制逐渐向赢利型经济体制转变,各种"土豪劣绅"作为国家权力和农民之间的互动中介,因其垄断了来自国家的权力而不断加大对农民的盘剥力度,导致名目繁多的苛捐杂税压得广大农民喘不过气来。⑥

中国农业的危机在 20 世纪 30 年代初进一步加剧,其原因是世界性的经济危机对中国的影响(由于当时中国是个农业国,加之是世界上唯一使用银本位制的大国,所以世界性的经济危机对中国的影响有一定的滞后性)。"二十二年(1933 年)丝价惨

① 徐浩著:《农民经济的历史变迁——中英乡村社会区域发展比较》,社会科学文献出版社 2002 年版,第 232 页。

② [美]黄宗智著:《华北小农经济与社会变迁》,中华书局 2000 年版,第 228 页。

③ 曹幸穗著:《旧中国苏南农家经济研究》,中央编译出版社 1996 年版,第 172 页。

④ 费孝通著:《江村经济——中国农民的生活》,商务印书馆 2001 年版,第 47 页。

⑤ 李伯重在其所著:《多视角看江南经济史》中认为,江南人民的节育行为是"以保富裕",这难以获得广泛的认同,中国人在传统文化支配下的神圣生育动机不会被这么世俗的目标所阻挡(李伯重著:《多视角看江南经济史》,生活·读书·新知三联书店 2003 年版)。从长时期来看,能制约中国人生育冲动的只能是不能人为控制的因素,比如生产力发展水平、人均资源(在传统社会中主要是耕地)拥有量、战争、灾荒与瘟疫等。马尔萨斯的《人口原理》虽是以英国为主要思考对象写成的,但所谓的"马尔萨斯人口陷阱"却比较符合中国的实际情况([英]马尔萨斯著:《人口原理》,商务印书馆 1992 年版)。

⑥ [美]杜赞奇著:《文化、权力与国家:1900—1942 的华北农村》,三联书店 1998 年版。

跌,江浙蚕农都陷于饥荒,素极富庶的无锡湖州等处,皆发生农民抢米风潮,无法制止"。① 由此可见当时中国农村的凋敝程度。正是农村的日益破败,小农的日益破产,唤起了一部分知识分子把目光投向农村,从事各种各样的乡村建设实验,梁漱溟的"乡村建设理论"及其在山东邹平的乡村建设实验就是在这样的背景下出现的。

### 二、梁漱溟提出的改造中国的方案——乡村建设理论

针对 20 世纪 30 年代中国农村的现状,梁漱溟提出了解决问题的一整套方案:必须把引自西方的"团体组织"和"科学技术"应用于乡村,构造新的社会组织,复兴农业,从农业引发工业,实现国家的工业化,才能完成中国的文化重建和民族复兴。

#### (一)在基于中国传统的基础上引进"科学"与"民主"

梁漱溟认为,构造一个结合东西方文化长处的社会组织是这种乡村改造的行动起点,西方的长处就是"科学技术"与"团体组织",中国的长处就是我们传统文化中的"理性"。这个新组织在梁漱溟的设计中就是"中国古人所谓'乡约'的补充改造"。这个"乡约"是北宋吕和叔发起的,包括四部分内容:一、德业相劝;二、过失相规;三、礼俗相交;四、患难相恤。其中的第四项又包括七个子项:一、水灾(遇有水火之灾大家相救);二、盗贼(土匪来了,大家联合自卫);三、疾病(遇有瘟疫疾病,大家扶持);四、死丧(死丧事情要彼此帮忙);五、孤弱(无父母子女大家照顾);六、诬枉(打官司冤枉者大家代为申冤);七、贫乏(无衣无食者大家周济之)。"如果照那七项积极地作去,更可以包括很多的事情。譬如为救止水火可成立消防队;更积极作去,可有水利之兴办;从盗贼的防御,可有自卫组织;从疾病的救护,可有卫生院的设立;从诬枉可有息讼会;从孤弱的照顾可有育婴堂、孤儿院的设立;从贫乏的周济,亦可以有许多办法,慢慢到合作关系的密切、财产的社会化。"②梁漱溟从中国古代的"乡约"中看到了社会救济、社会保障社会化的可能性,而这种社会救济与社会保障又是宪政条件下地方自治的基础。民国以来,国家的立法精神以及国家政权的机构设置开始"西化",国家政权开始了其自身的现代化步伐,③这些做法虽然符合"西方"的法治精神,却较少顾及中国社会在本质上是"伦理本位"社会这一事实,因此,从西方借鉴过来的好的东西,如"民主"与"法治"可能会出现水土不服的现象,因为"法治秩序的建立不能单靠制定若干法律条文和设立若干法庭,重要的

---

① 梁漱溟著:《乡村建设理论》,《梁漱溟全集》(第二卷),山东人民出版社 1989 年版,第 504 页。
② 梁漱溟著:《乡村建设理论》,《梁漱溟全集》(第二卷),山东人民出版社 1989 年版,第 321 页。
③ 美国学者杜赞奇把 20 世纪初中国国家政权的重组与向社会底层的不断扩张称为"国家政权的现代化建设",并认为"新政策带来效益,但也造成弊端,结果使新政府轮回到旧体制之中,只是披上了一件'现代化'的外衣"。(〔美〕杜赞奇(Prasenjit Duara)著:《文化、权力与国家——1900-1942 年的华北农村》,江苏人民出版社 1996 年版,第 75-76 页)。

还得看人民怎样去应用这些设备。"①梁漱溟正是看到了这种问题的存在，才为乡村建设设计了既符合西方的民主精神又与中国传统文化相契合的"乡农学校"这样一种农村自治组织。

### (二)把"乡农学校"作为科学与民主的载体

"乡农学校"是梁漱溟在引进西方文化的长处"科学技术"和"团体精神"的基础上，结合中国儒家传统而设计的一个地方自治组织，并非是国民教育意义上的"学校"。"这个乡村组织是理想社会的苗芽、端倪，也就是中国经济进步的必要条件。"乡农学校"由四部分人构成：校董会(日常行政管理)、校长(监督、训导)、教员(外来者)、学生(全体乡民)。除教员外，乡农学校的其他成员都是当地的居民。梁漱溟认为，它与当时的"乡村改进会"有些相似。这样的乡村组织就是"极力启发乡村自力为主，极力想法子形成其地方团体组织，极力让众人对团体生活为有力的参加"。② 梁漱溟认为，"乡村问题的解决，天然要靠乡村为主力。我们组织乡村的意思，就是要形成解决问题的主力"③。但是，单靠乡村人自己是解决不了乡村问题的，因为"乡村人对于问题只能直觉地感觉到，而对于问题的来源他不能了解认识"。因此"乡村问题的解决，第一固然要靠乡村人为主力；第二亦必须靠有知识、有眼光、有新方法、新的技术(这些都是乡村人所没有的)的人与他结合起来，方能解决问题"④。在乡农学校这个组织中，"学长即监督教训作用，教员即推动设计作用，学众即立法作用，学董即行政作用"⑤。下面是乡农学校与当时地方自治组织比较。

**表1　乡农学校与当时地方自治组织比较**

| 名称 | 作用 | 与现行法令表面近而不同 | 直接系统 |
| --- | --- | --- | --- |
| 乡长 | 监督训导机关 | 表面若即现行法令之乡长，而语其作用乃替代法令之监察委员会掌教训而不负行政责任 | 属于文化运动(社会运动系统)系统而得现政权的承认 |
| 乡农学校 | 推动设计机关 | 表面近似现行法令之国民补习学校及国民训练讲堂，而作用大异 | |
| 乡公所 | 行政机关 | 相当于现行法令之乡公所 | 属于现政权下之政治组织系统 |
| 总干事 | 事务领袖 | 略同现行法令之乡长 | |
| 乡民会议 | 立法机关 | 相当于现行法令的乡民大会 | |

资料来源：梁漱溟著：《乡村建设理论》，《梁漱溟全集》(第二卷)，山东人民出版社1989年版，第360页。

---

① 费孝通著：《乡土中国　生育制度》，北京大学出版社1998年版，第58页。
② 梁漱溟著：《乡村建设理论》，《梁漱溟全集》(第二卷)，山东人民出版社1989年版，第400页。
③ 梁漱溟著：《乡村建设理论》，《梁漱溟全集》(第二卷)，山东人民出版社1989年版，第350页。
④ 梁漱溟著：《乡村建设理论》，《梁漱溟全集》(第二卷)，山东人民出版社1989年版，第351页。
⑤ 梁漱溟著：《乡村建设理论》，《梁漱溟全集》(第二卷)，山东人民出版社1989年版，第379页。

这样的组织是一个乡村自治的组织,也是一个中国国家政治制度萌芽。"我们想我们将来的国家政治制度,也就是本着这么一个格局、这么一个精神、这么一个规模发挥出来的。所以我常常喜欢说:我们是在创造一种新的社会组织构造,我们是从乡村培养新组织构造的基芽。这个意思就是说整个社会制度(政治制度、经济制度),都是在乡村生它的苗芽,后来的东西就是它的发育。将来的政治制度,大意不外乎于此,就是从这个根芽长成的。"①

村学是在各村兴办的,为本村负责,乡学每乡一所,负责全乡的学务。从村学承担的责任也可看出它是一个地方自治组织:"本会于左事项付讨议后,交常务学董执行之:

(一)推举本村村学及聘教员事项;

(二)筹划本村村学经临各费及审定预算,算稽核支销款目事项;

(三)拟定本村村学一切进行计划事项;

(四)倡导本村各项社会改良运动及兴办本村社会建设事业事项;

(五)答复县政府及本乡乡学咨询事项;

(六)本村村理事提请本会讨论进行之县政府饬令办事项;

(七)本村村理事提请本会讨论进行之乡学公议办理事项;

(八)其他关于本村学务进行及学长提议之事。"②

梁漱溟希望通过乡农学校这样的组织形式,能够对学众(全体村民)进行"团体组织"习惯的培养,这种培养并不要求抛弃中国的传统文化,而是把西方的"团体组织"与中国的传统文化进行嫁接。在《如何作村学一分子》中,梁漱溟对学众提出很高的要求:

"第一,要知道以团体为重(传统文化实际上是以家或家族为中心,这里梁漱溟要求村民以团体为中心,是对儒家文化的一种超越)。

第二,开会必到,事事要从心里过一遍(积极、主动的参与)。

第三,有意见即对众说出(公开表达意见)。

第四,尊重多数,舍己从人(协商不成,多数为公)。

第五,更须顾全少数,彼此迁就(不能以民主的名义,实行多数人的"暴政",保护少数人的权利是民主的真谛)。

第六,要知道为团体服劳(热心公务、公益,培养社会公德)。

第七,好人要勇于负责,出头做事(这是对儒家"中庸"文化的一种突破)。

第八,要知敬长睦邻。

第九,要知道尊敬学长。

---

① 梁漱溟著:《乡村建设理论》,《梁漱溟全集》(第二卷),山东人民出版社 1989 年版,第 389 页。

② 梁漱溟著:《乡村建设理论》,《梁漱溟全集》(第二卷),山东人民出版社 1989 年版,第 374—375 页。

第十,要知道接受学长的训饬。

第十一,要爱惜事理——'君子爱人以德,小人爱人以姑息'(第八、九、十、十一几条倒是儒家文化核心内容)。"①

梁漱溟对乡农学校这样政教合一的农村社会自治组织寄予厚望,认为这样的组织在当时除了解决农村的教育(学校教育和社会教育)问题外,还可以解决农村其他几个大问题。一是乡村自己腐败的问题,最为要命是毒品。"乡村中应当整顿的事情很多,如缠足、早婚、迷信,以及其他不好的风气陋习等等,都应当极力整顿,尽在不言中。"②二是土匪问题,组织起来的农民能够保证本来用于保卫自己的武力不被用来危害他们。三是共产党的问题,"共产党的作为,实是一种农民运动。农民运动为中国今日必定要有的,谁若忽视农民运动,便是不识时务;要想消除共产党的农民运动,必须另有一种农民运动起来替代才可以。""我始终同情共产党改造社会的精神。但我又反对共产党不了解中国社会,拿外国办法到中国来用。"③梁漱溟认为,共产党人没有认识到中国社会和平散漫的特质和中国革命的特殊性,所从事的是"消极的、破坏性的"工作,而乡村建设运动所从事的是一种"积极的、培养的、建设性的"工作,而这种工作可以"以建设完成革命,以进步达到平等"。④乡村建设运动的终究目的,"在于农民跻身于经济上政治上的平等,刻刻本着这个目的,来调整社会关系,改造社会关系;而此调整改造则需要不断地将农民本身的力量充实起来,次第完成之。这就是中国的农民运动,亦就是我们的乡村建设运动。"⑤

从长远来看,乡村建设可以引导农民合作于组织,将科学技术引进内地农村,增高农民信用有助于金融流通,这样就可复兴农业,解决农村的阶级问题和土地分配不均的问题,同时引发工业,实现中国的工业化,这样就解决了中国的经济问题。"我们在经济上的第一个不通的路——欧洲近代资本主义的路;我们经济上第二个不通的路——俄国共产党要走的路。"梁漱溟认为,中国必须在经济上也走出自己的一条路来。⑥ 在解决经济问题的同时,因为农民已经组织起来,慢慢培养了他们的民主习惯,就可以实现中国的政治民主——"人治的多数政治",这是一种不同西方也不同于中国传统的、结合了西方民主精神和中国传统文化的新的中国式民主制度。乡村建设可以解决中国的政治问题,这是中国唯一可行的方法。在梁漱溟看来,中国在政治上第一个不通的路,就是欧洲近代民主政治的路,除中国还不具

① 梁漱溟著:《乡村建设理论》,《梁漱溟全集》(第二卷),山东人民出版社 1989 年版,第 369—373 页。
② 梁漱溟著:《乡村建设理论》,《梁漱溟全集》(第二卷),山东人民出版社 1989 年版,第 400 页。
③ 李渊庭、阎秉华著:《梁漱溟先生年谱》,广西师范大学出版社 2003 年版,第 137 页。
④ 梁漱溟著:《乡村建设理论》,《梁漱溟全集》(第二卷),山东人民出版社 1989 年版,第 409 页。
⑤ 梁漱溟著:《乡村建设理论》,《梁漱溟全集》(第二卷),山东人民出版社 1989 年版,第 411 页。
⑥ 梁漱溟著:《中国民族自救的最后觉悟》,《梁漱溟全集》(第五卷),山东人民出版社 1989 年版。第 111 页。

备欧洲民主政治的物质基础外,根本原因在于"精神不合"——中西文化的不同,"中国人和西洋人,在人生上是迥然不同的两样态度,两副精神;"[①]第二个政治上不通的路,就是俄国共产党发明的路。这是因为中国社会没有阶级,当然也就没有领导革命的无产阶级,而内地农村乡村社会又锢蔽,农民传统的观念和习惯太深,消极忍耐性太强,因此农民也与革命无缘。[②] 中国将不得不在政治上走出一条自己的路来。

乡村建设的行动起点就是在农村推行政教合一的新型农村自治组织——乡农学校,这种组织结合了中西文化的长处,把"科学技术"与"团体组织"引进了农村,在社会方面,可以克服很多农村社会的腐败和陋习,把农民带入一种文明的新生活中;在经济上,可以通过互助合作的方式,利用合作社这种形式改善农村金融流通、引进新技术和新品种;在农业复兴后,农村市场就产生了对工业品的需求,引发了农村工业,进而实现国家的工业化;在政治方面,农民在乡农学校中学会了民主的习惯,实现了地方自治,为国家的民主政治打下了坚实的基础。这样一来,"以建设完成革命,以进步达到平等"的乡村建设运动的目标就实现了。

---

① 梁漱溟:《我们政治上第一个不通的路——欧洲近代民主政治的路》,《梁漱溟全集》(第五卷),山东人民出版社 1989 年版。

② 梁漱溟著:《中国民族自救的最后觉悟》,《梁漱溟全集》(第五卷),山东人民出版社 1989 年版。

# 第三章　梁漱溟乡村建设理论的实践

## 第一节　梁漱溟在山东邹平的乡村建设实践

1924 年,梁漱溟到山东曹州办学,半年后因政局有变而退出。回到北京后,梁漱溟决定不再出来做事,只是埋头读书、整理其父亲的遗作,思考如何解决中国面对的实际问题。就这样他与几个从曹州追随他而来的学生,一起过了几年师生共学的隐居式的生活,但梁漱溟并没有完全忘记世事。受当时国民革命的影响,1926 年初,他几个学生前往广东实地考察,几人在考察返回北京后,向梁漱溟报告了他们在广东以及随军北伐的见闻。这几年梁思考的是如何才能解决中国的问题,"村治"此时是其反复思考的主题。1927 年应其朋友李济深的邀请到广州讲学,并接办广州一中,1928 年在广州筹办乡治讲习所,作《乡治十讲》,"分十个题目讲述,听众达千余人"。① 1929 年春,到江苏昆山参观了由中华职业教育社在徐公桥创办的乡村改进会,随后北上,在北京访问中华平民教育总会,并去定县参观其农村改进工作,之后又去山西,考察阎锡山在那里搞的"村政建设"。这次考察对梁漱溟形成自己完整的乡村建设思想有很大的推动。因为正是这次考察,使梁漱溟认识到:"不但南京晓庄师范倡导乡村教育,倡导着乡村改进运动;不但一向做职业教育运动的,转变成整个的乡村改进运动;而一向做平民教育运动的教育家亦转其视线于乡村、于农民,而来作整个的乡村改进运动了。"② 在回到北京后所写的《北游所见记略》中,梁漱溟对所参观考察的三处乡村建设实验给予逐个分析:梁漱溟在考察昆山徐公桥实验区后,"所最感困难的问题是,一就是村中无人,一就是村中无钱。"③ 徐公桥实验区的人是从外面请的,钱也是外面补贴的,这样并没有解决农村中的问题,只是避开了农村的问题。"我们作农村改进运动并不是什么办新村、模范村的那一路理想派。我们不是从远处的理想而发动,而是从眼前的问题而发动。眼前的问题是农村的'贫'与'陋',更加以近二十年急剧的凋敝。换句话说,我们的

---

①　马勇著:《梁漱溟评传》,安徽人民出版社 1992 年版,第 36 页。

②　梁漱溟著:《北游所见记略》,《梁漱溟全集》(第四卷)山东人民出版社 1989 年版,第 885 页。

③　梁漱溟著:《北游所见记略》,《梁漱溟全集》(第四卷)山东人民出版社 1989 年版,第 881 页。

目的原是在解决一个'钱'的问题,一个'人'的问题。"①而昆山所为实避开了问题。梁漱溟认为定县的四大教育以及李景汉所作的农村调查都是很好的,但平教会所用经费都是来自外面,这样"以教育的法子作乡村改进运动,必落于人才钱财一概倒贴之路(如胡适批评职业教育社的)是无疑的"。② 对于山西这种完全由政府推动的"村政建设",梁漱溟除肯定其在治安、禁毒和禁缠足方面有所成就外,认为山西的"村政建设"并无多少可取之处。

1929 年秋应邀到河南百泉县河南村治学院任教务长,这是梁漱溟从乡村建设的理论思考转入实际行动的一个转折点。梁漱溟为河南村治学院制订了《河南村治学院趣旨书》及组织大纲、学则、课程等文件,1930 年在《村治月刊》上分期发表《中国民族自救运动之最后觉悟》一文,这些都是梁漱溟乡村建设理论的重要组成部分,1936 年由邹平乡村书店出版的《乡村建设理论》只是前述思想的集大成而已。1930 年 10 月,蒋、冯、阎中原大战爆发,冯军败北,蒋介石的中央军进驻河南,河南村治学院被封。梁漱溟应山东省政府主席韩复榘之邀到山东筹建"山东乡村建设研究院",1931 年 6 月 15 日山东乡村建设研究院在山东省邹平县开办,梁漱溟任山东乡村建设研究院研究部主任,1933 年 10 月梁漱溟任研究院院长直至抗战爆发。

山东乡村建设研究院从 1931 年 6 月 15 日开办,到 1937 年 12 月济南沦陷研究院停办,共存在了 6 年半时间。这段时间又可分为三个时期,第一个时期是从1931 年 6 月研究院开办到 1933 年 7 月,这一时期山东省政府把邹平县称作"第一实验区",乡村建设研究院和邹平县县政府共存,研究院"在邹平的权力十分有限,各项乡村建设实验活动未能开展"③。梁漱溟在 1933 年全国第一次乡村工作讨论会上也承认,"邹平之实验成绩亦甚有限,此半由同人人少事繁,又能力薄弱,亦半由有所限制:1.无实验权,限于中央及本省地方一切法令不能自由实验。2.无实验经费,除第二年呈准之民众学校补助金 3600 元外,别无实验经费。"④第二个时期从 1933 年 7 月到 1936 年 4 月,这段时间是研究院的各项活动开展比较正常的时期。1932 年国民政府第二次全国内政会议召开,会议通过了在全国各省设立县政建设实验区的办法和相关各议案,山东省政府据此议案把邹平和河泽两县划为县政实验县,把这两个县完全置于研究院控制之下,县长由研究院向省政府推荐,县政府各部门的工作人员则由县长任免,研究院的各项实验计划在得到省政府的首肯后即可在全县实施。根据省政府的决定,乡村建设研究院拥有下列职权:

---

① 梁漱溟著:《北游所见记略》,《梁漱溟全集》(第四卷),山东人民出版社 1989 年版,第 881 页。
② 梁漱溟著:《北游所见记略》,《梁漱溟全集》(第四卷),山东人民出版社 1989 年版,第 890-891 页。
③ 郑大华著:《梁漱溟传》,人民出版社 2001 年版,第 198 页。
④ 梁漱溟:"山东乡村建设研究院工作报告",《梁漱溟全集》(第五卷),山东人民出版社 1989 年版,第 391 页。

"一、实验区内各县政府,直接受本院指挥监督,县长由院长向省政府推荐,县长以下各行政人员以院令委任。

二、实验区内县政府以次各行政机关,得本研究院实验态度加以改组或扩充,不必与他县同。即地方自治组织,亦得根据本院研究所得而变更之,以从事于一种实验。

三、实验区一切工作计划,经呈奉省政府核准备案后,即照案进行,所有通行各县之各项法令,如有与此项计划有窒碍时,得不受其拘束。"①

第三个时期从 1936 年 6 月到 1937 年底,是研究院为应付即将到来的抗战局面而做准备的时期。为应付时局,研究院在 1935 年底提出了一个三年应急计划。准备用三年时间,在山东全省各县设立乡农学校,推行"菏泽模式"。② 1936 年 4 月山东乡村建设研究院改组,与山东县政建设服务人员训练处合并,成立山东县政建设研究院,原研究院内的乡村服务训练部改为乡村建设师范学校。此后的一年多时间是山东乡村建设研究院为应付抗战而进行动员和准备的阶段,也是它的最后阶段。按梁漱溟的设计,山东乡村建设研究院根据其目标取向,内部分为三个部分:

1. 乡村建设研究部;

2. 乡村服务人员训练部;

3. 实施乡村建设的实验县区。

研究部主要从事乡村问题的研究,一共招了三届学员,约百余人,毕业后大都留在研究院服务。训练部一共招生四届,有学生约 1000 余人接受训练,毕业后除少部分到全国各地从事乡村建设实验外,大多留在山东各地从事乡村建设实验。训练部的学生接受为期一年的训练,其主要课程为:

"1. 党义之研究,概括三民主义,建国大纲,建国方略,及其他等科目;

2. 乡村服务人才之精神陶练;

3. 乡民自卫常识及技能之训练,概括自卫问题研究,军事训练,拳术及其他等科目;

4. 乡村经济方面之问题研究,概括经济学大意,农村经济,信用,生产消费,各项合作,簿记,社会调查及统计,农业常识及技术,农产制造,水利,造林及其他等科目;

---

① 梁漱溟:"山东乡村建设研究院工作报告",《梁漱溟全集》(第五卷),山东人民出版社 1989 年版,第 489 页。

② 菏泽不同于邹平,因境内多山,交通闭塞,向来多土匪。因此,菏泽实验区的主要实验工作不同于邹平,是围绕着治安工作来开展的。菏泽民众自卫训练是分批进行的,每期四个月,共办了 8 期,训练了一万多人。这种做法对地方治安状况的好转是明显的,尤其是 1934 年土匪"刘桂堂由河南窜扰鲁西,各县无不受其蹂躏,但他围绕菏泽转了一圈,竟不入菏泽境内独得保存(只有一乡校,因为那乡孤悬在曹县境内,阵亡三人)"。因此,有所谓不同于"邹平模式"的"菏泽模式"。景海峰、黎业明著:《梁漱溟评传》,人民出版社 1999 年版,第 141 页。

5.乡村政治方面之问题研究,概括政治学大意,现行法令,公文程式,乡村自治组织,乡村教育,户籍土地各项登记,公安,卫生,筑路,风俗改良,及其他等科目。"①

在获得实验权和省政府的财政支持并完成部分学生的训练后,梁漱溟把自己关于乡农学校的设想付诸实践。"邹平全县面积 2600 平方公里,南北长约 80 里,东西长约 50 里,全县有 345 村,32406 户,16696 人,每户 5.12 人。全县分为七区 16 镇 141 乡,区镇设有区镇公所。"②根据邹平的现状和实验改进的要求,研究院撤销了原来的行政区划,除县城外,将全县划分为 14 个乡、336 个村。以乡学、村学代替原来的行政机关。到研究院停办时,邹平各乡都有了"乡学",大部分村也有了"村学"。研究院另一个实验县——菏泽,不同于邹平,主要是在该县的 21 个乡设立"乡学"以取代原来的行政机关,"村学"很少。

除了在山东的乡村建设实验活动,梁漱溟的乡村建设活动还具有全国性的意义。"梁漱溟不仅是山东乡村建设研究院的设计者、灵魂和主持人,也是当时兴起的乡村建设运动的指导者、理论家和领导人,对推动这一运动的发展起过非常重要的作用。"③在梁漱溟、晏阳初、高践四、许仕廉等人的倡议下,第一次乡村工作讨论会于 1933 年 7 月 14—16 日在邹平召开,参加会议的代表共有 63 人,来自 31 个不同的团体,全国有影响的乡村建设团体都派员参加了会议。梁漱溟是主席团成员之一,主持会议。第二次乡村工作讨论会于 1934 年 10 月 10—12 日在定县举行,到会代表 150 人,代表 76 个单位,来自全国 11 个省市。第三次乡村工作讨论会于 1935 年 10 月 10—12 日在无锡省立教育学院举行,到会代表 171 人,来自全国 19 个省市,代表 99 个单位。后两次乡村工作讨论会,梁漱溟也都是大会主持人,并分别作了演讲。在第一次乡村工作讨论会期间,梁漱溟、晏阳初等人还倡议成立了"乡村建设学会",梁漱溟被推举为总干事,其职责是到各地考察乡建工作,并根据考察结果制成总报告,提交学会讨论,制成整个乡村建设方案。"这三次讨论会扩大了乡村建设运动的影响,推动了乡村建设的发展,这可从参加会议的人员和单位一次比一次增加得到证明。同时也确立了梁漱溟乡村建设运动领导人的地位。"④

## 第二节 山东乡村建设实践的主要成就

山东乡村建设研究院在邹平的实验活动从 1931 年 6 月到 1937 年 12 月,共有

---

① 梁漱溟:"山东乡村建设研究院设立旨趣及办法",《乡村建设》旬刊,山东乡村建设研究院编,第一卷第十九、二十合刊。

② "邹平实验县概况",《乡村建设》半月刊,山东乡村建设研究院编,第五卷第四期。

③ 郑大华著:《梁漱溟传》,人民出版社 2001 年版,第 201 页。

④ 郑大华著:《梁漱溟传》,人民出版社 2001 年版,第 202 页。

6 年半的时间,其实验的成就是多方面的,可分教育、经济与社会三个方面。

　　一是教育方面。梁漱溟要用教育的工夫来做乡村建设事业,因此,教育既是目的,也是手段。按经过补充、改造后的"乡约"为蓝本建立起来的"乡学"、"村学"是教育的主要机构。在山东乡村建设研究院建立的第一年,邹平全县就设"乡农学校"91 所,在校学生 3996 人,平均年龄 25 岁,98%为农民。到 1937 底,各乡都设立了"乡学",大部分村子也设立了"村学"。"乡学"、"村学"的工作包括两个方面,一项是学校式教育工作,另一项是社会式教育工作。村学根据情况设立儿童部(小学部)、成人部和妇女部。儿童部的课程与国民小学差不多,所不同的是增加了部分乡土教材,"宣传男子剪发,女子放足,禁止早婚,破除迷信,新法接生"等。① 成人部和妇女部主要是利用农闲时间上课,其内容包括识字、唱歌、精神讲话(主要是宣讲中国传统的文化、悠久的历史和乡村建设的意义等)和军事训练。为帮助贫困的失学儿童获得学习的机会,梁漱溟还根据陶行知发明的"小先生制",在乡学、村学附设"共学处",组织小学部的优等生利用课余时间为失学儿童当小先生。乡学不同于村学处在于设有预备升学处(高小部,两年制)和职业训练部。职业训练部主要是针对 18 岁至 40 岁以下的农民开办的,主要是传授农业知识,同时也有唱歌、精神讲话、军事训练、识字训练等。部分乡学还设有高级部,在一般课程的基础上增加了一些乡村建设事业的技术训练。至 1937 年 1 月的统计,邹平全县有各种学校(包括乡村小学,乡学高小部、村学儿童部、成人部、妇女部等)共 566 所(处),有学生 21789 人,共学处 472 处,有学生 5468 人,合计共 27257 人。② 邹平当时是山东的一个小县,人口约 16 万,就学人口占总人口约五分之一,已接近普及初等教育的水平。

　　就社会教育而言,它与学校教育是难以完全分开的,邹平实验区内的经济建设和各种社会改良措施都要通过乡学和村学来宣讲。除此之外,各学校还要根据当地的实际情况,因地制宜,开设自己的课程,从事有特色的社会教育。按照梁漱溟的设想,乡农学校给当地的农民提供了一个聚会的机会和场所,这对于散漫而又无组织习惯的农民来说是很重要的,更为重要的是,"假使他们不十分聚合时,我们的教员(乡村运动者)要设法从中做吸引的功夫、撮合的功夫,使他们聚合。假使虽聚合而谈不到问题上,则我们要提引问题,促使讨论,假使他们虽谈到问题。而想不出解决之道,将付之一叹的时候,我们要指出一条道路,贡献一个办法,或彼此两相磋商研究出一个办法。因为单使他们设法,往往无法可设;单是我们出主意,又往往不能切合实际而可行。现在我们要与他们和在一起,想出办法或能合用也。"③经

---

① 郑大华著:《梁漱溟传》,人民出版社 2001 年版,第 242 页。
② 超然、天培:"对邹平教育现状的巡视",《乡村建设》半月刊,山东乡村建设研究院编,第六卷第 11 期。
③ 梁漱溟著:《乡村建设理论》,《梁漱溟全集》(第二卷),山东人民出版社 1989 年版,第 351 页。

过与外来者的合作,通过当地人积极、主动的参与,找到了解决某一问题的办法,这样就促进了村民之间的关系,增加了合作的气氛,有利于进一步的合作,解决更多的问题。"如此则越作越有组织,越有组织越作",这样乡农学校就充实起来,成为一个"活"的组织,这样的组织正是培养民主习惯、养成中国人过"团体生活"的摇篮,既是地方自治、民主宪政所必要的基本条件,也是农民学习和接受科学技术所必要的中介桥梁。这样组织是尊重差异、因地制宜的。各乡农学校不必有相同的课程,"各乡校事实上必须应付它的环境来解决问题,才能发生我们所希望的作用与效果,故须自有它因时因地制宜的功课。"① 例如,有匪患的地方就搞自卫训练,在山区宜林的地方就组织大家造林,在产棉区,就"帮助他选用好种子,指导种植方法,然后再指导他们组织运销合作社"。"乡农学校可以随时成立种种短期的职业补习班,或讲习班,在实地作时就与他讲解,如养兔、造林、织布、养蚕、烘茧等等。又因此可以随宜成立种种组织,如林业公会、机织合作、棉花运销合作、储蓄会、禁赌会等等数不尽。"② 农村中公共卫生知识的传播、早婚的危害、自治能力、合作精神的培养等都要依赖这种学校教育、社会教育以及职业教育相结合的复合式的教育。乡农学校的这种教育思想体现了梁漱溟自己独特的教育理念。他首先认为,中国的传统教育是有问题的,因为它忽视了对学生的职业技能的培育,但民国以来的新式教育问题更多,注重了知识和技能的培养,但忽视人格的培养和精神的陶练,不能使教育全面的服务于个人的生活。③ 在吸收了陶行知的"生活即教育"的办学思想后,梁漱溟提出并实践了自己独特的学校教育与社会教育相结合的教育思想。梁漱溟认为,在社会改造、社会转型时期,应施行以社会为本位的教育,这种教育要把学校教育与社会结合起来,教育时间要延长至人的成年乃至终身,教育还要承担推进文化改造社会的功能。在社会改造时期教育有自己的特点,"第一,社会改造期之教育宜着重于成人,与平时教育之重在社会未成熟分子者异。第二,社会改造期的教育宜着眼于一般社会,与平时教育每囿于少数个人者异。第三,社会改造期的教育宜就其人所在环境行之,与平时恒设为特殊环境以超于现实于社会环境外者异。"④ 邹平实验区的教育改革就是按梁漱溟的这种教育思想进行的。

邹平实验第二个方面成就是其经济建设。复兴农业,从农业引发工业,实现国家的工业化,是乡村建设的经济建设方针,也是实现文化改造、民族复兴的必由之路。要复兴农业,就要引进科学技术、流通金融和促进合作组织的兴起。20世纪上半叶,中国农村经济凋敝,资本短缺,加上没有建立现代金融制度,导致农村高利贷活动十分猖獗。根据中央农业实验所1936年对全国22省871县的调查,农民

---

① 梁漱溟著:《乡村建设理论》,《梁漱溟全集》(第二卷),山东人民出版社1989年版,第356页。
② 梁漱溟著:《乡村建设理论》,《梁漱溟全集》(第二卷),山东人民出版社1989年版,第356—357页。
③ 祝彦:"论梁漱溟的教育思想",《青岛师范大学学报》2001年第1期。
④ 梁漱溟:"社会本位的教育系统草案",《乡村建设》半月刊,山东乡村建设研究院编,第三卷第五期。

向合作社和银行借款分别占 2.4％和 2.6％,向典当行和钱庄借款的占 8.8％和 5.8％,向商店借款的占 13.1％,向地主、富农和商人借款的则分别占 24.2％、18.4％和 25.0％。各省负债农家借钱者占 56％,借粮者占 48％,农民借款的利率,月息在 3 分以上者占 50％以上。① 邹平的情况也是大致如此,为解决这个问题,在经过长时间的周密准备后,研究院于 1933 年 8 月成立了邹平实验县农村金融流通处,就其性质而言,"流通处含有农业银行、商业银行及县金库三种性质。作为农业银行:贷款给各信用社或农户,不用任何担保抵押,严格考察用途,务使其用在生产方面,如凿井贷款,购买耕牛牲畜贷款、购买肥料种子贷款。作为商业银行流通处将固定资金、定期存款之一部分贷给各信用社,短期存款及部分定期存款,为准备存户支取,放给商号作为活期生息,或存于各大银行赚日利,作为往来透支,或作外地汇兑。作为县金库,所有赋税,均由流通处征解保管,县地方教育建设各项基金,亦由流通处管理,并经发各机关、学校的经费。"② 农村金融流通处的成立对于消除高利贷活动、活跃农村金融、支持农村合作事业的发展都起到了重要的作用。1937 年初,为适应实验区发展的需要,邹平农村金融流通处改组为邹平合作金库,但因战争很快爆发未及开展业务。

农村合作事业是乡村建设运动期间各个实验区都大力提倡并花大力气去推动事业,邹平实验区更是对此不遗余力。合作思想是梁漱溟乡村建设理论的重要组成部分,在其演讲、著述中都对这个问题给予很高重视。梁漱溟深受丹麦农民教育和农村合作事业的启发,认为在中国无论是复兴农业,还是引发工业,都要走合作的路子。中国的传统文化与合作精神是不矛盾的,外来的经济、政治压迫也决定了中国人的经济建设必须要走合作的道路。中国的合作事业要因地因时制宜,要农业合作与农业科技、农业金融三位一体,要由知识分子来指导,从政府的政策和社会运动两个方面来推动才能获得成功。③ 邹平的合作社可分为三类:生产、信用与消费,发展大致可分为两个时期,第一时期从 1931 年山东乡村建设研究院成立,大力倡导各种类型的合作社,到 1935 年,这一时期是邹平合作社快速发展的时期,"此期的特点,就数量而言,邹平的新式合作社从无到有,从少到多;就种类而言,从农副业生产合作到庄仓合作、信用合作、消费合作,涉及生产、流通、消费和信用等诸领域;就层次而言,虽大部为村一级,但亦有向高级发展的趋势,如美棉运销合作社就从村社发展至一村庄为基础的联合组织——总社,继而又改为联合会;就规模和覆盖面而言,是从小到大,从一村、几村扩展到几区几乡、甚而全县;就效益和影响而言,初步打开了市场,赢得了市场信誉并以其较为明显的获利吸引了越来越多

---

① "全国农民借贷情形",《乡村建设》半月刊,山东乡村建设研究院编,第三卷第一期。
② 郑大华著:《梁漱溟传》,人民出版社 2001 年版,第 248 页。
③ 杨菲蓉著:《梁漱溟合作理论与邹平合作运动》,重庆出版社 2001 年版。

的农民。"[1]第二时期是从 1935 年到抗战爆发,这个时期的方针是从量的扩张到质的提高。到 1936 年底,全县共有各种合作社 307 所,社员 8828 人,已交纳股金总数为 12442.93 元。[2] 其中运作最规范、最成功的当是梁邹[3]美棉运销合作社。《乡村建设》第五卷第十六、十七合刊就是"梁邹美棉运销合作社第四届概况报告"专号。从表 2 则可以看出梁邹美棉运销合作社的发展历程及其成就。

表 2　梁邹美棉运销合作社的发展历程

| 年　度 | | 1932 | 1933 | 1934 | 1935 | 1936 |
|---|---|---|---|---|---|---|
| 社　数 | | 15 | 20 | 113 | 118 | 156 |
| 社员人数 | | 219 | 306 | 2,810 | 2,749 | 3,632 |
| 已缴 | 社股(元) | | | 1,480 | 2,562 | 3,826 |
| | 社股(元) | | | 525 | 730 | 1,265 |
| 棉花亩数 | | 667 | 3,464 | 21,341 | 30,111 | 38,849 |
| 贷款总额 | | 3,583 | 24,128 | 130,577 | 93,017 | 215,247 |
| 运销 | 皮棉(斤) | 6,762 | 89,496 | 274,189 | 92,052 | 445,054 |
| | 价额(元) | 3,245 | 38,852 | 151,788 | 43,097 | 285,338 |
| 全年营业费(元) | | 134 | 681 | 4,311 | 1,643 | 1,944 |
| 盈余 | 社员余利 | | 832 | 10,392 | 2,606 | 21,107 |
| | 公积金 | | 237 | 3,174 | 802 | 6,494 |
| | 公益金 | | 83 | 1,587 | 401 | 3,247 |
| | 职员酬劳 | | 35 | 793 | 200 | 800 |
| | 职员奖金 | | | 975 | 245 | 823 |
| 特别公积金(元) | | | | 2,477 | 3,031 | 7,370 |

资料来源:杨菲蓉著:《梁漱溟合作理论与邹平合作运动》,第 150 页。

　　该合作社成立后,注重所产美棉质量的提高,中外纱厂纷纷争购,业务扩展快,社员获利多。从其组织机构、规章制度的规范程度来说,时至今日也难有比它更为

---

① 杨菲蓉著:《梁漱溟合作理论与邹平合作运动》,重庆出版社 2001 年版,第 133 页。

② 罗子平:"邹平各种合作社二十年度概况报告——绪言",《乡村建设》半月刊,山东乡村建设研究院编,第六卷第十七、十八合刊。

③ 邹平县境内的孙家镇古称梁邹,也有称邹平为梁邹的,因此邹平县最大的棉花运销合作社以"梁邹"命名。

规范的合作社。① 总的来说,邹平的合作运动在一定程度上推动了技术进步,减少了中间商的盘剥,增加了农民收入,改善了农民生活。②

在经济方面,乡村建设研究院除积极推进农村合作组织的发展外,还在农业技术进步、作物品种、动物品种改良方面做了很多工作。研究院在邹平提倡植树造林,帮助农民组织林业合作社,推广新式凿井技术,还成功举办过三届农产品博览会。除此之外,还成功推广脱里斯美棉、杂交的波支猪、来克行鸡、改良蚕种等。山东乡村建设研究院有一个实验农场,其改进的优良品种在通过乡农学校和合作社来推广的同时,还向全国各地出售其改良品种,其销售广告长年刊登在《乡村建设》杂志的封底上:

山东乡村建设研究院农场出品价目一览:

种猪:(一)纯种波支猪

　　　　满两月者,每头洋价 30 元,

　　　　满三月者,每头洋价 35 元,

　　　　满四月者,每头洋价 40 元,

　　　　满五月者,每头洋价 45 元,

　　　　五个月以上者,每磅按洋价 6 角计算。

　　(二)改良曹州猪及太原猪

　　　　满两月者,每头洋价 10 元,

　　　　满三月者,每头洋价 15 元,

　　　　满四月者,每头洋价 20 元,

　　　　满五月者,每头洋价 25 元,

　　　　五个月以上者,每磅按洋价 3 角计算。

种鸡:(三)特选来克行成年鸡,每只洋价 5 元,

　　　　来克行成年鸡,每只洋价 3 元,

　　　　改良寿光鸡,每只洋价 2.5 元。

鸡蛋:(四)特选来克行鸡(又名来杭鸡)每打洋价 3.5 元,

　　　　来克行鸡每打洋价 2 元,

　　　　改良寿光鸡每打洋价 1 元。

种蜂:(五)意大利五框群种蜂,每群 10 元。③

① "目前冠以合作社命名的经济组织中,真正符合合作社原则的组织不多,"张晓山:"深化农村改革,促进农村发展——三大制约因素,一个基本认识,两类政策措施",《中国农村经济》2003 年第 1 期。而从《乡村建设》半月刊第五卷第十六、十七合刊中,可以看到,在短短的几年时间里,梁邹美棉运销合作社在发展壮大的同时,也坚持按合作原则办事,是一个真正的合作社。

② 杨菲蓉著:《梁漱溟合作理论与邹平合作运动》,重庆出版社 2001 年版,第 151—158 页。

③ 《乡村建设》半月刊,山东乡村建设研究院编,第五卷第一期封底。

邹平实验第三个方面成就是社会改良。社会改良主要集中在乡村自卫、乡村公共卫生和改良风俗这几个方面。

乡村自卫是研究院在社会改良方面取得的一个重要成就。山东近代以来匪患一直很严重，尤其是鲁西南地区，与豫、皖、苏三省接壤。邹平虽离济南不远，但"当时邹平的社会秩序非常混乱，人们缺少安全感"①。研究院成立后即把整顿社会治安作为实验的重要内容之一。改组现有的警察和自卫武装，举办自卫训练，寓兵于民、寓军事训练于社会教育之中，以全民皆兵的方式组建地方自卫体系。其自卫训练的具体做法是，对全县以自耕农为主体的青壮年农民进行为期四个月的集中训练，在进行军事训练的同时，进行识字、应用文、乡村调查、合作方法、户籍、卫生等方面的教育，以便在保卫地方的同时，也能为乡村建设事业的推广起积极的作用。按计划研究院将对全县的青壮年轮流训练，因为"此自卫组织自足以策动各项事业之进行。故以此为自卫组织之运用，不但为民众组织之基础，并足为一切事业之核心"②。邹平的"民兵组织是一个重要的也是非常成功的改革方案。到了1935年，邹平就不再有雇佣警察和省里派驻的军队，全部治安工作由2500名训练比较好的人员组成的民兵负担。民兵的责任不仅限于对付土匪，他们还要管教赌徒、流氓、演唱亵剧的歌手和那些做伤风败俗宣传的人们"③。由于研究院在乡村自卫训练方面的成就，使得乡村建设研究院在邹平这一时期成为20世纪上半期邹平治安最好的时期。④

乡村卫生是研究院试图解决的另一个大问题。邹平同当时的全国大多数县一样，并没有现代的医疗和防疫设施，甚至没有一家医院，只有旧式的中医郎中。就是中医也并非人人都看得起病。同一时期的定县调查显示，应用旧式医药的人数占总人口的66.9%，用新医药的占4.3%，不能求医的人占22.8%。⑤ 人民一方面缺医少药，另一方面对简单的卫生防疫常识也不懂。在此情况下，经梁漱溟多方奔走，积极筹备，邹平历史上第一家医院于1934年9月成立："山东乡村建设研究院医院兼山东邹平县政建设实验区医院"，亦简称邹平卫生院。卫生院聘请卫生署推荐来的上海医生李玉仁任院长，并聘请了几名医生、助理和护士。院内设有保健、防疫、医务和总务四组，每组又分有若干股，总的原则是既重治疗，也重防疫。为方便农民看病，还在六个乡设立了卫生所，举办了为期一年的乡卫生员训练班。由于卫生院重视防疫工作，重视宣传公共卫生常识，"在社会卫生教育方面，采用运动

---

① 郑大华著：《梁漱溟传》，人民出版社2001年版，第259页。

② "邹平乡村自卫实验报"，《乡村建设》半月刊，山东乡村建设研究院编，第六卷第四期。

③ [美]艾恺(Guy. s. Alitto)著：《最后的儒家——梁漱溟与中国文化的两难》，江苏人民出版社1995年版，第263—265页。

④ 景海峰、黎业明著：《梁漱溟评传》，人民出版社1999年版，第193页。

⑤ [美]吴相湘著：《晏阳初传——为全球乡村改造奋斗六十年》，岳麓书社2002年版，第207页。

会、卫生陈列室、化装表演、巡回演讲队等方式进行。"①1934年后,邹平没有发生过传染病流行。卫生院还建立了一个妇幼保健系统,"通过这个系统,卫生院训练护士、地方女助产士及其他有关妇女并通过她们对当地的母亲及孕妇作检查及普及卫生知识。一年之内,这些工作使婴儿死亡率降低了百分之八十。"②

移风易俗是邹平实验区的重要社会改良内容之一。研究院一方面大力提倡中国传统的道德风尚,另一方面大力革除各种社会陋习。"梁漱溟他们除了提倡传统的道德风尚,如敬老、慈幼、礼贤、恤贫、睦邻、扬善、抑恶、请老、俭朴等等之外,还花了相当多的精力去反对贩毒、吸毒、赌博、缠足、早婚等不良习气。"③由于宣传有力,措施得当,邹平的贩毒、吸毒、赌博、缠足等现象大大减少,唯独在禁止早婚方面成效不大。为禁止早婚,邹平实验县于1935年颁布了《取缔早婚买卖婚姻及婚姻登记》办法,办法中说,邹平早婚人多以十二三岁为多,早的只有8岁即成婚,因为早婚妇女的年龄大于丈夫的人多,买卖婚姻多,有的人家彩礼多达300元。④而当时华北农村一个中等农家年收入不过200元,⑤即使在中国最富裕的江南,一般农家的一次婚事约300元的开支,也足以让他们难以承受。⑥在风俗改良方面,禁止早婚成效最差。原因可能在于两个方面:一方面,对于这种延续长久的陋习,其革除也非一日之功。从研究院以政令的方式取缔早婚到结束实验,只有两年时间,对一项社会陋习的革除,两年时间实在是太短了。另一方面,这项社会改良措施需要在政治、经济、法律、文化、社会生活等方面采取相应措施,相互配合,才可有效。而实际情况是,"由于早婚是建立在经济自利基础上的旧习惯,地方乡约和地方组织很少同意建立公约予以禁止,最好的乡村干部也只是强调男子应到法定结婚年龄。即便如此,也难以弄清情况并得到施行。"⑦

除改良这些不良社会风俗外,梁漱溟还注意到中国社会一个极其严重的社会问题——人口问题,"还有一件事情,在眼前或者无人看成问题,但不久的将来,在乡村中将成为很大的问题:这就是节制生育的问题。如果家中生计艰难,而小孩又愈生愈多,这个问题很大,将来在乡村运动中节制生育非办不可。这个问题与将来

---

① 马勇著:《梁漱溟评传》,安徽人民出版社1992年版,第209页。

② [美]艾恺(Guy. s. Alitto)著:《最后的儒家——梁漱溟与中国文化的两难》,江苏人民出版社1995年版,第270页。

③ 景海峰、黎业明著:《梁漱溟评传》,人民出版社1999年版第139页。

④ "取缔早婚买卖婚姻及婚姻登记",《乡村建设》半月刊,山东乡村建设研究院编,第五卷第一期。

⑤ 王联奎:《樊家寨村人口土地及经济调查》,樊家寨在河南辉县,本调查于1936年进行,樊家寨全村134户,718人,平均家庭收入是190.5元,支出是175元,其中有68家负债。若以年收入150元为贫困线,则有82%的家庭在贫困线以下。《乡村建设》半月刊,山东乡村建设研究院编,第五卷第十四期。

⑥ 红白大事所用资金,绝大多数家庭依靠借款或典地筹钱,能自备费用的农家甚为鲜见。曹幸穗著:《旧中国苏南农家经济研究》,中央编译出版社1996年版,第219页。

⑦ [美]艾恺(Guy. s. Alitto)著:《最后的儒家——梁漱溟与中国文化的两难》,江苏人民出版社1995年版,第267-268页。

乡村文化的建立很有关系,假使不作节制生育的工夫,则乡村文化总不能提高。因为既令经济进步,大家生活得好一点,而小孩愈生愈多,经济生活总不能很好,文化总不能增高,所以这个问题很重要。不过现在普通人还没有注意到,但在不久的将来,非注意不可。"①与此同时,乡村建设实验另一大派别的领导人晏阳初,也意识到这个问题的严重性,所不同的是,他们已经在定县开展了农民节制生育的实验。②

## 第三节 作为一种社会运动的乡村建设运动

乡村建设在 20 世纪二三十年代成为一种声势浩大的社会运动,梁漱溟领导山东乡村建设研究院是这一运动的一面理论和实践上的旗帜,因此,要全面认识梁漱溟的乡村建设理论及其实践,就要考察乡村建设运动的缘起、过程以及多样化的实践形态。

对于为什么在 20 世纪二三十年代,中国出现了一个声势浩大的乡村建设运动,梁漱溟认为,乡村建设运动,首先是由于近些年来的乡村破坏而激起来的救济乡村运动。这种破坏乡村的力量有三个方面,"一、政治属性的破坏力——兵祸匪患、苛捐杂税等;二、经济属性的破坏力——外国经济侵略为主,洋行买办等也为破坏乡村的助手;三、文化属性的破坏力——从礼俗、制度、学术、思想的改变而来的种种(此处文化二字的狭义的用法)。"③其次,乡村建设运动其实也是乡村自救运动,当然,乡村建设运动也是起于中国社会积极建设之要求。中国政治问题的解决要从乡村入手,其经济问题的解决也要从乡村入手。梁漱溟认为,由于农业生产的自然性质决定了在农业上土地和资本不易集中,难以进行集约化的管理,加之农业技术进步比较缓慢,这使得农业经营者之间的竞争相对迟缓。同时"国际竞争借着不平等条约阻碍了中国工商业的兴起,同时阻止了中国之资本主义化,好像给中国农业作掩护的样子"④。所以总的来说,中国农业所受的压迫比较缓和,可以作为中国经济建设的突破口。农业所受的压迫虽然比较缓和,但因其基础薄弱,所以"农业破坏最不能忍受"。"工业是进一步的要求,农业是活命的根源。原有的

---

① 梁漱溟著:《乡村建设理论》,《梁漱溟全集》(第二卷),山东人民出版社 1989 年版,第 364 页。
② "1933 年,'平教总会'开始向平校毕业同学会进说节育工作,很引起注意,11 月县保健院设立一生育节制特别展览室,陈列各种节育器材、药品及应用方法图说,并另室供有兴趣的人士前来讨论实际问题。是年冬,十村的青年农民都曾接受劝告,并愿试用这些节育方法,五十村农民愿意推迟结婚并积极节育。1934 年,卫生教育部特派员分别在十五村访问 835 家农家,说明节育的重要性,其中 108 家需要实行节育,34 家接受劝告。"[美]吴相湘著:《晏阳初传——为全球乡村改造奋斗六十年》,岳麓书社 2002 年版,第 217—218 页。
③ 梁漱溟著:《乡村建设理论》,《梁漱溟全集》(第二卷),山东人民出版社 1989 年版,第 150 页。
④ 梁漱溟著:《乡村建设理论》,《梁漱溟全集》(第二卷),山东人民出版社 1989 年版,第 498 页。

农业底子若被破坏,便无活命。自近年农产输出锐减,同时倒有大量农产入口,中国农业继手工业而破坏,影响百业,牵动全国,因之救济农村的呼声四起,成为全国各界的普遍要求。"①尽管如此,我们仍然要凭借农业谋求翻身,其原因有三:一是农业生产的要件是土地,工业的生产要件是资本,土地是我们现成的;资本则是我们缺乏的。二是工业生产需要的人工少、动力多,农业生产需要的人工多。人工是我们形成的,而工业生产所需的动力却不是现成的。三是工业生产要找市场,国外的市场且不必说,就国内市场来说也很有限,一则是中国人的购买力低,二是外来商品的倾销。农业市场极富自给性,当农产品还不能自给时,恢复农业生产力既迫切又比较容易。最为关键的是,梁漱溟认为,乡村建设是"起于重建一新社会构造的要求"。他认为"今日中国问题在其千年相沿袭之社会组织构造既已崩溃,而新者未立;乡村建设运动,实为吾民族社会重建一新组织构造之运动。所以乡村建设,实非乡村建设,而意在整个中国社会之建设,或可云一种建国运动"②。

　　在乡村建设运动中,梁漱溟不仅认为乡村建设可以解决农村的问题,而且还是一种建国运动,是国家富强、民族文化复兴的必由之路。在同一时期的乡村建设领导人中,对乡村建设运动寄于如此厚望的,还有"定县实验"的领导人晏阳初。晏阳初认为中国人生活中的愚、弱、穷、私可以通过教育来克服,要实现"除文盲、做新民"的目标,单让农民识字是不行的,因此主张实施四大教育:以文艺教育救愚,生计教育救穷,卫生教育救弱,公民教育救私。晏阳初及其同仁在深入农村、向农民学习的基础上提出了"四大教育,连环进行,相辅相成"的主张,"逐步发展的四大教育相辅相成过程,明白说明相互依存的功用,公共卫生协助农民健康而增加生产。农业生产计划又协助教育的推行,农民亲自体验识字读书才能有新知识新技术。教育又协助合作社的发展,如何记账、经营运销都需要知识技术能力。这充分表现四大教育互相环结、同时进行的重要性"③。实际上,定县实验并非仅仅是平民教育实验,而是一项综合社会发展实验。正如晏阳初本人认识的那样,"乡村建设虽始于乡村,但并不止于乡村,它不过是从拥有最大多数人民的乡村下手而已,它的最终目标当然是全中国的富强康乐,因而奠定世界和平"。④

　　与梁漱溟理论、实践等方面非常具有中国特色的"乡土性"不同,"定县实验"的主要领导人晏阳初毕业于美国耶鲁大学,其他主要领导人也大多有留学的经历,其

---

① 梁漱溟著:《乡村建设理论》,《梁漱溟全集》(第二卷),山东人民出版社1989年版,第504页。
② 梁漱溟著:《乡村建设理论》,《梁漱溟全集》(第二卷),山东人民出版社1989年版,第161页。
③ [美]吴相湘著:《晏阳初传——为全球乡村改造奋斗六十年》,岳麓书社2002年版,第154页。
④ [美]吴相湘著:《晏阳初传——为全球乡村改造奋斗六十年》,岳麓书社2002年版,第427页。

理论与实践带有很强的"国际性"。① 乡村建设运动的两大流派也都没有仅仅把这一运动看成是"乡村的运动",而是赋予它更高的历史使命。鸦片战争以来,国势日衰、社会危机四起,关于如何应付危机的种种探索一直未停止过,乡村建设运动就是其中的一种。

　　中国社会的贫困问题涉及到两个根本因素,一个是人与资源日益紧张的矛盾,另一个是在这紧张的矛盾中政治治理的败坏,这两个因素是互为因果的。如何突破这个因果链条上的任何一个环节,就成为解决中国问题的任何探索者所必须考虑的。革命的思路是通过政治的改良来调整人与资源的矛盾,而改良的思路是在人与资源的紧张矛盾中,引入一些新的因素(比如教育、合作、科学技术、工业化)来缓解这种矛盾,进而实现政治的改良,使困扰中国社会的两个互为因果的因素良性循环。人与资源的紧张矛盾由来已久,受文化因素支配的生育冲动使中国的人口有着无限增长的潜力,除非是受到外来因素的制约——战争、饥荒、瘟疫或严重的耕地不足。中国历史上周期性的战乱使得人口的直线增长成为不可能,但在螺旋式的人口增长,又使得中国人难以认识中国人口增长的规律,更无法提出相应的社会政策,其结果是整个社会都把人口的增长视作国家繁荣昌盛的象征。因此,"从历史上来说,中国人口总是对有利的经济和政治状况做出响应,并且即使以不断降低全国的生活水准为代价,仍会出现持续增长的趋势。"② 中国人与资源的矛盾的转折点可能发生在18世纪中叶以后,在当时的技术条件下,大约2.5亿人口已是中国"适度人口"的上限,"这样的人口作为适度人口已经过大,任何按比例的进一步增长都会使增加的总数大得可怕。"③ 在超过这一"适度人口"规模后,中国人口在1850年前后达到4亿人,就当时的人均资源占有量和生产力水平来说,这个数字的人口太过庞大。其后虽历经战乱,但人口与资源之间紧张的矛盾并未得到根本缓解。"在中国进入军阀时代后才是最坏的日子,那时国家的经济储备少得可怜,

---

① 如"平教总会"文学部主任陈筑山,留学美、日,曾任北京法政专科学校校长;视听部主任郑锦,留学日本10年,曾创办国立北京艺术专科学校并任校长7年;"平教总会"《农民报》主编孙伏园,曾留学法国,曾在北大任教;"平教总会"文艺负责人熊佛西,美国哈佛大学博士;瞿世英,在哈佛大学获得博士学位的第一位中国学生,曾任政法大学教授兼教务长,长期服务于"平教总会";生计部主任冯锐,美国康奈尔大学农学博士,曾在美国农业部工作,回国后曾任国立东南大学、岭南大学教授;卫生部主任陈志潜,毕业于美国哈佛大学医学院;城市教育部主任汤茂如,美国哥伦比亚大学教育学硕士并修完教育行政博士课程,曾任北京政法大学教授;调查部主任李景汉,美国哥伦比亚大学社会学硕士;乡村工艺部主任刘拓,美国依阿华大学博士,曾任北京师范大学教授;"平教总会"秘书长谢扶雅,留美博士,曾任岭南大学教授;定县合作制度的设计者姚石庵,留学美国,曾任北平商业专科学校校长,除此之外,还有不少国内外大学优秀毕业生参加定县的工作(根据吴相湘著:《晏阳初传——为全球乡村改造奋斗六十年》中的内容整理而成)。

② 〔美〕何炳棣著:《明初以降人口及其相关问题(1368—1953)》,生活·读书·新知三联书店2000年版,第317页。

③ 〔美〕何炳棣著:《明初以降人口及其相关问题(1368—1953)》,生活·读书·新知三联书店2000年版,第324页。

以致自然灾害不相称地夺走了大量的生命。即使在国民党统治的 22 年间,也几乎没有一年不打仗。总而言之,1850 年后的中国经济和政治综合状况就是:国家似乎不得不以进一步降低生活水准为代价以安排养活更多的人口,如此而已。"① 在中国社会变得如此脆弱的前提下从事社会改良事业,其艰巨、复杂的程度一定是很大不言而喻的。作为一种社会运动的乡村建设运动,是对 20 世纪二三十年代中国社会政治腐败、经济凋敝、天灾人祸不断、外国侵略日益加重的社会现实的一种反应。

乡村建设运动直接来源于乡村教育运动。1906 年科举制度正式废除,新式教育得到较快发展。由于五四运动的影响,"随着对乡村教育重要性认识的加深,全国教育界开始行动起来,'下乡去'成为教育工作者的行动口号,不少大专院校纷纷到农村设立分校或乡村小学,从事乡村教育,如江苏省有 5 所师范学校下乡办农村分校,北京高等师范学校也在城外设立乡村小学,山西国民师范学校也开办了农村分校,等等。一些从事职业教育、平民教育的教育家和教育团体,如晏阳初领导的中华平民教育促进会、黄炎培领导的中华职业教育社和中华教育改进社总干事陶行知等,也开始将办学重点从城市向农村转移。一时到农村办学蔚然成风,并逐渐汇集成为乡村教育运动。"② 从乡村建设的推动主体来看,其性质是复杂的,既有教育机关,也有社会团体,还有政府部门(如民国政府内政部、成立于 1933 年的行政院农村复兴委员会③、经济委员会农业处、实业部中央农业实验所等)和慈善机构(如中国华洋义赈救济会以及一些地方的基督教青年会)等。但其主体是大专院校、教育团体及其成立的专门机构。

从乡村建设运动涉及范围来看,主要是山东、河北、河南、山西、湖北、湖南、安徽、江西、江苏、浙江等华东、华北和华中地区,华南、西北地区很少,东北地区因九一八事变后被日本人所控制,远离这一运动。抗战期间,中华平民教育促进会曾在四川、湖南等地从事乡村建设实验,并于 1940 年 10 月 28 日在四川巴县歇马场成立"私立中国乡村建设育才学院"。④ 抗战胜利后,平教会在全国几个地区继续推

① 〔美〕何炳棣著:《明初以降人口及其相关问题(1368—1953)》,生活·读书·新知三联书店 2000 年版,第 324 页。

② 郑大华著:《民国乡村建设运动》,社会科学文献出版社 2000 年版,第 70 页。

③ "农复会"成立于 1933 年,其任务之一是调查和研究有关农村经济、农业技术和农村组织等问题,并将调查和研究结果向行政院报告或建议;二是联络和鼓励全国从事乡村建设工作的团体和机关。郑大华著:《民国乡村建设运动》,社会科学文献出版社 2000 年版,第 458 页。抗战胜利后,晏阳初曾一度为它工作,但因其偏重全方位的综合改造思想与"农复会"偏重技术性改良的工作思路不合,晏阳初很快退出了"农复会",继续在世界各地推行其全方位的农村综合改造的实验。〔美〕吴相湘著:《晏阳初传——为全球乡村改造奋斗六十年》,岳麓书社 2002 年版。国民党退守台湾后,"农复会"继续从事农业改良、水利建设等方面的工作并有一定的成效。原"台湾经济部长"李国鼎在"台湾土地改革和农业发展"一文中,在列举台湾农业取得成就的关联因素中,把农村复兴委员会(JCRR)的积极活动,改善农业研究、教育以及扩展服务等作为推动台湾农业进步的一个重要因素。李国鼎著:《台湾的现代农业》,东南大学出版社 1996 年版,第 61 页。

④ 〔美〕吴相湘著:《晏阳初传——为全球乡村改造奋斗六十年》,岳麓书社 2002 年版,第 320—321 页。

行其乡村建设实验。1945 年 11 月，联合国教科文组织(United Nations Educational，Scientific and Cultural Organization)成立时，"定县实验"的重要领导人之一的瞿世英是中国代表，他根据中国平民教育经验提出的建议，被联合国教科文组织采纳，"这是中国推行平民教育的真实价值，影响及与全世界"①。20 世纪 50 年代以后，晏阳初把其在中国从事乡村改造实验所取得的经验，广泛用于亚、非、拉各国，并不断加以改进，对参与式发展理论的形成有重要贡献。从某种意义上来说，"定县实验"一直在进行，其影响也远达亚、非、拉各地。但就中国的乡村建设运动而言，它确实是被日本侵华战争所打断，1937 年后，乡村建设实验还存在，但乡村建设运动却终止了。

从乡村建设运动存在的时间来看，前后不过 10 年。清末新政中规定了地方自治，并有相应的法案通过，北洋政府和南京国民政府也都有地方自治的法案，因此，可以说地方自治起始清末。② 乡村建设运动虽有地方自治的内容，但地方自治运动却不能算是乡村建设运动。如前所述，乡村建设运动缘起于五四运动后的乡村教育运动，其萌发时间应是 20 世纪 20 年代初期，主要推动力量是晏阳初领导的中华平民教育促进会，在 1926 年前后形成乡村教育运动，并很快转为乡村建设运动。因为从事乡村教育的人，都发现仅让农民识字是远远不够的，识字必须与其他社会改良措施结合起来，对改善农民的生存状况才有意义。可以把 1926 年 10 月"平教会"在河北定县设立办事处作为乡村建设运动的真正开始时间，实际上，乡村建设运动高潮的到来还要晚几年。1927 年南京晓庄学校开办，一年后渐成规模，1929年 7 月"平教会"总部迁往河北定县，1929 年江苏省立教育学院设立无锡黄巷实验区，1929 年底，河南村治学院筹备，次年 1 月创办河南村治学院，1931 年山东乡村建设研究院在邹平成立，乡村建设运动作为一场全国性运动其高潮此时才到来。

乡村建设运动作为一场全国性的社会改良运动，其社会性主要体现在，引发这一运动的原因是极其复杂的，是社会变迁时期多种社会性因素相互作用的结果。其运动涉及全国大部分地区，参与主体也是多种多样的，政治态度也不相同。乡村建设实验的内容虽然大致不外乡村自治、乡村自卫、乡村教育、农业改良、农村金融、合作组织培育、乡村卫生事业建设以及风俗改良等方面，但每一个具体的实验区都有自己的特点。比如，"定县是从识字运动入手，邹平是以精神训练为入手的办法，是先把最散漫的民众组织起来。"③而江宁实验区因为是政府在全力推动，实

---

① ［美］吴相湘著《晏阳初传——为全球乡村改造奋斗六十年》，岳麓书社 2002 年版，第 383 页。

② 中国自晚清以降，"地方主义"随着地方势力的兴起而抬头。表面看来，似乎造成国家统一的障碍，实际则为历史的趋势，非人为所能抗拒。但从另一角度来看，"地方主义"对于民族的复兴，政治的民主，国家的统一，也有其正面效应。清末民初的改革家为唤起民众，群策群力，致力于救国运动，类多对于中国传统的"地方主义"视为无限的潜力。胡春惠著《民初的地方主义与联省自治》，中国社会科学出版社 2001 年版，第 2 页。

③ 梅思平："中国五个实验县的比较"，《乡村建设》半月刊，山东乡村建设研究院编，第四卷第十二期。

际上可视为清末以来"国家政权现代化"的组成部分,①因为,虽然其实验内容是在改进乡村,但最终目的却是完成国家政权对社会的更有力的控制。

除了中国共产党领导的轰轰烈烈革命在探索中国的未来发展道路外,乡村建设运动是同一时期另一场声势浩大的社会改良运动,这一运动吸引了很多在政治上持中立态度的知识分子。虽然,乡村建设运动的参与者的政治态度不能说是完全中立的,但"左"与"右"都不是这一运动的主体,也不影响这一运动的社会性质。这一运动因为外来侵略战争而终止了,没有能进行更为广泛的、长时间实验,对如何实现传统的农业社会向现代社会转型这一复杂的社会改良实验来说,前后不足10年的时间是太短了,这是非常可惜的。更为可惜的是,因为乡村建设在政治上中立态度、所从事的是一种"改良"的、而非"革命"的事业而在以后的岁月中广受批判,这也阻碍了对这一运动的认识,当然也就谈不上如何吸取他们的教训、借鉴他们的经验。梁漱溟乡村建设理论不能解决革命前的中国问题,也不能解决只有用革命的手段才能解决的问题,但可以为革命以后中国社会的改造和建设提供有价值参考。在已有的研究中,仍多以"失败"来看待梁漱溟带领的山东乡村建设运动,实际上,山东的乡村建设运动只有短短的7年时间(从梁漱溟1931年6月创办"中国乡村建设研究院"到1937年12月济南沦陷),对这样一种全方位的社会改造实验来说,时间是太短了,而且,山东乃至全国的乡村建设运动是被日本侵略战争所打断,并非这一运动本身原因所致。我们仍然习惯以成败论英雄,但正如美国学者艾恺所言的那样:"并非任何事都宜于根据我们眼见的成败去认识和估量。多次去邹平后,我觉得本来是他对了。他提出的确实是建设中国的长期方案。……他的思想在当下不易为人们所接受。不过,一百年后回顾20世纪中国的思想家,或许只有他和少数几个人才经得起时间的考验,而为历史所记住。"②

在社会急剧转型,中国现代化事业仍需探索的今天,我们尤其要珍惜中国现代化建设中的本土精神资源,20世纪二三十年代那场轰轰烈烈的乡村建设运动,给我们留下了许许多多有价值的理论思考和极为宝贵的实践经验,因此对乡村建设运动的理论与实践进行现代化的审视,其价值是不言而喻的。

---

①　美国学者杜赞奇把20世纪初中国国家政权的重组与向社会底层的不断扩张称为"国家政权的现代化建设",并认为"新政策带来效益,但也造成弊端,结果使新政府轮回到旧体制之中,只是披上了一件'现代化'的外衣。"[美]杜赞奇(Prasenjit Duara)著:《文化、权力与国家——1900—1942年的华北农村》,江苏人民出版社1996年版,第75—76页。江宁实验区由中央大学政治系负责,直属江苏省政府领导,实验县县长、中央大学政治系主任梅思平认为,"江宁事实上与邹平迥异,江宁与社会运动是不生关系的……因为如此,故我们用政府的力量,去推动乡村,而不是用社会的力量,在促进乡村组织。"其治安强化、土地整理、道路修筑等措施是与江宁作为南京郊区的地位相关的。郑大华著:《民国乡村建设运动》,社会科学文献出版社2000年版,第121页。

②　[美]艾恺著:《最后的儒家——梁漱溟与中国现代化的两难》,江苏人民出版社1995年版,第4页。

# 第四章 现代化理论视野中的
# 梁漱溟乡村建设理论

## 第一节 现代化理论视野中的乡村建设理论

梁漱溟乡村建设理论是有关国家富强、民族振兴的一整套设计方案,而非仅仅是解决乡村问题的。正如他自己所言的那样:"我所主张的乡村建设,乃是解决中国的整个问题,非是仅止于乡村问题而已。"①梁漱溟的乡村建设理论就是他所设计的中国现代化的方案。在中国已经被纳入世界体系、现代化成为一种不可阻挡的世界潮流以后,任何有关解决中国问题的理论与实践都可以用现代化的理论来审视。

现代化理论是近半个世纪以来的一种主流发展理论,主要是对发达国家发展经验的总结和归纳,尽管从它诞生之日起就因带有意识形态的印记而广受批评,并且在指导发展中国家的实际发展进程中也并非十分有效。但现代化理论所归纳和所抽象的一些价值准则(工业化、城市化、民主化、世俗化、知识化、自由流动、结构分化等)仍带有很大的普适性,并在世界范围内被广泛认可,②很少有组织或个人公开宣称自己是反现代化的。因此,用现代化理论来审视另外一种理论或社会实践仍然是有意义的。

由于现代化是一个包罗宏富、多层次、多阶段的历史进程,它涉及人类思想和行为所有领域里的变革,因此关于现代化的概念和现代化内涵众说纷纭,难以取得一致,本文拟采用钱乘旦与陈意新在《走向现代国家之路》一书中为现代化所确立

---

① 梁漱溟著:《梁漱溟自述》,漓江出版社 1996 年版,第 83 页。

② 在现代化成为一种世界潮流后,理所当然地激起了各种文化形态对"现代化"的反抗,因为现代化的普世价值对世界上业已存在的多元文化形态产生了很大的冲击,使得原有的多元文化产生了认同性危机,作为对这种认同性危机的反映,一个世界范围内的保守主义思潮伴随着"现代化"在全球的扩张而产生。[美]艾恺(Guy. s. Alitto)著:《最后的儒家——梁漱溟与中国文化的两难》,江苏人民出版社 1995 年版,第 9—12 页。但同现代化在世界各地的扩张而言,这种文化上的保守主义反应是居于从属地位的。这里所言的"保守主义"是一种文化上的、而非政治上的保守主义,它来源于一种自然的态度,这种态度把对有价值的东西的欣赏和失去它的恐惧集于一身,力图珍视并保护经过考验的正确的东西。[美]约翰·凯克斯(John Kekes)著:《为保守主义辩护》,江苏人民出版社 2003 年版,第 5 页。

的九条变项,作为标准来衡量梁漱溟乡村建设理论的现代化程度。同目前国内流行的"英格尔斯指标体系"比较而言,钱乘旦与陈意新的这九条变项比较简洁、全面,其不足是难以用现代化的程度进行精确的定量研究。英格尔斯标准具有简明、可测、数据容易获得、度量比较直接等特点,在统计技术比较发达的今天,其操作性好。但难以用"英格尔斯指标体系"对梁漱溟的乡村建设理论及其实践进行度量,因为山东邹平的乡村建设实践没有留下足够的统计数据供"英格尔斯指标体系"使用。鉴于乡村建设实验的时间不足 10 年,很多方面的实验只是刚刚开始或未及开始,这一运动就被日本侵略战争所打断,乡村建设实验可衡量的实际成就并不多,对其评价的重心是这一理论的现代化价值取向。因此,采用钱乘旦与陈意新为现代化所确立的九条变项,来衡量梁漱溟的乡村建设理论与实践就比较可行。

钱乘旦与陈意新为现代化所确立的九条变项是:

1. 现代化在经济方面的标准是工业化,它应以工厂制度的确立,工业产品在日常生活中占优势的比例和国民收入的指数来衡量,农业的技术化生产也应包括在内,这是从整个社会的生产这一意义来使用工业化概念的。

2. 现代化在政治方面的标准是民主化,主要是政治制度化的程度与大众参与(积极、主动地参与而非被动地参与)政治的程度。

3. 现代化在生活形态方面的标准是城市化,城市化的意义不仅在于将城市作为工业生产的中心,同时还在于它使城市作为迅速扩散信息、传播文化知识和人们相互联络感情的舞台。

4. 现代化在人们精神活动方面的标准是世俗化,它意味着社会生活摆脱神学的控制与干涉,人们的精神世界从对神的膜拜转到崇尚理性。世俗化的实质在于人们以科学的实证性和社会生活方面的实践性作为衡量万物的尺度,而拒绝神学或任何具有神学性质的教条。

5. 现代化在社会的文明开化方面的标准是知识化,知识化首先意味着教育的普及,但不仅仅于此,还在于一个社会所拥有的受过专门训练的人才数量和这个社会吸收外来文明的能力,知识化是社会与个人现代化的关键。

6. 现代化在个人行为方面的标准是普遍的成就取向,它包括个人奋斗和个人不断进行自我更新。这条标准具有浓厚的功利主义色彩,但对成就的不懈追求实在是使社会变得生机勃勃的因素。

7. 现代化在社会组织结构方面的标准是功能专门化,现代化使社会的组织结构日益呈现出多样化的趋势,企业、学校、社团、警察等所具有的专门化的功能使社会变得井然有序,稳步发展,像传统社会中宗教或其他集团可以包揽天下事,并且有无所不及功能的现象,决不会为当代社会带来活力。

8. 现代化在社会成员的关系方面的标准是自由流动性,这种流动性在横向和纵向上都是双向的。

9. 现代化在社会等级层次方面（阶级结构）的标准是开放的而非封闭的,实现社会等级层次的开放性取决于两个前提:人身自由与机会均等,这使得任何形式的世袭制度失去其存在的基础。①

先就第一项工业化而言,乡村建设理论认为中国只有实现工业化,才能算是真正的翻身。乡村建设理论主张先复兴农业,因为"农业是活命的根源",而"工业是进一步的要求",②"我们以后的农业恐怕也不单是以前那样简单的农业,如果真要发达农业,也还是要靠科学的工业之助。"③梁漱溟认为,要凭借农业翻身的理由还在于以下几个方面:"一、非一面求主要农产品(稻、麦、棉)之自给以减少农产之入口,更一面增加农产原料(丝、茶、桐油)之输出,无以抵补国际贸易之入超,无以平衡内埠间之收支而稳定大局,活泼金融。二、非整顿农业,广行垦殖,不能养住这许多人口,不能解决粮食问题。三、以农产出口换回来进步生产机械,否则此农业国无从过渡到工业上去,翻身在工业,而凭借以翻身的则为农业。四、最后一大要点,非农业生产者不能走联合之路,而非联合即无以求经济上自卫与自立。"④从农业引发工业才是我们复兴农业的根本目的,才是我们的翻身之路。"我们的要求是翻起身来达于进步的健全的经济生活,那就必须有进步的生产技术(巧),社会化的经济组织(大),其关键看能不能工业化。"所以"尽力于农业,其结果正是引发工业;并且我敢断定,中国工业的兴起只有这一条道。"⑤农业生产力的恢复与提高,必然会引发一系列相关的工业。"在农业前进过程中许多工业自然相缘相引而俱来。例如从土壤肥料等农业化学上的问题,而引出化学工业;从农具农业机械农业工程,又引出机械工业;从农产加工农产制造,也将引出许多工业。诸如此类,多是相因而至的。更要紧的是生产力抬头,一般购买力从而增进,自有许多工业因需要刺激而兴起。换句话说,就是从农业生产农民消费两面来刺激工业起来。"⑥"从农业引发工业,更从工业推进农业;农业工业垒为推进,农业乃日进无疆。同时也就是从生产力抬头而增进购买力,从购买力增进而更使生产力抬头;生产力购买力辗转递增,社会富力乃日进无疆。"⑦20世纪80年代后,中国沿海地区乡镇工业的崛起及对农业反哺、对农业发展的巨大推动也证明了梁漱溟的这种设想是极富真理性的。

尽力于农业,则工业自然随之而起。但工业怎样才能建立呢?在中国工业化

① 钱乘旦、陈意新著:《走向现代国家之路》,四川人民出版社1987年版,第46—48页。
② 梁漱溟著:《乡村建设理论》,《梁漱溟全集》(第二卷),山东人民出版社1989年版,第504页。
③ 梁漱溟:"在晋演讲笔记:今日的中国与工业",《梁漱溟全集》(第五卷),山东人民出版社1991年版,第690页。
④ 梁漱溟著:《乡村建设理论》,《梁漱溟全集》(第二卷),山东人民出版社1989年版,第506页。
⑤ 梁漱溟著:《乡村建设理论》,《梁漱溟全集》(第二卷),山东人民出版社1989年版,第508页。
⑥ 梁漱溟著:《乡村建设理论》,《梁漱溟全集》(第二卷),山东人民出版社1989年版,第508页。
⑦ 梁漱溟著:《乡村建设理论》,《梁漱溟全集》(第二卷),山东人民出版社1989年版,第509页。

的问题上,梁漱溟认为在农业技术前进过程中,必定要有一段合作运动,因为只有合作,农业和工业才能"大"(社会化大生产)、才能"巧"(技术进步)。"一面有了工业需要,一面布置合作的根底,抓住需要不予放过,而以合作方式经营之,工业就于此建立。"①梁漱溟认为,农业生产业所需要的肥料工业、农具工业及农产制造等可以在农民合作组织之下来进行。农民日常消费品,因为其原料多为农家生产,因此也可以用自己现成的劳动力加工自己现成的原料,满足自己的需要,如面粉厂、纺纱织布厂等都可置于农民合作经营之下。"有些工业,可不由合作社经营而由地方团体经营;有的更由国营。"②这里梁漱溟提出了工业化的不同层次问题,那些与农民生产生活关系密切,原料、市场都在农村,可在农村进行生产的工业,完全可由农民合作来经营。这是中国工业化网络中较低的一个层次(当然在此之下还有个体农民的手工业),往上一个层次的工业则由合作联社、地方团体或地方政府经营,最上层则是国营。"农业果然兴起,工业相因而俱来,或应于消费的需求,径直由消费合作社举办,或为农产原料之制造,由农业合作社举办,其矿冶等业,则由地方自治团经营之,由此而来的工业,自无近代工业所酿的危害,在适宜的情形下,农民并可兼做工人,近代工人生活上机械之苦,于此可免,那是文化上更有意义的事。"③中国的这条工业化之路"有其自然成功之势",这是因为"第一,农村劳动力过剩,自然要用到工业上来。第二,工业所以难以兴起,一是难于资本,二是难于市场;但于此则资本市场两不为难。……因劳力现成、原料现成、运输省事(原料近、销路近)而减省好多好多;所以资本也不为难。第三,近年正有工业要移向内地来的趋势,也大可做一证明。第四,工业向乡村扩散,农业工业相结合,都市乡村化,乡村都市化,这许多本是世界的新风气新理想。其中实含有人类自然的要求。"④由于原料、市场和劳动力内地都有,加之高压电流可远送千里之外,所以,梁漱溟认为不会出现所有工业都向沿海集中的这种现象。梁漱溟非常赞同工业网络的这种设想:"一个大工业中心孕有许多小工业中心,小工业中心更孕有许多更小工业中心;如此一层一层地相关,直至渗入最小社会细胞的农村为止。农村工业生产不足的,济之以次大的工业中心,次大工业中心不足,再以最大工业中心济之。如此一层一层把全国造成一个严密的工业网。"⑤

在工业落后的中国,要迎头赶上工业先进国家,必须统筹建设。从工业生产本身是社会化大生产的性质也要求统筹建设,有些事关国计民生的工业如煤炭、钢铁、石油、水利、铁路、电信、航空等不容地方割据,更应统筹建设。统筹建设工业在

---

① 梁漱溟著:《乡村建设理论》,《梁漱溟全集》(第二卷),山东人民出版社1989年版,第509页。
② 梁漱溟著:《乡村建设理论》,《梁漱溟全集》(第二卷),山东人民出版社1989年版,第511页。
③ 梁漱溟:"乡村建设大意",《乡村建设》半月刊,山东乡村建设研究院编辑,第一卷第十九、二十合刊。
④ 梁漱溟著:《乡村建设理论》,《梁漱溟全集》(第二卷),山东人民出版社1989年版,第511页。
⑤ 郑统九:"中国工业建设之路线商榷",载《河北省立学院学报》1935年第二册。

当时除国家内忧外患不断、政局动荡外，还有一大难处，那就是农民缺乏高度工业化的要求。梁漱溟认为中国工业（特指为日常消费的那些工业）将建立在"乡下人以其自己劳动力，加之于其现成的原料，以满足其自己需要"的那条路上，这样一来虽然农村有一定程度的工业化，但超出农民生产生活以外的那些工业就难以发展了。面对这个问题，梁漱溟寄希望于"教育"，"克服这个困难的根本一着，就是提高社会的明智力"，"质言之，就是提高教育在社会中的地位，而加强其机构力量"。① 一旦启发了农民的智慧，提高了农民的教育水平，农民的工业化要求自然而然就会提高。农民有了高度工业化的要求，农村又有了一定程度的工业化，再加上"中央负责方面先将为工业之根本的那些工业统筹建设，使所有工业化的条件都准备好，而给他送上门去"。② 则中国工业化的推进就一定会顺利进行。

复兴农业，从农业引发工业，将那些与农民生产、生活关系密切，原料、市场都在农村的工业放在农村，由农民合作社来经营；其余的工业可由地方团体经营或地方政府经营；那些事关国计民生的基础工业和基础设施应由中央负责统筹建设，这样中国的工业化就有了不同的层次，适合了社会的不同需要。全国乡村运动联合机构、合作社联合会及中央政府下面都有自己不同层次的工业，再加上受各种自然资源、能源影响而发展起来的大小不同的各种工业中心，两方面相互匹配，就会形成从中央到地方、从城市到农村、从沿海到内陆，一个完整的、庞大的工业网络。这就是梁漱溟所希望的中国工业化的美好未来。③

当时身为南京国民政府立法院财政委员会委员长的马寅初，在 1933 年考察梁漱溟创建的乡村建设研究院后，也指出"我们复兴农村，民族自救，单靠农业是不行的，此外还必须加上'工'。""凡大的工厂如煤铁等要政府来做，凡小的工厂，我们提倡私人经营到乡间去做"。④ 在马寅初看来，提倡农村工业有下列理由：（1）中国公司不发达，股票没有信用，大公司组不成，只有以小公司到乡间去；（2）可以充分利用农村剩余劳动力，甚至女劳力；（3）农村地租、工资便宜；（4）中国的金融制度是适宜乡村工业；（5）小工业分散在乡村，分散大都市的力量，可以减少不平等条约对中国的压迫；（6）乡村中劳资问题比较缓和。⑤ 同一时期的费孝通也通过在"江村"及后来在"云南三村"的调查，提出了"人多地少，农工相辅"的主张，明确指出"解决农村过剩劳动力的出路是发展乡村工业"，"内地农村的调查使我进一步看到在一

---

① 梁漱溟著：《乡村建设理论》，《梁漱溟全集》（第二卷），山东人民出版社 1989 年版，第 551 页。

② 梁漱溟著：《乡村建设理论》，《梁漱溟全集》（第二卷），山东人民出版社 1989 年版，第 551 页。

③ 童星、崔效辉："儒家视野中的工业化——从梁漱溟乡村建设理论看中国现代化的道路选择"，《江苏国家行政学院学报》2002 年第 2 期。

④ 马寅初："如何复兴农村？——提倡农村工业"，《乡村建设》半月刊，山东乡村建设研究院编辑，第三卷第六期。

⑤ 马寅初："如何复兴农村？——提倡农村工业"，《乡村建设》半月刊，山东乡村建设研究院编辑，第三卷第六卷。

个人口众多,土地有限的国家里,要进一步提高农民的生活水平,重点应放在发展乡村工业上"。① 同时,费孝通也指明乡村工业的出路在于通过改良技术,引进机械代替手工,同时与都市工业在资金、技术、原料加工、流通等环节相互挂钩、协同发展。

同马寅初相比,梁漱溟关于农村工业化的思想更系统、更全面;同费孝通相比,则费孝通的研究结论更准确、更有说服力,而且费孝通在改革开放以后,按照自己"人多地少,农工相辅"的思路,结合当代中国的实际,为积极探索中国农村工业化、城市化的道路做出了更大的贡献。② 但梁漱溟不仅系统提出了农村工业化的思想,而且也在山东邹平进行了极为可贵的实践。1936 年梁邹美棉运销合作社联社设立了自己的轧花厂,工厂的建筑工程投资一万多元,此外购买 25 匹马力发动机一部,价值 2,250 元;打花机、筛花机及零件等花费 577 元,购买轧花车 20 部,花费920 元,并招收了 37 名工人。③ 毫无疑问,如果不是日本侵略战争打断了山东的乡村建设实验,中国农村工业化的实验还会继续下去。梁漱溟后来说:"我们还计划在当地自办纱厂,这样可以农工结合,增加农村财富,后因七·七事变未能实现。"④

由上所述,可见梁漱溟主张复兴农业,给人印象好像是要以农立国,但其理论与实践中的工业化的价值取向是十分明显的。

现代化的第二个变项是政治民主化,主要是指政治制度化的程度与大众参与政治的程度。就政治制度化的程度而言,中国传统社会因为有通过科举考试选拔官员的制度而备受西方启蒙思想家的青睐,曾一度为西方政治家在设计现代文官制度时所参考。"中国的政治制度具有精密的专门化和职能区分,并由职业官僚遵照高度理性化并有案可稽的成规及先例进行管理。在很多方面,中国非常具备现代转变的条件。"⑤ 即使是在 18 世纪这样现代社会的前夜,中国的官僚制度仍然是高度制度化并且是高效率的,法国汉学家魏丕信在其所著《18 世纪中国的官僚制度与荒政》中指出,中国政府在自然灾害期间为维持人民的生产和生活所发挥的巨大作用,不是炫耀式的空话而是事实,"这种事实所体现出来的,是以一整套严密的

　　① 钱成润等著:《费孝通禄村农田五十年》,云南人民出版社 1995 年版,第 41 页。

　　② 童星、崔效辉:"儒家视野中的工业化——从梁漱溟乡村建设理论看中国现代化的道路选择",《江苏国家行政学院学报》2002 年第 2 期。

　　③ "梁邹美棉运销合作社第五届概况报告",《乡村建设》半月刊,山东乡村建设研究院编辑,第三卷第六期。

　　④ 梁漱溟著:《梁漱溟自述》,漓江出版社 1996 年版,第 72 页。

　　⑤ [美]吉尔伯特·罗兹曼(Gilbert Rozman)主编:《中国的现代化》,江苏人民出版社 1998 年版,第258 页。

规章制度为基础,经有关官僚机构付诸实践的相当复杂、技术性相当强的运作。"①中国传统政治制度化的程度比较高,这种制度应该能为向现代民主政治转变提供良好的基础。但不幸的是近代中国在内忧外患的打击下,中央政府的权威日渐衰败,政治日益腐化,其政治制度化程度也大大下降了。而现代化的后来者在推动现代化进程时恰恰需要一个强有力的政府,因为,对后来者而言,现代化在这些国家已经不再是个"自然的历史进程",而是人为推动的一项有计划的社会变迁。

民主政治的另一个重要的方面是大众对政治的广泛参与,这种参与应是在宪政条件下,社会个体自觉、积极主动地参与,而不是被动地参与。梁漱溟认为,中国传统社会中大众对政治的消极、无为的态度要改变,要把西方的"团体组织"引进中国,这是把散漫、消极的中国社会团结起来的必要手段,这种"团体组织"就是西方的民主制度和民主习惯。但梁漱溟又认为,西方的"团体组织"要与中国社会的"理性"结合起来,才能适应中国的国情。因此,他所主张的民主政治是具有中国特色的"人治的多数政治"或"多数政治的人治"。② 梁漱溟认为,民主政治的实质是两点:"一是公民参与政治的权力,一是个人的自由权。"③但东西方社会又有所不同,西方因为科学发达,可以实现"专家治国"(团体事情的处理要听智者的话,受智者的指导),中国因为科学不发达,无法实现"专家治国",但中国有"尚贤"的传统,"中国不能有团体组织则已;如果有团体组织,那么,这个尚贤的风气仍要恢复,事情的处理,一定要听贤者的话。综之,所谓事实上的变迁,就是两边一齐来:我们因为事实的必要,要往团体组织里去;西洋人因为事实的必要,其团体组织之道也转变而渐与我们接近。所以说二者有一个融合点。——我们将开所要成功的团体组织,也正是西洋将要变出来的一个团体组织。这一个团体,虽不必取决多数,可是并不违背多数;它正是一个民治精神的进步,而不是民治精神的取消。"④梁漱溟所主张的民主政治仍是一种人治而非法治,西方民主政治中的"智者"(专家)在政治中的作用仅仅是工具性,而梁漱溟的"人治的多数政治"中"贤者"作用显然不仅仅是工具性的。梁漱溟对"贤者"的尊崇,有很大一部分原因是缘于自己所受的教育,尤其是传统的家庭教育的影响。梁漱溟的父亲梁济是一个精神上、道德上的贵族,一生严格实践着儒家的修齐治平的理想,遵循着"穷则独善其身,达者兼济天下"行为准则。梁漱溟一生在道德上也堪称楷模,艾恺认为:"在近代中国,只有他一个人保持了儒家的传统和骨气,他一生的为人处世,大有孔孟之风;他四处寻求理解和支持,

---

① [法]魏丕信(Pierre-Etienne Will)著:《18世纪中国的官僚制度与荒政》,江苏人民出版社2003年版,第1页。

② 梁漱溟著:《乡村建设理论》,《梁漱溟全集》(第二卷),山东人民出版社1989年版,第292页。

③ 梁漱溟著:《乡村建设理论》,《梁漱溟全集》(第二卷),山东人民出版社1989年版,第283页。

④ 梁漱溟著:《乡村建设理论》,《梁漱溟全集》(第二卷),山东人民出版社1989年版,第289-290页。

以实现他心中的为人之道和改进社会之道。"①正是在此意义上,艾恺才称梁漱溟为"最后的儒家"。梁漱溟的这种思想实际上是儒家文化中"贤者应为王者师"思想的体现,在实际的运行中可能的结果是一种既有西方民主主义因素,又有东方专制主义因素的"权威主义",是一种介于民主与专制之间的政治设计,它既可能走向专制,也可能走向民主。从东亚新兴的工业化国家(或地区)的经验看,这种政治"权威主义"比较符合梁漱溟的"人治的多数政治"的设计。新兴的工业化国家(或地区)可能是由于文化因素的原因,企业家和人民都愿意遵从政府的政策,在不同的发展阶段,政府经济发展政策的战略转移比较平稳,这些政策有效地动员了地方和国外的资源从而推进了现代化进程。② 这种政治"权威主义"在现代化的早期应是一种可行选择,因为"在现代化的早期阶段,对于落后国家来说,现代化是一种为着民族利益和命运而被迫进行的选择。于是逻辑的、也是现实的情况就是,首先,它可能是那些对民族命运承担责任,对西方文化有必要的修养的上层社会的自觉;其次,由此而来,它也只能是在整个社会未自觉的情况下,由社会上层强迫整个民族接受的现代化拯救,它是一个自上而下的过程,是少数人的选择。现代化按照自身的规定,当大多数人们不善于用世界眼光看待自己来说处境时进行的现代化,本质上只能是一种强制,这是一个深刻的二律背反"③。当然,这种政治"权威主义"随着现代化进程的不断推进,大众参与政治的程度必须不断提高。

总之,梁漱溟的"人治的多数政治"在中国现代化的早期阶段,不失为一种可行的政治设计,虽然在理论上,其民主的价值取向不是很高,但在实际的运行中,操作性还是比较强的。

现代化的第三个变项是生活形态方面的城市化,城市的意义不仅在于它作为工业生产的中心,同时还在于它是迅速扩散信息、传播文化知识和人们相互联络感情的中心。就梁漱溟的乡村建设理论而言,它带有一定程度的反城市、尤其是反大城市的倾向。梁漱溟说:"现在受西洋影响最大,真成功工商业社会的是上海,上海实是将中西弊恶汇合为一,最要不得的地方! 幸亏中国只有一个上海而未完全上海化。"④从这几句话可以看出梁漱溟对以上海为代表的、近代新兴的工商业城市不以为然。究其原因,可能有以下几个方面:一、以上海为代表的近代新兴的工商业城市既是现代化思想和形态在中国传播的桥头堡,也是西方资本主义文明大规模进入中国的主要桥梁,是资本主义列强利用不平等条约剥削、压榨中国人民的据

---

① 〔美〕艾恺(Guy. s. Alitto)著:《最后的儒家——梁漱溟与中国文化的两难》,江苏人民出版社 1995 年版,第 4 页。

② 萧新煌:"东亚的发展模式:经验性的探讨",谢立中、孙立平编:《二十世纪西方现代化理论文选》,上海三联书店 2002 年版,第 1050－1051 页。

③ 钱乘旦、陈意新著:《走向现代国家之路》,四川人民出版社 1987 年版,第 341－342 页。

④ 梁漱溟著:《乡村建设理论》,《梁漱溟全集》(第二卷),山东人民出版社 1989 年版,第 499－500 页。

点,城市发展确实是畸形的,是一个光明与黑暗、正义与邪恶、进步与落后的结合体。梁漱溟忽略了前一个方面,比较注重第二个方面,这与中国在20世纪二三十年代日益严重的民族危机有关。二、梁漱溟看到,在中国废除科举制度而采用新式教育体制后,新式教育在中国严重水土不服。"所谓新教育便是西洋化的教育,并且是都市文明体系中的一种制度。无论从知识思想、生活习惯,哪一点上说,合于此者便不合于彼,所以乡村弟子受教育的那一天,便是脱离乡村的那一天。"①脱离乡村的人越来越多,可中国的城市并没有这样多的就业机会提供给那些受过新式教育的年轻人,这些拥挤在城市中的年轻人也成为乡村人民的负担之一。"乡村的负担入民国后便重于前清,几乎与年俱增,愈到后来愈重;亦无非为新知识分子愈充塞都市,所谓军政学界不能不借种种名色强取于乡村。"②梁漱溟所设想的乡村建设运动,就是要把充塞于都市的一部分知识分子引到乡村,与农民结合起来谋求中国社会的出路。"所谓为社会求出路,头一步只有尽力于复兴农业生产,求全国经济的复苏;跟着从农业引发工业,完成经济建设。这是中国社会唯一的一条生路,也就是知识分子的生路所在。质言之,社会的生路要在乡村求,知识分子的生路也要在乡村求。"③三、中国的工业化的困难在于缺乏资本和市场(社会普遍贫困,人民购买力低下),但中国人力资本丰富,各种资源也不数贫乏,如果中国的工业化可以扬长避短,利用中国的人力和资源,把与农民生产、生活相关的各种工业办在乡村和小城市,不但资本不难筹集,市场、运输、原料等问题都可以解决。因此,中国的工业不应该都集中大城市。四、梁漱溟认为,城乡一体化的发展思路应该是未来社会的要求,也是中国社会未来的发展要求。"工业向乡村分散,农业工业相结合,都市乡村化,乡村都市化,这许多本是世界的新风气新理想。其中实含有人类自然的要求。"④从以上几个方面可以看出,梁漱溟所反对的是畸形繁荣的大城市,所主张的是工农结合、城乡一体的全面发展。

20世纪50年代以后,中国的工业建设与梁漱溟的主张是完全相反的,走到了农村搞农业、城市搞工业这条极端的道路上去。农业虽为工业建设提供了大量的积累,但几十年来工业却无法反哺农业,并且形成了城乡隔离的二元社会结构,将广大农民排斥在工业化和城市化进程之外,这不仅使工业发展失去了后劲(国内消费需求不足),而且也使得我国农业"内卷化"(Involution)的机制直到20世纪70年代末才被打破。⑤ 改革开放以后,全国各地尤其是东南沿海地区,乡镇企业异军

---

① 梁漱溟著:《乡村建设理论》,《梁漱溟全集》(第二卷),山东人民出版社1989年版,第480页。
② 梁漱溟著:《乡村建设理论》,《梁漱溟全集》(第二卷),山东人民出版社1989年版,第480页。
③ 梁漱溟著:《乡村建设理论》,《梁漱溟全集》(第二卷),山东人民出版社1989年版,第480页。
④ 梁漱溟著:《乡村建设理论》,《梁漱溟全集》(第二卷),山东人民出版社1989年版,第511页。
⑤ 童星、崔效辉:"儒家视野中的工业化——从梁漱溟乡村建设理论看中国现代化的道路选择",《江苏国家行政学院学报》2002年第2期。

突起,极大地提高了农民的生活水平,改变了农村的面貌,并且从根本上打破了我国农业几个世纪以来的"内卷化"机制,使我国农村经济有了质的飞跃,也促进了城乡社会的一体化发展。费孝通在考察苏南的乡镇企业后指出:"值得特别注意的是,由于这些地方工业办得好,因而富裕起来的乡村,农副业收入所占比例不断降低,而在绝对数字上却相应地增长,速度也较工业不发达的农村为快。这个事实应当大书特书,因为它向人们展示出我们社会主义建设中的一种崭新的特点:中国社会基层的工业化是在农业繁荣的基础上发生、发展的,而且又促进了农业发展,走上现代化的道路。"①我国 20 世纪 50 年代以来的工业化与城市化的曲折历程反证了梁漱溟工业化、城市化思想的可贵性。

　　现代化的第四个变项是世俗化,它涉及人们的精神活动,意味着社会生活摆脱神学的控制与干涉,人们的精神世界从对神的膜拜转到崇尚理性。人们精神生活的世俗化主要是针对被神学束缚而言的,比如,针对欧洲中世纪的黑暗神学统治,从 16 世纪开始欧洲出现了启蒙运动,这一运动改变了人—神之间的关系,"确切地说是把人从宗教的桎梏中解放了出来,人的命运由自己来掌握而不是由神或命运来控制。"②启蒙运动带来了理性主义,人们开始以科学的眼光来认识客观世界和主观世界。就中国而言,又有所不同,在中国任何一种宗教思想都没有取得对社会生活的全面控制,因此,中国人对未知的彼岸世界的认知热情并不高,注重的是对现世的关怀。梁漱溟认为,"从来居中国文化的中心而为之主的,是周孔教化而不是任何一宗教。中国人往往是直接地信理,间接地信教。"③作为儒家文化中最重要的经典《论语》,通篇都是对现世的关注,所讨论的都是经验的世界,而未讨论先验的世界。所言都是衣、食、住、行等日常生活的事情,在日常生活中,个人就可成"仁",就可以格物致志诚心正义修身齐家治国平天下。对季路问鬼神之事,孔子只是说:"未知生,焉知死"(《论语·先进第十一》)。"在世界一切所有各种古代经典中,中国儒书具有谁莫与比的开明思想。中国人理性由是而启,宗教乃不能人。"④因为中国文化中没有严格的宗教束缚,所以中国社会是一个理性早启的社会。"所谓理性,是指吾人所有平静通达的心理。"⑤儒家思想并不是给人一个独断的标准,而是要人自己反省。日本学者五来欣造在其所著的《儒家之合理主义》中认为,"在儒家,我们可以看见理性的胜利。儒家所尊崇的,不是天,不是神,不是君主、国家权力等,并且也不是多数人民(近代西洋要服从多数),只有将这一些(天、神、多数

---

①　费孝通著:《小城镇四记》,新华出版社 1985 年版,第 85 页。
②　李小云著:《参与式发展概论:理论—方法—工具》,中国农业大学出版社 2001 年版,第 2 页。
③　梁漱溟著:《中国——理性之国》,《梁漱溟全集》(第五卷),山东人民出版社 1991 年版,第 363 页。
④　梁漱溟著:《乡村建设理论》,《梁漱溟全集》(第二卷),山东人民出版社 1989 年版,第 183 页。
⑤　梁漱溟著:《乡村建设理论》,《梁漱溟全集》(第二卷),山东人民出版社 1989 年版,第 181 页。

等)当做一个理性的代名词的时候,儒家才尊崇他。"①因为没有宗教的束缚,所以中国人精神生活中的世俗成分就大得多,由此可能带来对人类终极价值关注的缺乏,儒家的修齐治平的理想在一定程度上弥补了这一缺陷。另一方面,地理环境的相对封闭和文化上的输出者的地位,使中国文化的自我更新机制慢慢变得僵化。本来极富人情味的理性思想可能会僵化成机械的教条,所以,在20世纪之初,中国需要一场轰轰烈烈的启蒙运动来冲破这些僵化教条的束缚。在梁漱溟看来,中国文化本来是极富生趣的,"他(中国文化)一无锢蔽的宗教,二无刚性的法律,而极尽人情蔚成礼俗,其社会中的组织及秩序是松软灵活的;乃以日久慢慢机械化之故,其锢蔽不亚于宗教,其刚硬冷酷有过于法律。'民国'七八年间新思潮起来,咒之为'吃人的礼教',就是如此。"②

在乡村建设理论及其实践中,梁漱溟始终强调这一理论和实践的世俗目的——改善农民生活、复兴民族的文化。复兴民族文化也是提升农民生活水平的内容之一,因为梁漱溟不仅关注农民物质水平的改善,还特别强调精神生活的重要意义。乡农学校中的精神陶练就是要引导农民"人心向上",梁漱溟在这里强调,"我们这个组织(乡农学校),是一个伦理情谊的组织,以人生向上为目标,故天然不能用法"。③

在乡村建设实验期间,梁漱溟曾多次谈到"政教合一"的问题,给人的印象似乎是违反现代潮流的。梁漱溟主张政教合一,但不主张用国家权力来干涉个人思想。"我们理想的新社会,政治、教育(教化)是合一的,是相合而不相离的,……我们所谓政教合一的教,不是包括一切教育上的事情而言。政教合一的教是比较严格狭窄的,是指最高团体帮助个人向上这一点来说的,而不是教育的事情完全与政治合到一块的。"④

现代化的第五个变项是知识化,知识化首先意味着教育的普及,但不仅仅于此,还在于一个社会所拥有的受过专门训练的人才数量和这个社会吸收外来文明的能力,知识化是社会与个人现代化的关键。梁漱溟在乡村建设理论中不仅强调教育未成年人的必要性,而且还指出,对成年人而言教育也有其必要性,这种教育是广义的社会教育和终身教育。"教育于人类,所以必要而且可能,盖最足见于人类自儿童至成人之期特长,为其他动物所莫得比,……然人类天具学习力固不限于此未成年,殆且亘乎终身焉。"⑤更为重要的是,社会教育或成人教育在现代社会中已是不得不为的事情,其原因是:"一、现代生活日益繁复,人生所需要学习者,随以

① 梁漱溟著:《乡村建设理论》,《梁漱溟全集》(第二卷),山东人民出版社1989年版,第182—183页。
② 梁漱溟著:《乡村建设理论》,《梁漱溟全集》(第二卷),山东人民出版社1989年版,第201页。
③ 梁漱溟著:《乡村建设理论》,《梁漱溟全集》(第二卷),山东人民出版社1989年版,第383页。
④ 梁漱溟:"什么是政教合一?",《梁漱溟全集》(第五卷),山东人民出版社1989年版,第691—692页。
⑤ 梁漱溟:"社会本位的教育系统草案",《乡村建设》半月刊,山东乡村建设研究院编,第三卷第五期。

倍增,卒非集中童年一期所得尽学,由此而教育延及成年之趋势,日见重迫。二、社会生活既繁密复杂,而儿童较远于社会生活,未及参加,在此种学习上缺少直接经验,效率转低,或至于不可能,势必延至成年而后可。又唯需要为能启学习之机;而唯成人乃感需要。借令集中此种学习于童年,亦徒费精力与时间,势必待成年需要,卒又以成人教育行之。三、以现代文化进步社会变迁之速,若学习于早,俟后过时即不能用;其势非时时不断以学之不可。"①

梁漱溟认为,废除科举以后引进的西式教育模式不适合中国国情,既不适合社会的需要,又背离了中国文化的传统,因此,对这种教育多有批评。其所主张的是广义的教育,除知识、技能的培养外,还强调教育对于文化改造、社会文明进步的意义,教育应是每个人的权利,是社会文明开化的基础。这种主张与近代日本"普及—提高能力型"的教育形态比较接近,而与中国古代以科举为中心的"选拔—目的达成型"的教育形态以及20世纪50年代以后的新中国的精英教育形态有很大的差异。② 日本在20世纪初,儿童的入学率就已经超过了90%,与现代化的先行国家几乎同时达到了普及义务教育程度,"而日本的特点是,制度的实施与其得到相当彻底地贯彻的时间非常短。"③对日本人来说,对教育的期望还不是为了满足日常生活的需要,而是由于有着一种强烈的希望开发全面能力的愿望。即使是在现代的日本大学教育中,除极少数人学习法律、经济等专业,是为了将来当有关方面的专家之外,本人和社会都希望通过学习能够提高一般知识。这种期待总的能力提高的教育,扩大了教育的基础,造就了"普及—提高能力型"的日本教育的形态,它输送了素质较高的劳动力,从而为生产力的提高发挥了作用。反观中国的科举制度,是以选拔人才为主要目的,因此,在社会上就产生了"只有优秀者才有受教育的资格"的教育思想,这种教育思想甚至在科举制度被废除以后仍然存在。20世纪50年代初,人民政府为扫除农村中的文盲,进行了广泛的社会动员,也获得了农村知识分子和广大农民的积极响应,农村教育得到较快发展,成人识字率也大幅提高。但是,这种成果并未能得到巩固,尤其是在改革开放以后,在中国社会的物质生活水平大幅度提高的情况下,曾一度出现了新的"读书无用论",适龄儿童失学比率也比较高,甚至要通过社会中介机构募集资金来救助失学儿童。究其原因,仍然是教育目标的设定出了问题。因为,"乡村正规教育完全脱离乡村生活的实际,它仅仅为学生升入高一级学校服务"。④ 农村学生使用的是与城市学生一样的"统

---

① 梁漱溟:"社会本位的教育系统草案",《乡村建设》半月刊,山东乡村建设研究院编,第三卷第五期。

② [日]依田熹家:"日中两国现代化进程中文化形态之比较",谢立中、孙立平编:《二十世纪西方现代化理论文选》,上海三联书店2002年版。

③ [日]依田熹家:"日中两国现代化进程中文化形态之比较",谢立中、孙立平编:《二十世纪西方现代化理论文选》,上海三联书店2002年版,第1135页。

④ 张乐天、曹锦青、陈中亚著:《当代浙北乡村的社会文化变迁》,上海远东出版社2001年版,第390页。

编"教材,教学的内容完全脱离乡村社会的实际和农民的生产劳动。如果农村学生预期自己不能升入大学,跳出"农门",那他读书的冲动就会大大减弱。这种功利性很强的教育目标是农村流行"读书无用论"的重要原因,当然也就是农村居民受教育水平普遍偏低的主要原因。印度籍的诺贝尔经济学奖获得者阿马蒂亚·森在其所著《以自由看待发展(Development As Freedom)》一书中,认为发展的实质就是扩展个人的行为能力,而教育是提高个人行为能力必不可少的要件。他认为中国改革开放后所取得的巨大成就,得益于此前新中国政府的土地改革、普及识字、扩大公共医疗保健等措施。而"印度社会的落后,表现在精英主义过分地注重高等教育而严重忽视中小学教育,以及严重忽视基本的医疗保健,使得它在取得共享型经济发展方面缺乏准备"。[①] 同时他认为,中国 1979 年以后的改革安排,对农村教育和医疗卫生产生一些负面的影响,而这些负面的影响会成为中国社会进一步发展的障碍。从梁漱溟关于教育的论述中,我们发现,他同样强调的是教育根本目的也是在于提高个人的行为能力,尤其是个人的社会行为能力,这一点与阿马蒂亚·森几乎是不谋而合。总之,从梁漱溟乡村建设理论中关于教育的普及、社会的知识化等方面论述中,我们可以看出其现代化的取向是非常高的。

现代化的第六个变项是个人普遍的成就取向,它包括个人奋斗和个人不断进行自我更新。这条标准具有浓厚的功利主义色彩,但对成就的不懈追求实在是使社会变得生机勃勃的因素。

启蒙运动后,随着资产阶级政治革命、工业革命的推进,个人逐步摆脱了宗教神学的束缚,获得了广泛的自由空间。"在文化领域,资本主义的兴起使艺术家摆脱了对贵族庇护的依赖,得以充分发挥他们浮士德式上天入地的想象和追求,热衷于个性解放和自我表现。"[②]在资本主义发展的过程中,艺术家把人字一再大写,唯我至上到了无以复加的地步。所以,普遍的个人成就取向取代了在宗教神学统治下,万马齐喑、千人一面的社会停滞局面。经济领域,在那只"看不见的手"的指引下,资本按其本性向全世界扩张。在政治领域,政教分离、三权分立的确立和普选权逐步实现,使得个人的政治权利获得了一定程度的实现。个人在政治、经济和社会各领域中获得的自由,以及在这种自由空间中获得的个人奋斗机会实在是现代化的重要推动力量之一。

梁漱溟在乡村建设理论中,没有专门论述个人奋斗的内容。但他批判了中国传统文化由于僵化而变成了束缚个性伸展的教条,指出"中国文化本来极富生趣,比任何社会有过之无不及,但无奈历史太久,传到后来,生趣渐薄,此既老衰了,……中国文化一无锢蔽的宗教,二无刚性的法律,而极尽人情蔚成礼俗,其社会

---

① 阿马蒂亚·森(Amartya Sen)著:《以自由看待发展(Development As Freedom)》,中国人民大学出版社 2002 年版,第 34—35 页。

② [美]丹尼尔·贝尔(Daniel Bell)著:《资本主义文化矛盾》,三联书店 1989 年版,第 13 页。

中的组织及秩序是松软灵活的;乃以日久慢慢机械化之故,其铜蔽不亚于宗教,其刚硬冷酷有过于法律。"①梁漱溟认为,中国文化只见社会,不见个人,这是它渐失生命力的根本原因,因此,要从西方引进"团体组织"和"科学技术"来对中国文化加以改造。经过改造后的中国社会,应该是既有个人自由,又有集团生活和凝聚力的社会。这样的社会雏形就是邹平实验中的"乡农学校"。"乡农学校"就"是极力启发乡村自力为主,极力想法子形成其地方团体组织,极力让众人对团体生活为有力的参加",②乡村农民对乡村组织的积极、主动的参与是解决农村问题的关键,"乡村问题的解决,天然要靠乡村为主力。我们组织乡村的意思,就是要形成解决问题的主力。"③倚重团体,并不否定个人。乡村建设运动就是觉悟了的知识分子到乡间去,发动农民来改造社会的一种运动,"乡农学校"这样一个组织既要动员乡村精英(乡农学校的校长、总干事、董事等),也要动员一般的农民广泛参与,甚至还需要有外来者(乡农学校的教员)的参与和引导。梁漱溟在《如何作村学一分子》中,要求"乡农学校"的学员(全体乡民)尊重组织,积极参与,彼此协商,公开表达意见,尊重少数,热心公益,勇于负责("开会必到,事事要从心里过一遍;有意见即对众说出;尊重多数,舍己从人;更须顾全少数,彼此迁就;要知道为团体服劳;好人要勇于负责,出头做事"等)。④ 在乡村教育、乡村自卫,合作社、乡村卫生改进等方面,梁漱溟认为要鼓励农民与乡村建设研究院合作,注意选拔农村中的有用人才作为乡村建设事业在农村推进的带头人,并在合作有成就时,把其作为示范进行推广。乡村建设研究院还举办了三届(旧济南道所属 27 县)农产品博览会,对于在田艺、园艺、养殖等方面表现出众的人分别给予不同的奖励。

梁漱溟还论述了个人创造、教育与社会进步的关系。文化的进步全赖个体生命的不断创造,而个人创造力的形成又依靠合适的教育形式。梁漱溟认为,"教育就是帮助人创造。他的工夫用在许多个体生命上,求其内在的进益开展,而收效于外。无论为个人设计,或为社会打算,教育的贵重,应当重于一切。可惜人类直至于今,仍然忽视创造,亦就不看重教育(还有许多不合教育的教育),人类生命的长处,全被压抑而不得发挥表现。说起来,可为伤痛叹息!"⑤如果有合适的教育形式,不仅关注人的物质生活,还关心人的精神生活,就会充分发挥人的创造性,在个人生命不断充实的同时,社会文明也在不断进步。在梁漱溟看来,人生的意义就在于不断地创造:"人生在创造",创造的过程也就是个人不断奋斗、不断自我更新的过程,也就是促使社会变得生机勃勃的过程。从梁漱溟的论述及其在邹平的实践

---

① 梁漱溟著:《中国文化要义》,《梁漱溟全集》(第三卷),山东人民出版社 1989 年版,第 285－286 页。

② 梁漱溟著:《中国文化要义》,《梁漱溟全集》(第三卷),山东人民出版社 1989 年版,第 400 页。

③ 梁漱溟著:《乡村建设理论》,《梁漱溟全集》(第二卷),山东人民出版社 1989 年版,第 350 页。

④ 梁漱溟著:《乡村建设理论》,《梁漱溟全集》(第二卷),山东人民出版社 1989 年版,第 369－372 页。

⑤ 梁漱溟:"人生在创造",《梁漱溟全集》(第二卷),山东人民出版社 1989 年版,第 96 页。

来看,梁漱溟是主张个人奋斗和个人不断更新的。

现代化的第七个变项是功能专门化,现代化使社会的组织结构日益呈现出多样化的趋势,企业、学校、社团、警察等所具有的专门化的功能使社会变得井然有序,稳步发展。

社会结构的专门性分化,源于现代社会中日益复杂的社会分工。不仅"现代工业拥有日益强劲的劳动机械,大规模的能源和资本集团,以及随之而来的最大限度的劳动分工"。而且这种分工现象并不局限在经济领域,"政治、行政和司法领域中的职能越来越呈现出专业化的趋势,对科学和艺术来说也是如此。"①帕森斯在大量吸收了斯宾塞和迪尔凯姆对社会发展的见解后,展示出社会进化过程中的下列要素:

"1.系统单位日益分化成为功能相互依赖的模式。

2.在分化的系统中建立起新的整合原则和整合机制。

3.分化后的系统对它们所处的环境的适应能力日益提高。"②

日益复杂的社会结构及其他们在功能上的分化、相互依赖是现代社会不同于传统社会的主要区别,同功能分化相伴生的就是社会的组织结构越来越专门化。不仅政治、经济、宗教、社会生活等诸多领域都有自己专门化的组织,就是在某一领域内部,也要分化成既要相互独立,又要相互依赖的承担不同职能的部门。中国在现代化的早期阶段(20世纪以前)也开始了与功能分化相适应的组织结构分化,如为处理对外关系,清政府成立"总理外国事务衙门",但直到戊戌变法及后来的"新政",中国政治、经济、社会生活中的各种专门结构才逐步建立,民国以后这种趋势继续进行。到梁漱溟领导乡村建设运动的时候,中国社会已经初步具备了现代化所要求的组织结构的专门化。梁漱溟在乡村建设理论及其在邹平的实验中,还大力推进组织结构的专门化建设,例如,为整顿农村金融而引进现代金融制度,建立邹平农村金融流通处;为改善农民在市场交易中的地位、增加生产而成立各种专门性的合作社;为改善农村的公共卫生状况而引入现代医疗防疫制度,等等。在乡村建设理论及其在邹平的实验中,与这种组织结构的专门化相背离的是"乡农学校"这种组织,至于对邹平县政府进行改革,把原有各"局"改为"科",合署办公,则只是为提高政府各部门的工作效率,而不是取消其专门的分工和职能。"乡农学校"是梁漱溟在引进西方文化的长处"科学技术"和"团体精神"的基础上,结合中国儒家传统而设计的一个地方自治组织,并非是国民教育意义上的"学校"。"这个乡村组织是理想社会的苗芽、端倪,也就是中国向前经济进步的必要条件,……他的贡献可分几点来说:第一,使农民的精神复苏而发动其进取心。第二,引导农民于合作

---

① [法]埃米尔·迪尔凯姆著:《社会分工论》,生活·读书·新知三联书店2000年版,第1—2页。
② [美]乔纳森·H.特纳著:《现代西方社会学理论》,天津人民出版社1988年版,第99页。

组织,乡村有了组织,大家聚合成一气,农业改良推广的功夫才好做。举凡品种的改良、病虫害的防除,水利工程新农具的利用,等等,一切莫不如此。第三,将科学技术引进内地农村。第四,增高农民信用助于金融流通。第五,无形中为极好的合作教育。第六,从经济上充分地加强社会的一体性。第七,帮助消除经济问题;第八,完成合作主义不偏于个人或团体之一极端。"①可见,"乡农学校"是梁漱溟所设计的中国未来社会的雏形,是把教育机构(广义的教育)和农村最下层的行政机构合并起来而成立的,梁漱溟希望通过这种组织行政机构推动乡村建设事业,可以避免引起农民的反感(梁漱溟深信农民是不相信政府的,任何由政府提倡和推动的事情都会引起农民的怀疑、反感)。利用教育的力量提升农民的"行为能力"(阿马蒂亚·森语),引进科学技术于农村和农业,同时引进"团体组织"于农村,通过动员农民最大程度的参与,使农民把乡村建设事业当做自己的事业,这样,"乡农学校"就成了"人民的衙门",这就是梁漱溟所主张的"政教合一"。"我们所谓政教合一的教,不是包括一切教育上的事情而言。政教合一的教是比较严格狭窄的,是指最高团体帮助个人向上这一点来说的,而不是教育的事情完全与政治合到一块的。"②显然,梁漱溟所设计的"乡农学校"有反功能分化、组织结构分化的倾向。但是,这是针对农村基层社会而言,在县一级上,各专门结构还是严格分工的。在现代宪政条件下,政府的行政范围相对缩小,而经济事务主要由作为农民与市场中介桥梁的合作社或农民协会来承担,那么,农村经济和行政功能独立后的村落成为以生活互助为基本功能的生活空间。作为日常生活单位,必须确立每一农户的社会地位,这样农村社区成员才能在平等、自由的基础上建立合作关系,这种关系将从以社区为基础的地缘关系转向以个人为基础的网络关系。身份的平等性是现代社会的重要特征,只有身份的平等才能保证竞争机会的平等,才能建立真正的契约关系。③ 只有在此基础上的村民自治才有意义,也才能真正实现。这种行政、经济与社会生活功能与结构的分化,但有相互配合,共同起作用的模式,仍是中国农村目前的主要改革方向,从此意义上说,梁漱溟的"乡农学校"的设计,又不违反现代化所要求的功能与组织结构的专门化。

现代化的第八、九两个变项分别是社会成员的自由流动性和等级层次方面(阶级结构)的开放性。社会成员的自由流动性既包括地理流动,也包括社会流动。社会流动"指的是人们在社会关系空间中从一个地位向另一地位的移动",④在现代社会中,职业地位对个人有特别重要的作用,在个人的地位结构中起主要作用。这种个人在社会关系空间中的位移,按不同标准有多种形式,例如,水平流动,垂直流

① 梁漱溟著:《乡村建设理论》,《梁漱溟全集》(第二卷),山东人民出版社1989年版,第424—432页。
② 梁漱溟:"什么是政教合一?",《梁漱溟全集》(第五卷),山东人民出版社1989年版,第692页。
③ 李国庆著:《日本农村社会的变迁——富士见町调查》,中国社会科学出版社1999年版,第307页。
④ 郑杭生主编:《社会学概论新修》(第三版),中国人民大学出版社2003年版,第243页。

动,上升流动,代际流动等。在现代化过程中,这种流动主要是指个人的上升流动。现代化的过程就是农业社会向工业社会、农村社会向城市社会、身份社会向契约社会转型的过程,这一过程为社会成员在社会关系位置上的上升流动提供了大量的机会。中国传统社会是阶级结构相对开放的社会,社会成员可以通过科举制度进入国家的统治阶层,加上土地所有权的自由买卖和遗产继承均分制,使得任何一个家庭或家族难以在很长的时间里,保持政治权力和大量的物质财富,梁漱溟因此认为,中国社会只有职业分殊,而无阶级分立。实际上,阶级结构的开放并不表明不存在阶级,财富转移的频率高,也不表明社会没有贫富分化。这只是说明限制社会成员个人流动结构性因素比较少,成员个体自由流动的可能性因此增大。梁漱溟认为,中国社会的等级结构是开放的,个人也是自由的。"从读书人授徒应试,到小农小工小商所营生业,全是一人一家之事(与其他人几乎不相干)。人人各奔前程,鲜有集体合作,既不必相谋,亦复不相碍(阶级社会则相碍)。"①"至于业农、业工、业商之人,虽无明设之考试制度,却亦有'行行出状元'之说。谁有本领,都可表现,白手起家,不数新鲜之事。盖土地人人可买,生产要素,非常简单。既鲜有特权,又无专利。遗产均分,土地资财转瞬有聚而散。大家彼此都无可凭恃,而赌命运于身手。"②在乡村建设的实践中,梁漱溟希望通过复兴农业,引发工业来实现国家的富强和民族文化的复兴,而只有这样,中国有了前途,个人才能或农或工、或文或商各奔前程。知识分子只有到乡下去,才能在为农民服务的同时,为自己开辟一条道路。可见,梁漱溟在其乡村建设理论中,主张个人既要服从组织(有时候还要服从个人:贤者),组织也要尊重个人,个人在社会中可以各选其职,各奔前程,个人可以通过自己的努力实现地位流动和上升。

## 第二节　参与式发展理论视野中的乡村建设理论

发展是当今世界性的主题,对发展的结果——现代化即获得现代性。各发展主体基本上是没有异议的,但对用什么样的手段来发展,不同时空条件下的发展主体却难以取得共识。由于各个国家和地区自然条件、历史传统的差异性很大,发展的手段实际上也不可能是一致的。近几十年的发展实践表明,真正能与发达国家接轨的只是极少国家和地区。作为现代化理论分支的"依附"理论认为,大部分发展中国家在获得现代性的过程中出现了"内在殖民化"或"拉美化"现象。这些国家仍在现代化的道路上艰难跋涉。社会学意义上的社会良性运行或可持续发展的关键在于,社会各个阶层都能分享发展的成果,哪怕社会的下层分享成果的比重小一

---

① 梁漱溟著:《中国文化要义》,《梁漱溟全集》(第三卷),山东人民出版社 1989 年版,第 193 页。
② 梁漱溟著:《中国文化要义》,《梁漱溟全集》(第三卷),山东人民出版社 1989 年版,第 196 页。

些,这就是所谓的"帕累托改进"。如果不能这样,甚至以牺牲一些阶层的利益为代价来谋求发展,就会陷入一种有增长没发展的"内卷化"状态,因此,以现代化理论为代表的传统发展理论的有效性正在受到怀疑。

20 世纪 60 年代以后逐步形成的参与式发展理论,是作为对以现代化理论为代表的传统发展理论的反思与批判的面目出现的。与现代化理论相比,参与式发展理论是一种微观发展理论,它强调尊重差异、平等协商,在"外来者"的协助下,通过社区成员的积极、主动的广泛参与,实现社区的可持续的、有效益的发展,使社区成员能够共享发展的成果。[①]

参与式发展的基本原则是:建立伙伴关系;尊重乡土知识和群众的技术、技能;重视项目过程,而不仅仅看重结果。各国专家、学者对"参与式"的理解主要有以下几个方面:

1. 参与式是人们相互间的一种自愿贡献;

2. 在农村发展中,参与式就是让人民自主参与项目的决策、实施、利益分配及监督和评估;

3. 社区的参与意味着社区人们有权力和责任参与揭示自身的问题,指出自身的需要,评估自身的资源,并找出解决问题的办法;

4. 参与式就是通过组织起来,通过自身努力,形成有效的控制和创造;强调当地人的参与,由外来者协调和帮助。促进当地人进行调查和分析,分享调查和分析的结果,达到使当地人自我分析、做出计划和采取相应的行动。参与式发展的思想核心就在于:强调了发展过程的主体是积极、主动的人,只有人的发展在项目实施过程中得到强化,这种发展才是可持续的、有效益的发展。[②]

20 世纪 90 年代,参与式发展的理论和实践被引入中国,目前以"反贫困或公益如自然保护、生态恢复等项目为多。项目也逐步扩大,从农业、林业发展到农村能源、卫生保健、妇女、供水、教育等领域,从纯粹的自然保护拓展到生产与保护相结合,从单目标扩展到综合发展,从农村项目向小城镇发展项目扩展"[③]。虽然参与式发展理论、方法和实践是伴随国际合作项目在 20 世纪的最后 10 年被"引进"中国的,但参与式发展理论并不完全是"舶来品",在我国 20 世纪二三十年代轰轰烈烈的"乡村建设运动"及后来的相关实践中,乡村建设运动的实验者们创造和运用了大量的参与式发展的理论、方法,尤其是乡村建设运动的两大流派的"邹平实验"和"定县实验"更是如此。

"定县实验"的领导人大多受过较高水平的现代西式教育,对西方文化有较多了解并深受其影响,晏阳初及其主要同事被认为具有强烈"现代化"或"西化"的倾

---

①　李小云著:《谁是农村发展的主体》,中国农业出版社 1999 年版,第 23 页。

②　李小云著:《谁是农村发展的主体》,中国农业出版社 1999 年版,第 22 页。

③　李小云著:《谁是农村发展的主体》,中国农业出版社 1999 年版,第 35 页。

向，因此，"定县实验"也就显得现代或开放一些。相比较而言，"邹平实验"的主要领导人受中国传统文化尤其是儒家思想的影响更多一些，梁漱溟及其同仁则被视为"保守派"或"文化守成主义者"，"邹平实验"也因此显得更传统或保守一些。尽管有这样的差异，但两大流派"都比较重视乡村建设人才的培训，也都认为农民的主动参与是乡村建设成功的前提"①。实际上都创造和运用了大量的参与式发展的理论、方法。

梁漱溟领导的乡村建设运动在山东邹平的实验，是一种全方位的社会综合发展实验，其参与式发展的理论与方法创新集中体现在其"乡农学校"的组织结构上。"乡农学校"是梁漱溟在引进西方文化的长处"科学技术"和"团体精神"的基础上，结合中国儒家传统而设计的一个地方自治组织，并非是国民教育意义上的"学校"。梁漱溟认为"乡村问题的解决，天然要靠乡村为主力。我们组织乡村的意思，就是要形成解决问题的主力"②。但是，单靠乡村人自己是解决不了乡村问题的，因为"乡村人对于问题只能直觉地感觉到，而对于问题的来源他不能了解认识"。因此"乡村问题的解决，第一固然要靠乡村人为主力；第二亦必须靠有知识、有眼光、有新方法、新的技术（这些都是乡村人所没有的）的人与他结合起来，方能解决问题"③。

"乡农学校"由四部分人构成：校董会（日常行政管理），校长（监督、训导），教员（外来者），学生（全体乡民）。除教员外，乡农学校的其他成员都是当地的居民。乡农学校给当地的居民提供了一个聚会的机会和场所，这对于散漫而又无组织习惯的农民来说是很重要的，更为重要的是，"假使他们不十分聚合时，我们的教员（乡村运动者）要设法从中做吸引的功夫、撮合的功夫，使他们聚合。假使虽聚合而谈不到问题上，则我们要提引问题，促使讨论，假使他们虽谈到问题。而想不出解决之道，将付之一叹的时候，我们要指出一条道路，贡献一个办法，或彼此两相磋商研究出一个办法。因为单是他们设法，往往无法可设；单是我们出主意，又往往不能切合实际而可行。现在我们要与他们和在一起，想出办法或能合用也。"④外来的新知识、新方法必须与当地村民的"乡土知识"相结合，才能产生解决当地问题的办法。"好法子的产生，一定要经过：一面是对问题顶亲切的乡村人，一面是有新知识、新方法的有心人，两面接头，两边逗合；把他们的意见、他们的办法，经过切磋，经过陶冶，然后才能是一个合用的法子。这个法子，从其效用上说，因为是新的，一定有效用；从其切合实际问题上说，因其是经切磋陶冶的，一定能行得通。"⑤

---

① 郑大华著：《民国乡村建设运动》，社会科学文献出版社2000年版，第473页。
② 梁漱溟著：《乡村建设理论》，《梁漱溟全集》（第二卷），山东人民出版社1989年版，第350页。
③ 梁漱溟著：《乡村建设理论》，《梁漱溟全集》（第二卷），山东人民出版社1989年版，第351页。
④ 梁漱溟著：《乡村建设理论》，《梁漱溟全集》（第二卷），山东人民出版社1989年版，第352页。
⑤ 梁漱溟著：《乡村建设理论》，《梁漱溟全集》（第二卷），山东人民出版社1989年版，第254页。

　　参与式发展理论认为,在长期的生产实践中,当地居民积累了丰富的乡土知识,这是他们参与发展的基本能力。长期与当地的自然资源打交道,能体会到贫困意味着什么,更有发展的迫切愿望,也能够理解自身所面临的政策环境。① 因此,参与式发展理论特别重视当地居民的乡土知识和已有技术、技能。参与式的过程和方式提供了一个场所和机会,使得各方不断地进行谈判并在发展干预的各个方面和各个环节达成妥协与共识,这是达成有效率的并使目标群体收益的发展干预的前提。②"邹平实验"正是这样做的。

　　经过与外来者的合作,通过当地人积极、主动的参与,找到了解决某一问题的办法,这样就促进了村民之间的关系,增加了合作的气氛,有利于进一步的合作,解决更多的问题。"如此则越作越有组织,越有组织越作",这样乡农学校就充实起来,成为一个"活"的组织,这样组织是尊重差异、因地制宜的。各乡农学校不必有相同的课程,"各乡校事实上必须应付它的环境来解决问题,才能发生我们所希望的作用与效果,故须自有它因时因地制宜的功课。"③例如,有匪患的地方就搞自卫训练,在山区宜林的地方就组织大家造林,在产棉区,就帮助他选用好种子,指导种植方法,然后再指导他们组织运销合作社。"乡农学校可以随时成立种种短期的职业补习班,或讲习班,在实地作时就与他讲解,如养兔、造林、织布、养蚕、烘茧等等。又因此可以随宜成立种种组织,如林业公会、机织合作、棉花运销合作、储蓄会、禁赌会等等数不尽。"④各地的乡农学校应因地制宜确定自己的工作重点和工作方法,"村学乡学的工作尽可能的作,不勉强着非如何不可"。⑤ 实际上,邹平乡农学校的教育是广义的,教员的责任也是广义的教育功夫,兼有社会教育和学校教育两方面,而社会教育的内容则包括社会改良运动和社会建设事业两大类,因此,乡村建设研究院要求教员们应随时与村民保持联系,注重社会活动,多与村民进行沟通、交流。

　　强调当地人的积极、主动的参与,并不排斥外来专家和学者的作用,这与参与式的原则也是一致的。乡农学校的教员是一个新知识、新方法的体现者,当地农民通过他与外界建立联系,来寻求解决当地问题的技术与方法。这个教员是社区外来力量的代表,他来自乡村建设运动这个大系统,与外界有密切而广泛的联系。他"所以能够常常不断的新,所以能够解决问题,不是他本人的力量,而是由于他是从这个大的系统来的"。⑥ 受过现代教育的人才是落后地区的稀缺资源,获得这种稀

---

① 李小云著:《谁是农村发展的主体》,中国农业出版社 1999 年版,第 27 页。
② 李小云著:《参与式发展概论》,中国农业出版社 2001 年版,第 31 页。
③ 梁漱溟著:《乡村建设理论》,《梁漱溟全集》(第二卷),山东人民出版社 1989 年版,第 356 页。
④ 梁漱溟著:《乡村建设理论》,《梁漱溟全集》(第二卷),山东人民出版社 1989 年版,第 357 页。
⑤ 梁漱溟著:《乡村建设理论》,《梁漱溟全集》(第二卷),山东人民出版社 1989 年版,第 357 页。
⑥ 梁漱溟著:《乡村建设理论》,《梁漱溟全集》(第二卷),山东人民出版社 1989 年版,第 358 页。

缺资源是发展的前提条件之一,因为乡村地区的弱势群体(Disadvantaged Group)只有通过这些人才,才能够有机会利用社区外的技术、资本等外部资源,才能成为强大的社会行为者,掌握自己的命运。[1]

强调自主、尊重差异,在平等协商的基础上,通过外来者的帮助,寻求解决当地问题的手段与方法,从大处着眼,从小处着手。这是"邹平实验"的精髓所在,也是参与式发展理论所主张的基本原则。

第一次世界大战期间,晏阳初在法国为华工服务,深感华工不识字的痛楚,首创华工速成识字班,通过一年多的能力,使华工识字人数由当初的 20%上升到38%。[2] 华工的学习能力和学习意愿启发了晏阳初回国从事平民教育的决心。晏阳初回国后即投身平民教育事业,并于 1926 年将"中华平民教育促进会"总部迁往河北定县,把定县作为中国社会综合发展的实验县。"定县实验"很快在海内外产生了深远的影响,与"邹平实验"一起成为 20 世纪二三十年代中国乡村建设运动的两大主流派别。晏阳初及其同仁相信这一实验成果不仅对中国将大有裨益,还对世界其他各国农民生活的改善也将有积极的贡献。

"定县实验"的主要领导者大多是留学欧、美的博士、硕士和国内主要大学教师、学生,在当时就积极争取国际力量参与"定县实验",对外交流很多。更重要的是晏阳初从事乡村改造事业 60 余年未间断,与诸多国际发展机构、学术机构和诸多国家政府及非政府组织(NGO)有广泛的联系,其乡村改造的经验被广泛应用于亚、非、拉各地,对参与式发展理论的贡献颇多。

晏阳初认为,中国人生活中的愚、弱、穷、私可以通过教育来克服,要实现"除文盲、做新民"的目标,单让农民识字是不行的。因此主张实施四大教育:以文艺教育救愚,生计教育救穷,卫生教育救弱,公民教育救私。晏阳初及其同仁在深入农村、向农民学习的基础上提出了"四大教育,连环进行,相辅相成"的主张,"逐步发展的四大教育相辅相成过程,明白说明相互依存的功用,公共卫生协助农民健康而增加生产。农业生产计划又协助教育的推行,农民亲自体验识字读书才能有新知识新技术。教育又协助合作社的发展,如何记账、经营运销都需要知识、技术能力。这充分表现四大教育互相环结、同时进行的重要性。"[3]实际上,定县实验并非仅仅是平民教育实验,而是一项综合社会发展实验。正如晏阳初本人认识的那样,"乡村建设虽始于乡村,但并不止于乡村,它不过是从拥有最大多数人民的乡村下手而已,它的最终目标当然是全中国的富强康乐,因而奠定世界和平"。[4] 这种综合发展的经验,对国际发展援助机构有很大的影响,"海外若干机构,如美国的第四点计

---

① 李小云著:《参与式发展概论》,中国农业出版社 2001 年版,第 19 页。
② [美]吴相湘著:《晏阳初传——为全球乡村改造奋斗六十年》,岳麓书社 2001 年版,第 13 页。
③ [美]吴相湘著:《晏阳初传——为全球乡村改造奋斗六十年》,岳麓书社 2001 年版,第 154 页。
④ [美]吴相湘著:《晏阳初传——为全球乡村改造奋斗六十年》,岳麓书社 2001 年版,第 427 页。

划、和平工作团及教会团体都认识这一重要性,力求避免重蹈以前分散、片段分别进行的弊害。"①

晏阳初认为,任何社会革新计划都应有当地人积极参与,否则很难成功,"一项革新计划,如果没有本地人的参与,一定是短命的,难以长久,改造工作无能实现。"②有了当地人的主动参与,还要发挥专家的作用。为了把科学技术应用到农民的生产、生活方面,晏阳初提出了"科学简单化,农民科学化"的主张。"定县实验"创造了研究、训练、表证(示范)、推广这种四步递进的方法来普及科学技术,"定县实验昭示:以训练做准备,以表证为方法的实施制度,农业科学确实可以深入民间。40年来,这种制度不仅在中国实行有效,即现今亚洲、非洲、拉丁美洲若干国家也仿行有效。"③1972年菲律宾国际乡村改造学院实施的"农民学人"计划(The Farmer-Scholar Program)可被视为定县经验的发扬光大。这一计划的方法是:每一乡村选择4~6人,接受某种技术培训,受训后即成为"农民学人",由"农民学人"传授5名"表证农民",然后由"表证农民"训练"推广农民"。这种方法既考虑了农民的实际需要,又调动了农民的积极性、主动性,把科学技术与农民的生产、生活紧密地结合起来。"定县实验"在把科学技术引入农村的同时,强调要重视和利用农民的乡土知识,"农业的科学化,只可渐进不能突变;以土产及土法应用为研究改进的方法,实为成功的基础。"④"定县刘玉田号"小麦品种当时被中央农业实验所认定为"华北小麦珍贵品种",这个品种就是农民刘玉田在"平教会"专家的指导下培育的。⑤"定县实验"在推行合作事业时,特别强调要尊重农民的意愿,培养农民的自立,注重贫困农民,提倡小宗放款,使需要用贷款的合作社成员都有机会。定县合作事业的原则是:合作事业是农民自动的,切忌以"条件允许"、"越俎代庖"为提倡的手段;应注意这是多数平民的组织,勿使少数人以慈善心理与官场手腕一手包办,尤须屏绝不良分子参加;对于无产的良好生产者多加注意,勿专为小资产信用打算;村合作单位的经济活动,应统一组织,连锁进行,以信用为中心,运用购买连锁生产三方面。借收资本管理互相为用的经济效能;应有严密周详的会计制度;实事求是,不论新旧事业的进行,都须具有经济上的稳妥性;勉励参加的农民努力与自强,勿稍存竞争牟利观念,避免外来攻击。在资金运用上曾规定"应注重农民本身资金的培养,并提倡小宗放款,使需要的社员都有享用的机会,更应严禁用于非生产方面"。⑥"定县实验"在卫生保健方面的可贵探索即使对今天中国农村卫

---

① 〔美〕吴相湘著:《晏阳初传——为全球乡村改造奋斗六十年》,岳麓书社2001年版,第165页。
② 〔美〕吴相湘著:《晏阳初传——为全球乡村改造奋斗六十年》,岳麓书社2001年版,第154页。
③ 〔美〕吴相湘著:《晏阳初传——为全球乡村改造奋斗六十年》,岳麓书社2001年版,第14页。
④ 〔美〕吴相湘著:《晏阳初传——为全球乡村改造奋斗六十年》,岳麓书社2001年版,第145页。
⑤ 〔美〕吴相湘著:《晏阳初传——为全球乡村改造奋斗六十年》,岳麓书社2001年版,第195页。
⑥ 〔美〕吴相湘著:《晏阳初传——为全球乡村改造奋斗六十年》,岳麓书社2001年版,第201页。

生保健事业来说,也有诸多可借鉴之处。实验期间,在每村培养一名农民保健员,在每区乡设一保健站,在县城成立巡回医疗队。卫生制度建设注重预防,推行实习表演,用农民能接受的方式普及基本卫生常识,在没有增加农民负担的前提下,用简单的实用技术防治定县死亡率最高的天花和肠胃疾病,在短短几年时间里极大改善了定县人民的健康状况。而在 20 世纪的最后 10 年,中国较富裕的地区,农民的就医问题还没有制度化的保障,新型农村合作医疗制度仍有待进一步探索,甚至村内的环境卫生也很糟糕,"村内通常无公共卫生设施,塘水混浊,路旁的垃圾、污水随处可见。因此,乡村公共卫生状况没有发生实质性的改变,因为导致这一变化的条件(包括村民卫生意识的根本改变和参与公共事务的热情的增加等等)尚未具备。"[1]这说明缺乏社区成员积极、主动的参与,缺乏外来者引入的有效方法、手段,即使在富裕的地方也没能很好地解决这样一个看似简单的公共卫生问题。

"定县实验"不仅大大推动了 20 世纪二三十年代的乡村建设运动,在抗战期间还把其实验工作推向湖南、四川,并于 1940 年 10 月 28 日在四川成立中国乡村育才院,培养农村发展人才。晏阳初提出要让人民拥有"免于愚昧无知的自由",并认为"在人民接受文化、生计、卫生和自治这四大教育之后,就能为建设一个伟大的现代化中国打下牢固的基础",[2]更为重要的是 20 世纪 50 年代以后,晏阳初把其在中国从事乡村改造实验所取得的经验,广泛用于亚、非、拉各国,并不断加以改进,对参与式发展理论的形成有重要贡献。1945 年 11 月联合国教科文组织(United Nations Educational, Scientific and Cultural Organization)成立时,"定县实验"的重要领导人之一的瞿世英是中国代表,他根据中国平民教育经验提出的建议,被联合国教科文组织采纳,"这是中国推行平民教育的真实价值,影响及与全世界。"[3]晏阳初也曾以联合国教科文组织观察员的身份到世界各地访问、考察,并据自己在中国的经验给该组织诸多有益的建议。1952 年晏阳初参加菲律宾的乡村建设事业,1967 年在菲律宾创办"国际乡村改造学院"(HRR),致力于培养世界各国的农村发展人才。国际乡村改造学院工作人员的九项守则与参与式发展中的参与式农村评估(Participatory Rural Appraisal)的原则颇为相似:①深入民间(Go to the People);②与平民打成一片(Living Among the People);③向平民学习(Learn form the People);④与平民共同商讨乡村工作(Plan With the People);⑤从农民已知的地方着手(Start With What They Know);⑥在现有的基础上建设(Build on What They Have);⑦不迁就社会而是改造社会(Not to Conform but to Transform);⑧应注重整体综合发展(Not Piecemeal but Integrated Approach);⑨不应单独的

① 张乐天、曹锦青、陈中亚著:《当代浙北乡村的社会文化变迁》,上海远东出版社 2001 年版,第 390 页。

② 赛珍珠:"晏阳初与平民教育运动",《天涯》2001 年第 5 期。

③ [美]吴相湘著:《晏阳初传——为全球乡村改造奋斗六十年》,岳麓书社 2001 年版,第 383 页。

救济而应启发人民的力量（Not Relief but Release）。①国际乡村改造学院不仅致力于农村发展人才的培养，还将其发展的经验推向世界，在亚洲除菲律宾外，泰国、印度、印度尼西亚，拉丁美洲的哥伦比亚、危地马拉，非洲的阿尔及利亚、加纳等国家都在用晏阳初的农村发展经验来促进乡村建设。国际乡村改造学院不仅与诸多大学和研究机构保持着良好的合作关系，还为各国政府和国际发展机构培养人才，"1978 年美国和平工作团的 17 名成员到国际乡村改造学院受训"，"同年非洲的阿尔及利亚也选送发展官员来国际乡村改造学院受训"。②"1981 年 1 月泰国政府派社区发展部官员 25 人到国际乡村改造学院受训"，③这只是其中的几例。

20 世纪初，晏阳初先生所倡导的"平民教育"（Mass Education）、社会实验室（Social Laboratory）途径，特别是他提出的"平民自治"（Self-Government）很大程度上与参与式发展中强调的"自我组织"和"自立"的观点不谋而合，并且对于包括中国在内的许多国家的可持续发展战略、科学与民主的实施以及以后的农村教育事业都有着深远的影响。④晏阳初以定县经验为蓝本，以乡村改造学院为依托，不断实验、探索，鼓励当地人民自发组织起来改进农村社会，培养农民的自立精神，尊重当地人民的意愿并利用人民已有知识技能，为这些地区的农村发展做出了重要贡献。

与参与式发展理论所要求的不同，20 世纪 50 年代后，从合作化、"大跃进"到"人民公社"，我们执行的是一种"赶超战略"，这种战略要求集中全国有限的人力、物力、资本于少数产业或行业，以达到在短时间内、在某些方面的"赶超"目标。但这种"以牺牲经济整体进步为代价的少数产业的赶超，不足以支持资源结构的升级或总体经济实力的提高。受保护产业没有竞争力，利润低，经济剩余少；受压抑的产业没有资本，也难以形成有效的生产力，因此也提供不了足够的资本积累"⑤。为实施这种赶超战略，国家必须加强对农业剩余的控制，其结果是在违背农民意愿的基础上确立了国家与农民之间强制性的交易关系，因为，无论是合作化，还是人民公社化，这种建立在计划经济基础上的"交易秩序是一种人为的设计，而不是像市场经济的交易秩序那样是一种自然秩序或扩展秩序"。显然，这种制度设计违背了农民的意愿，农民也就缺乏参与的积极性和主动性，农民虽身处集体之中，但却是"被组织"或"他组织"，而不是"自组织"。虽然在集体化时期"国家的征购数量"有大幅度的增长，但这是以农业劳动边际效益递减为代价的"⑥。到 1978 年，"农

①　[美]吴相湘著：《晏阳初传——为全球乡村改造奋斗六十年》，岳麓书社 2001 年版，第 586－588 页。

②　[美]吴相湘著：《晏阳初传——为全球乡村改造奋斗六十年》，岳麓书社 2001 年版，第 586 页。

③　[美]吴相湘著：《晏阳初传——为全球乡村改造奋斗六十年》，岳麓书社 2001 年版，第 617 页。

④　李小云著：《参与式发展概论》，中国农业出版社 2001 年版，第 24 页。

⑤　林毅夫、蔡昉、李周："比较优势与发展战略——对"东亚奇迹"的再解释"，《中国社会科学》1998 年第 5 期。

⑥　黄宗智著：《长江三角洲小农家庭与乡村发展》，中华书局 1992 年版，第 317 页。

民(社员)人均从集体分到的收入为 72.5 元,总收入为 133.57 元,平均每天 0.365 元。当年全国城乡存款 215 亿元,农村社员储蓄 55.7 元,人均 6.93 元。[①]。改革开放以后,农民获得的部分生产自主权,但国家同农民之间的强制性交易关系仍未得到实质性的改变,农业生产者所处的谈判地位是非常不利的,农业的经济地位仍然是工具性的。这说明"赶超战略"仍然主导着我们的发展思维,其具体表现就是把"发展"理解为片面的经济增长,试图把"如何分蛋糕"的问题等同于"如何做蛋糕"的问题,有意无意地忽视了对经济增长的"伦理追问"。与这种"赶超战略"所代表的传统发展理论不同,参与式发展理论虽然是一种微观发展理论,其价值取向是以人为本的,这解决了落后国家在现代化过程中"谁是发展的主体"?"谁是发展的受益者"这样的根本问题。它在解决区域发展方面的有效性正越来越受到重视。尤其是对中国这样一个各地自然条件、文化传统差异很大的发展中国家来说,因地制宜,充分利用当地的各种资源(包括人力资源),在当地人民积极、主动的参与中形成一种可持续的、有效益的发展就变得更为重要。

在 20 世纪的最后 10 年,参与式发展理论是因一些国际发展援助机构与中国的合作而被引进到中国的,这些国际发展援助机构既有一些国家的政府部门(如加拿大国际发展署),也有一些基金会(如福特基金会)和国际慈善机构(如世界宣明会),还有世界银行和亚洲开发银行等。目前,参与式发展理论的应用主要有三个部分,第一,就是国际发展援助机构与中国的合作开发项目,多用参与式的方法,尤其是微型项目和大型项目的子项目;第二,是中国本土的发展援助机构或非政府组织(NGO)(如爱德基金会);第三,是一些大学的教学研究机构(如中国农业大学农村发展学院)和地方政府的一些相关部门(如水利、环境保护、民政、扶贫开发等)。在中国西南地区,一些有志于参与式发展理论与实践组织和个人还发起成立了"中国西南 PRA(Participatory Rural Appraisal)工作网",大力推进参与式方法在环境保护、小流域治理,农村反贫困等领域的应用。其中,从 1993 年开始的为期 5 年的"草海项目"是参与式方法在中国应用的成功范例。[②] 梁漱溟与晏阳初在 20 世纪二三十年代领导的乡村建设实验,其精神遗产是我们今天农村建设的一笔宝贵财富,由于众所周知的原因,我们没能很好地继承和发扬这笔宝贵的精神遗产。在参与式发展理论、方法被"引进"我国,"PRA"在我国方兴未艾之时,我们更应珍惜这笔宝贵的本土精神遗产。

---

① 陆学艺主编:《当代中国社会阶层研究报告》,社会科学文献出版社 2002 版,第 165 页。

② 张晓:"参与式在农村发展中的运用和推广",中国西南 PRA 工作网 2000 年年会论文集(内部资料)。

# 第五章　现代化实践视野中的梁漱溟乡村建设理论

## 第一节　毛泽东与梁漱溟在建设新中国问题上的分歧

毛泽东作为中国革命领导人的地位在梁漱溟开始领导乡村建设运动之时还未确立。1938 年梁漱溟访问延安,会见了作为中共高级领导人的毛泽东,这并非两人第一次见面,早在 1918 年梁漱溟就在北京见过寓居在杨怀中教授家中的毛泽东,那时的毛泽东在北京大学图书馆谋得了一份图书管理员的工作,白天上班兼学习,晚上回到杨家,毛泽东后来成为杨家的女婿。① 在 1938 年的那次会谈中,毛泽东与梁漱溟两人充分地交换了意见,取得了一些共识。作为马克思主义者的毛泽东和作为现代新儒家领导人的梁漱溟,在对中国社会的认知和改造中国社会手段方面竟有一定的共性,"毛泽东复兴的风格和手段与梁漱溟的幻想有着某些相似性:强调乡村小工业的地方的自力更生。他们对于农业发展、小团体的道德力量、下乡运动和学习小组会的基本看法也相似。也许,这种相似性的根源更多的不是来自于主观方面的文化继承,而是来自于客观方面,是由一个广袤、贫穷而且分散的农业社会遗留下来的那种历史和地域上的遗产决定的。"②艾恺认为,虽然梁漱溟反对中国共产党领导的革命,但梁漱溟关于农村新文明计划的某些方面和毛泽东的革命有着明显的相似性,"毛泽东的革命也是以个人'非理性'的自我牺牲为基础的;它要求的不是个人的物质私利,而是集体的利益。梁漱溟的无私的儒式农民比起毛泽东的马克思主义的无产阶级及其拥有'无产阶级意识'的农民并不更理想。"③毛泽东所理想的新中国与梁漱溟所期待的新中国尽管有差异,但大体上其取向都是一个独立、富裕、民主的新国家,也就是一个现代化的新中国,两人的分歧主要表现在实现这一目的的手段不同,这是一个革命者与一个改良者之间的区别。

在如何建立这样一个新中国的问题上,毛泽东主张用阶级斗争的手段,通过革命的知识分子到农村去,发动农民参加革命,走武装割据、以农村包围城市,最后夺

---

① 汪东林著:《梁漱溟与毛泽东》,吉林人民出版社 1989 年版,第 2—3 页。
② [美]艾恺著:《最后的儒家——梁漱溟与中国现代化的两难》,江苏人民出版社 1996 年版,第 279 页。
③ [美]艾恺著:《最后的儒家——梁漱溟与中国现代化的两难》,江苏人民出版社 1996 年版,第 226 页。

取全国政权。"从1927年到现在,我们的工作重点是在乡村,在乡村聚集力量,用乡村包围城市,然后夺取城市。"①在毛泽东看来,夺取全国政权只是中国革命的第一阶段,在革命即将胜利前夕,毛泽东提醒全党,"夺取全国胜利,这只是万里长征走完了第一步。如果这一步也值得骄傲,那是比较渺小的,更值得骄傲的还在后头。在过了几十年之后来看中国人民民主革命的胜利,就会使人感觉那好像只是一出长剧的一个短小的序幕。中国的革命是伟大的,但革命以后的路程更长,工作更伟大,更艰苦。"②毛泽东很有信心地表示,中国共产党人不仅善于破坏一个旧世界,而且还善于建设一个新世界。建设一个新世界当然比打碎一个旧世界难度更大,毛泽东和梁漱溟对此都有清醒的认识。毛泽东领导的中国革命在广泛地动员农民参与后,在1949年初步实现了革命的第一阶段的目标,夺取了全国的政权,这大出梁漱溟的意外。

在1949年前夕,中国共产党的主要领导人开始考虑如何建设新中国的问题。毛泽东在不同时间、场合都谈到了新中国的经济政策,其中关于农业的设想是在一个相当长的时间里,保持个体农民的生产资料私有制,国家只是对其进行引导和帮助。在1949年9月,中国人民政治协商会议第一届全体会议通过的《共同纲领》中,规定新中国经济建设的根本方针是:公私兼顾、劳资两利、城乡互助、内外交流的政策,达到发展生产、繁荣经济的目的。国家应在经营范围、原料供给、销售市场、劳动条件、技术设备、财政政策、金融政策等方面,调剂国有经济、合作社经济、农民和手工业者的个体经济、私人资本主义经济和国家资本主义经济,使各种社会经济成分在国有经济领导之下,分工合作,各得其所,以促进整个社会经济的发展。③ 但从1951年起,毛泽东就把注意力转移到农村的农业互助合作中来,④接下来是1953年农业合作化的第一次高潮,1955年农业合作化的第二次高潮以及随之而来的农业集体化运动。

梁漱溟认为,只要知识分子(乡村建设运动的发起者、领导者)到农村去,去与农民相结合,把"科学技术"和"团体组织"引进农村,复兴农业,从农业引发工业,实现中国的工业化,就能达到国家富强和民族文化重建的目标。梁漱溟试图把来自西方的新的文化因素与中国传统的儒家文化中的合理因素结合起来,用渐进、温和的手段来实现只有用革命的暴力手段才能达成的目标。梁漱溟的乡村建设完全依靠民间的力量,承担了本应只有政府才能承担的职责,这样就使这一运动不堪重负。革命的思路和改良的思路本应相互补充,相辅

---

① 《毛泽东选集》(第四卷),人民出版社1977年版,第1316—1317页。

② 《毛泽东选集》(第四卷),人民出版社1977年版,第1328页。

③ 高化民著:《农业合作化运动始末》,中国青年出版社1999年版。

④ 毛泽东:"把农业互助合作当作一件大事去做",《毛泽东选集》(第五卷),人民出版社1977年版,第59页。

相成的，但在毛泽东和梁漱溟这里却是两条平行的铁轨，向前不断延伸却无交义的机会。

## 第二节　对乡村建设理论的实践性批判
### ——新中国的农业集体化

　　1949年，中国革命取得全国性胜利，以毛泽东为首的中国共产党人开始用他们特有的革命的方式，对中国社会进行全方位的改造，对农村社会的改造就是其中的一部分。以农业集体化为核心的中国农村社会改造政策，源于中国共产党人的政治信仰、革命斗争中实践经验、中国传统文化和外来空想社会主义。用农业集体化这种方式来改造中国社会符合中国革命的一贯逻辑，是完全由政府（在当时的条件下，更多是中国共产党的各级党委）来主导的，所走的是一条完全不同于梁漱溟所主张的乡村建设道路。如果说梁漱溟所设计的乡村建设道路是行不通的，那么，这种与之完全不同的农村现代化的道路又是否能走得通呢？

　　马克思以英国资本主义的发展为依据，认为自由的市场竞争和个人致富的追求会导致劳动分工、资本积累、社会变革，乃至随这些而来的资本主义的发展。"马克思进而把小农农业等同于'小'生产，把资本主义等同于以雇佣劳动为基础的大规模生产。商品经济的发展会伴随着以拥有生产资料的资产者与他们的无产阶级劳动者为对立的双方的、资本主义性质的'生产关系'。"[1]鉴于自由竞争和对财富的追求会产生资本主义，带来社会的两极分化，马克思主张用合作制来改造小农经济。在无产阶级取得政权后，"一开始就应当促进土地私有制向集体所有制的过度，让农民通过经济的道路来实现这种过渡；但是不能采取得罪农民的措施。"[2]恩格斯也曾指出："我们对于小农的任务，首先是把他们的私人生产和私人占有变为合作社的生产和占有，但不是采用暴力，而是通过示范和为此提供社会帮助。"[3]马克思主义认为，分散的农民是小生产者，与社会化的大生产的发展趋势是相违背的，因此必须对其进行集体化的改造，以适应社会化大生产的需要；同时，因为小生产的农民是分散的，在政治上没有自己的代言人和组织，必然不能成为一个自为阶级，会被统治阶级操纵和控制，其政治作用亦可能是反革命的，因此，从政治上来说，对小农进行改造也是必要的。马克思主义关于对农民进行改造的理论首先在俄国被付诸实践。俄国农村的经济、社会发展与英国有很大的不同，在俄国革命前，资本主义性质的农场只是在斯托雷平改革后才有一定程度的发展，俄国农村广

---

① [美]黄宗智著：《长江三角洲小农今天与乡村发展》，中华书局1992年版，第1—2页。
② [德]马克思、[德]恩格斯著：《马克思恩格斯选集》（第二卷），人民出版社1972年版，第635页。
③ [德]马克思、[德]恩格斯著：《马克思恩格斯选集》（第四卷），人民出版社1972年版，第310页。

泛存在的是一种古老的"村社"制度——一种半集体化的经济、社会组织形式。① 俄国对农民的改造没有按照马克思主义设想的那样进行,而是在"战时共产主义政策"和"新经济政策"之后,以国家政权为后盾推行"全盘集体化"。"所以从实践来看,苏联的农业集体化是在用国家的'横暴权力'(费孝通语)消灭富农的基础上建立起来的。农业集体化并没有解决苏联的农业问题。粮食产量长时间里无法达到战前的历史最高水平,在卫星上天、原子弹爆炸之后,人民仍要为买面包而排队。苏联在 20 世纪 70 年代成为世界最大的谷物进口国,在冷战时期,粮食问题成为美国遏制苏联的一个重要筹码。"②苏联农业集体化过程中存在的问题,中国领导人对此虽有所认识,毛泽东还在 1955 年 10 月告诫全党要吸取苏联农业集体化过程中的教训,③但中国农业集体化还是与马克思主义的设想有很大的不同,而与苏联的农业集体化有较多的共性。

除了政治信仰的因素以外,中国共产党人在长期的革命实践中所取得关于农民、农村和农业的经验,也是中国农业集体化运动的一个重要因素。中国共产党人在革命过程中的基本经验之一就是,要动员农民参加中国革命,必须把农民组织起来,最有效的方法则是平均地权,在一定程度上减缓人地矛盾,缓解因人多地少而日益恶化的农村生产关系。在土地改革完成以后,对农业实行集体化改造是"组织农民"在和平时期的延续。

大革命时期,共产党人主要是帮助国民党推进国民革命,动员和领导了南方数省轰轰烈烈的农民运动。大革命失败后,中国共产党人开始独立探索解决农村问题的新途径。在 1927 年的"八七"会议上,提出了一些解决土地问题的基本原则,确立了消灭封建土地所有制的土地政策的总目标。但由于共产党尚处于幼年期,缺乏革命斗争的经验,导致革命根据地土地政策出现了一些失误。在井冈山根据地巩固以后,中共土地政策出现了严重的"左"倾错误,提出了"地主不分田、富农分坏田"的主张,片面提出"土地税的负担必须落在富农与富裕中农身上,要免除贫农及城市贫民的一切负担"的口号。④ 1932 年开始的"查田运动",使中央苏区的"左"

① 村社的特征可以概括为:土地共有,定期重分;连环保与"大锅税";劳动组合与"共耕地";强制聚居与强制耕作等。金雁、卞悟著:《农村公社、改革与革命——村社传统与俄国现代化之路》,中央编译出版社1996 年版,第 71—85 页。

② 童星、崔效辉:"由强制性关系到契约性关系——试论农村经济交易基础的变迁",《江苏社会科学》2000 年第 5 期。

③ "我们要务必避免苏联曾经犯过的大批杀掉牲口的那个错误。关键在今后两年,主要在今后五个月,就是今冬明春。从今年十一月到明年三月,请你们各位注意,务必不要出大问题,不要发生死一批牛的事,因为我们现在拖拉机还很少,牛是个宝贝,是农业生产的主要工具。"毛泽东著:《毛泽东选集》(第五卷),人民出版社 1977 年版,第 203 页。毛泽东在此所言的杀牛的问题,是指 1954 年以来,随着粮食统购统销政策的实施和合作化运动的急剧推进,全国各地出现了农民大规模宰杀耕牛的现象,这表明了农民对农业合作化运动的态度。高化民著:《农业合作化运动始末》,中国青年出版社 1999 年版,第 156—157 页。

④ 乌廷玉编:《中国租田关系通史》,吉林文史出版社 1992 年版,第 469 页。

倾政策不断升级，严重破坏了农业生产力，造成根据地的粮食危机和经济困难。"查田运动及其他方面的'左'倾政策造成了根据地内部的社会不稳定、经济困难、粮食紧张、扩红不足、内耗严重，使战争难以坚持下去"。① "左"倾错误的土地政策和根据地人民的沉重负担，导致根据地民穷财尽，这是土地革命失败的重要原因之一。1938 年梁漱溟访问延安时，与毛泽东谈到了农村问题，"毛和其他共产党领导人现在也承认，江西时土地政策有错误，必须对这个问题做进一步的研究，才能确定今后的方针政策。"② 红军到达陕北后，中国共产党开始调整土地政策，并在 1937 年 8 月召开的洛川会议上通过《抗日救国十大纲领》，正式提出以减租减息为抗战期间解决农民问题的基本政策。各抗日根据地先后废除了几十种苛捐杂税，开展了减租减息运动，相当程度地减轻了人民的负担。

旧中国农民负担沉重的原因主要在于以下几个方面：田赋增长快，地租沉重，苛捐杂税层出不穷及因农村金融制度不健全、不合理而遭高利贷的剥削。国民党统治时期（1937 年以前）的田赋一般占农地总收获量的 3%～5%，③ 各种田赋附加大多在一倍以上，④ 若按一倍计，则田赋及各种田赋附加已占农地收获量的 6%～10%。全国约有 30%～40% 的耕地是佃租耕地，⑤ 佃农要把收获物的 50% 交给地主或富农，这样农民收获中的 15%～20% 就会以地租的形式转移到地主或富农的手中。除此之外，农民的劳动所得中大约有 5% 成为高利贷资本利息和商业资本的利润。⑥ 将以上几项加起来，农民的劳动成果就有 26%～35% 被他人占有。这与维克多·利皮特得出的革命前中国农民劳动中大约有 30% 被社会占有的估算是一致的，⑦ 也与曹幸穗计算的旧中国苏南农民劳动中有 37% 为社会占有差不多。⑧

随着革命的不断胜利，中国共产党逐步改变了原有的土地政策，开始实行以没收封建地主的土地、分给少地或无地的贫雇农为主要内容的土地改革，新生人民政权成立后，土改在全国范围内普遍展开，到 1952 年基本完成，无地或少地的贫雇农分得大约七亿亩耕地和其他一些财产，生产积极性大为高涨，农业生产力得到了较快的恢复。

---

①　乌廷玉编：《中国租田关系通史》，吉林文史出版社 1992 年版，第 479 页。

②　[美]艾恺（Guy. s. Alitto）著：《梁漱溟传》，湖南人民出版社 1992 年版，第 294 页。

③　[美]黄宗智著：《长江三角小农家庭与乡村发展》，中华书局 1992 年版。

④　郭德宏著：《中国近现代农民的土地问题研究》，青岛出版社 1993 年版。

⑤　郭德宏著：《中国近现代农民的土地问题研究》，青岛出版社 1993 年版。

⑥　曹幸穗以苏南为研究对象，认为农民收入中有 4% 作为高利贷的利息，另有 6% 作为商业资本的利润，鉴于苏南农村的商品化水平比较高，故认为就全国而言，高利贷的利息和商业资本的利润肯定比苏南要低，在此推算时，全国高利贷的利息和商业资本的利润占农民总收入的比重，按苏南的一半即占农民劳动成果的 5% 计算。曹幸穗著：《旧中国苏南农家经济研究》，中央编译出版社 1996 年版，第 49 页。

⑦　[美]黄宗智：《中国农村的过密化与现代化：规范认识危机及出路》，上海社会科学院出版社 1992 年版，第 19 页。

⑧　曹幸穗著：《旧中国苏南农家经济研究》，中央编译出版社 1996 年版，第 49 页。

新中国废除了各种苛捐杂税和封建地租,限制了商业信贷的利息,这就大大减轻了农民的负担。虽然农业税率有所提高,但亦应考虑到租税之间替换,总的来说农民的负担比1949年之前大大减轻了,虽然农民的生活仍然很苦,但却有了一定程度的改善。利皮特认为中国土改的经济意义是:国家通过社会革命,从统治阶级手中夺取的潜在剩余,部分转用生产性投资,部分用于提高农村中贫穷分子的生活水平。[①] 这与新中国建国之初的实际情况是相吻合的。

1920年在回答关于新民学会的求学问题时,毛泽东主张大家"谋居一处,一面作工,一面有集会机缘,时常可以开共同的研究会,极善"[②]。早在1919年,毛泽东就对未来的新社会有过设想,"合者之新家庭,即可创造一种新社会。新社会之种类不可尽举,举其著者:公共育儿院、公共蒙养院、公共学校、公共图书馆、公共银行、公共农场、公共工作厂、公共消费社、公共剧院、公共病院、公园、博物馆、自治会。"[③]毛泽东对新社会的这种设想,在新中国成立后终于有了实验的机会,在1958年5月19日召开的中共八大二次会议上,陆定一在发言中说:"毛主席和少奇同志谈到几十年后我国的情景时,曾经这样说,那时我国的乡村中将有许多共产主义的公社,每个公社有自己的农业、工业,有大学、中学、小学,有医院,有科学研究机关,有商店和服务行业,有交通事业,有托儿所和公共食堂,有俱乐部,也有维持治安的民警等等,若干乡村围绕着城市,有成为更大的共产主义公社。前人的'乌托邦'想法,将被实现,并将超过。我们的教育方针和其他教育事业,也将朝这个目标发展。"[④]毛泽东曾不止一次地提过汉朝末年张鲁"五斗米教"所搞的"义舍",这也是在人民公社大潮中"吃饭不要钱"这一闹剧(接踵而来的是三年大饥荒的悲剧)在全国形成的一个重要原因。人民公社既包括"农、林、牧、副、渔",又包括"工、农、商、学、兵"。

在1949年前后,中国共产党的主要领导人在不同时间、场合都谈到了新中国的经济政策,其中关于农业的设想是在一个相当长的时间里,保持个体农民的生产资料私有制,国家只是对其进行引导和帮助。1949年9月,中国人民政治协商会议第一届全体会议通过的《共同纲领》规定新中国经济建设的根本方针是:公私兼顾、劳资两利、城乡互助、内外交流的政策,达到发展生产、繁荣经济的目的。国家应在经营范围、原料供给、销售市场、劳动条件、技术设备、财政政策、金融政策等方面,调剂国有经济、合作社经济、农民和手工业者的个体经济、私人资本主义经济和国家资本主义经济,使各种社会经济成分在国有经济领导之下,分工合作,各得其

---

① [美]黄宗智:《中国农村的过密化与现代化:规范认识危机及出路》,上海社会科学院出版社1992年版,第19页。

② 毛泽东著:《毛泽东书信选集》,人民出版社1983年版,第9页。

③ 毛泽东著:《毛泽东书信选集》,人民出版社1983年版,第446页。

④ 薄一波著:《若干重大决策与时间的回顾》(下卷),中共中央党校出版社1993年版,第731—732页。

所,以促进整个社会经济的发展。① 但是,后来的农业集体化进程要比这种设想快得多。1952 年全国完成土地改革,1953 年第一个合作化运动的高潮就出现了,1955 年又是第二个合作化运动的高潮,1958 年的"大跃进"又进一步催化了人民公社。各地办"大社"的热情不断高涨,加上毛泽东在 1958 年 4 月到 8 月间在各地视察时对人民公社的赞赏,人民公社大潮终于汹涌澎湃,在短时间内席卷全国。

毛泽东给"庐山会议"定的基调是,成绩与错误是"一个指头与九个指头"的关系,会议要解决的就是"一个指头"的问题,任何超越这一限定的企图都是不能被容忍的。彭德怀本是通过私人渠道(也是合法渠道)对"大跃进"和"人民公社"化运动提出一些个人的看法,毛泽东却将彭德怀给他的个人信件称作"万言书",印发给会议讨论,并在会议后期把本来是解决"一个指头"的问题转变为解决"彭德怀反党集团"的问题。纵观彭德怀的"万言书",其态度是诚恳的、语言是谦恭的,基本上没有超出"成绩是主要,缺点是次要的"这种毛泽东对"大跃进"和"人民公社"的评价模式。② "庐山会议"虽然解决了彭德怀的问题,但却不能解决人民的肚皮问题。河南省浮夸最严重的信阳地区 1960 年减少人口 40 余万,第一个挂出"人民公社"招牌的嵖岈山卫星人民公社,也饿死了四千余人。③ 在 1956 年合作化运动的高潮期间,浙江永嘉县的县委农业书记李云河曾做过"包产到户"的尝试,浙江其他地方也有实验,毛泽东在得知永嘉的情况后,把李云河等人称为"单干理论家","包产到户"的始作俑者,后来都因此被打成"右派",几乎家破人亡。④ 鉴于这种情况,安徽省委书记曾希圣多次征询毛泽东的意见,在得到首肯后于 1961 年在安徽实验"包产到户"。

用这种急风暴雨式方法推进生产关系的变革,是革命领导人所熟悉的,也是不自觉地把革命的经验直接应用到社会发展中来,梁漱溟试图"以建设完成革命,以进步达到平等",而中国共产党人则是试图以革命的手段达到建设的目的。这种一浪高过一浪的大规模的社会运动,可能与当时国内、国际的大气候有关。世界反资本主义运动在 1945—1970 年的迅速突破,导致了革命的领导者们很大的必胜的信念,令人冲昏头脑。如沃勒斯坦所言"这些运动不得不面临的最大问题却是它们的成功,不仅是它们各自的成功,而且是在全球范围内它们的集体性成功"⑤。这种成功所带来的集体性的狂热在世界各国的革命进程中普遍存在,在中国尤其严重。

---

① 高化民著:《农业合作化运动始末》,中国青年出版社 1999 年版。

② 彭德怀著:《彭德怀自述》,人民出版社 1981 年版,第 281-287 页。

③ 罗汉平著:《农村人民公社史》,福建人民出版社 2003 年版,第 193 页。

④ 凌志军著:《历史不再徘徊——人民公社的兴起和失败》,人民出版社 1997 年版。

⑤ [美]伊曼纽尔·沃勒斯坦著:《所知世纪的终结——二十一世纪的社会科学》,社会科学文献出版社 2002 年版,第 30 页。

集体性狂热导致集体性无意识，其后果之一就是对领袖的无限崇拜，主动让渡给他不受制约的权力。少数人的理性思考无法阻止整个队伍的集体性狂热，也就是说，并非只是毛泽东一人头脑发热，狂热的情绪是上下互动、相互传染的。

人民公社化运动是从 1958 年 8 月 13 日《人民日报》发表毛泽东的"办人民公社好"开始，到全国实现人民公社化只有短短数月时间。从 1958 年底到 1962 年初的"七千人大会"应是人民公社制度的调整时期。1962 年 9 月中共八届十中全会通过了《农村人民公社工作条例（修正草案）》（俗称"人民公社六十条"），人民公社缩小队、社规模，取消了供给制，解散了公共食堂，恢复了社员的自留地和家庭副业，基本核算单位下放到生产队一级，确定了基本生产队所有制。① 在此后的 20 余年里，人民公社就是在"三级所有，队为基础"的基本模式上运行，其间经历的只是对这一模式的补充、修改和微调。

人民公社是中国共产党人推动中国现代化事业的一种新的尝试，也是一种全新的制度安排。人民公社制度由一系列相关的制度构成，包括早于人民公社的粮食统购统销制度，以城乡隔离为目的的户口制度以及相应的就业制度、医疗制度、分配制度、保障制度、土地集体所有制度、党政一元化集权制度，等等。有些制度是人民公社特有的，有些制度则是整个社会主义制度的组成部分，"公社是社会主义制度在农村的基层单位，因此，公社只有被纳入统一的社会主义制度体系中才是可能的，公社只有在社会主义制度的背景中才是可以理解的。"②这种全新的制度安排在当时涉及社会生活的各个方面，并对今天和以后中国农村的发展产生很大的影响。但是制度的设计者并不能全部预期制度运行的社会后果，因为人类的知识和理性是有限的，用少数人有限的知识和理性去设计极其复杂的现代生活，在逻辑上是不可能的。在哈耶克看来，只有承认理性的有限性，才能恰当地使用理性，而恰当使用理性就必须正视这样的事实：未经人类设计而产生的秩序，远远胜过人们有意构想的计划。③

对于人民公社制度运行的结果，可以从多方面、多视角对其进行梳理、分析和批判。在对梁漱溟的乡村建设理论进行现代化取向的度量后，现在拟用同样的标准对人民公社制度及其运行结果进行评判。

现代化在经济方面的标准是工业化，新中国的社会主义制度工业化的取向是非常明显的，无论是马克思主义经典作家，还是中国共产党的主要领导人，对此都是深信不疑的。但是与马克思主义经典作家设想不同的是，社会主义不是首先出现在生产社会化程度很高的英、法、美等资本主义发达国家，而是出现在资本主义不发达的东方国家，因此，如何建立社会化大生产就成为如何在社会主义国家建立

---

① 罗汉平著：《农村人民公社史》，福建人民出版社 2003 年版，第 417 页。
② 张乐天著：《告别理想——人民公社制度研究》，东方出版中心 1998 年版，第 9 页。
③ ［英］哈耶克（F. A. Hayek）著：《不幸的观念》，东方出版中心 1991 年版，第 3 页。

公有制经济必须面对的问题。从苏联的经验和中国的实际情况出发,有一个快捷的手段,那就是把尽可能多的农业剩余转移到工业中来,作为启动工业化建设的"原始积累"。"工业优先"成为国家经济发展的主要战略,重工业又是工业化战略中的"重中之重"。人民公社制度的建立就是为这种工业化优先战略服务的。为解决粮食问题,提高农业的商品率,把更多的农业剩余转移到工业中来,中共中央采取的措施之一是于 1953 年 10 月召开政治局扩大会议,通过了《中共中央关于粮食统购统销的决议》,决议规定粮食由国家统购统销,私人经营粮食成为非法。措施之二就是大力推进农业的集体化,因为只有把农民组织起来,转移农业剩余的做法才更为有效。毛泽东认为:"个体所有制的生产关系与大量的供应是完全冲突的。个体所有制必须过渡到集体所有制,过渡到社会主义"。[①] 为了更有效地从农业中把其剩余转移出来,国家一方面低价收购农副产品,用作工业原料和供给城市居民消费,以扩大工业的利润和降低工人的工资水平;另一方面,国家又控制了全部的商业,用远远高于其价值的价格把工业品卖给农民,由此形成了巨大的工农业产品的价格"剪刀差"。有人测算,在 1952—1980 年间,"农业剩余总量中,扣除国家财政用于农业的支出,农业资金净流出量近 1 万亿元,平均每年达 250 亿元"。[②] 由此可见,人民公社这种制度安排确实为中国工业化的推进做出了巨大的贡献。但是这种工业化,是以城乡隔离、工农隔离为代价的,国家初步实现了工业化,农村却远离这种工业化,也难以享受到工业化所带来的种种好处。国家把工业项目都放到城市,农民只能搞农业,甚至只能搞"以粮为纲"的农业,农村副业和手工业都受到了严格的限制政策。在人民公社化之前的 1957 年,费孝通重访"江村",他首先发现的竟然是农民吃不饱的问题,这使他迷惑不解。后来的调查表明,粮食产量虽然提高了 60%,但人口增加了,征购很高,而且副业的路子给堵死了。在 20 世纪 30 年代,"江村"农民的收入来自农业的约占 55%左右,所以,在 1957 年农业的增产还抵不上 20 世纪 30 年代的全部副业收入。费孝通在调查后指出,要显著地提高这类地区的农民收入,单纯地从农业入手是绝对不够的,如果忽视了副业的多种经营,那就会发生严重的问题。[③] 费孝通在"江村"及后来在"云南三村"的调查中,提出了"人多地少,农工相辅"的主张,明确指出解决农村过剩劳动力的出路是发展乡村工业。"内地农村的调查使我进一步看到在一个人口众多、土地有限的国家里,要进一步提高农民的生活水平,重点应放在发展乡村工业上"。[④] 同时费孝通也为乡村工业的发展指明了方向,"乡村工业的出路在于通过改良技术,引进机械代替

---

① 毛泽东著:《毛泽东选集》第 5 卷,1977 年版,第 119 页。
② 牛若峰著:《中国农业的变革与发展》,中国统计出版社 1997 年版,第 46 页。
③ 费孝通:《江村农民生活及其变迁》,北京大学出版社 1997 年版,第 230—231 页。
④ 钱成润等著:《费孝通禄村农田五十年》,云南人民出版社 1995 年版,第 41 页。

手工,同时与都市工业在资金、技术、原料加工、流通等环节相互挂钩、协同发展"。① 费孝通还在《江村经济》中描述了村中的合作工厂带给村里的巨大变化,以及对农村经济发展和社会结构变迁所施加的积极影响。② 同费孝通、梁漱溟、马寅初等人主张的不同,人民公社时期的社队企业被限制在为农民生活和农业生产服务这样很小范围内。改革开放后,国家放松了对农村工业的限制,东南沿海地区乡镇企业异军突起,成为中国工业化的一股新鲜力量。

20世纪50年代以后的工业建设完全是中央统筹规划的,但却走到了农村搞农业、城市搞工业这条极端的道路上去。农业虽为工业建设提供了大量的积累,但几十年来工业却无法反哺农业,并且形成了城乡隔离的二元社会结构,将广大农民排斥在工业化和城市化进程之外,这不仅使工业发展失去了后劲(表现为20世纪90年代中期以后,国内消费需求不足),③也使中国社会正在变成一个"断裂"的社会④、面临着"拉美化"危险的主要原因之一。

现代化的第二个变项是政治民主化,主要是指政治制度化的程度与大众参与政治的程度。人民公社制度是由一系列的制度构成的,其政治制度主要是高度集中的党政一元化领导制度。中国革命的胜利和土地改革的完成真正铲除了"土豪劣绅"生存的社会基础,为国家政权进一步扩张提供了机会。中国共产党人找到了一种在一盘散沙的中国社会进行有效社会动员的方法,⑤1949年后,中国共产党利用其强大的组织能力,在每个村子建立党支部,在每个镇建立党委,把国家权力扩张到社会基层,并打破了此前国家政权的内卷化状态。⑥ 1958年的"大跃进"是国家权力向社会基层扩张的又一里程碑,它不仅促使国家权威向城乡全面渗透,而且在社会生活的所有领域都建立、巩固和强化了国家权力。⑦ 就这种高度集权的一

---

① 钱成润等著:《费孝通禄村农田五十年》,云南人民出版社1995年版,第41页。

② 费孝通指出,由于农村工业的发展,农村中出现了一个特殊挣工资的群体,主要是有技术的青年女性,这一群体因为挣得工资,而提高了自己在家庭中的地位。她们大约一年可以挣60~70元,同一时期华北农村一个成年长工的工资也不过40元,苏南地区长工的工资也只有40~50元,由此可见,这笔工资收入对一般农家的重要程度,以至于那些没有青年女性的家庭开始为此而懊悔。在1957年费孝通重访江村时,村中的老人还念念不忘合作工厂带给他们的好处。费孝通著:《江村经济——中国农民的生活》,商务印书馆2001年版。

③ 童星、崔效辉:"儒家视野中的工业化——从梁漱溟《乡村建设理论》看中国现代化的道路选择",《江苏国家行政学院学报》2002年第2期。

④ 孙立平认为,到了20世纪90年代,中国的经济增长在很大程度上已经不能导致社会状况的自然改善。在经济增长的成果和社会成员的生活之间,经济增长和社会状况的改善之间,出现了断裂。孙立平著:《断裂:20世纪90年代以来的中国社会》,社会科学文献出版社2003年版。

⑤ 黄仁宇认为中共与毛泽东替中国创造了一个新的低层机构,这种低层机构能够进行有效的社会动员,把整个社会纳入国家政权中来,这既是中国革命成功的重要原因,也是革命胜利后新中国政权能够不断推进一系列社会运动的原因。[美]黄仁宇著:《中国大历史》,生活·读书·新知三联书店1997年版。

⑥ 崔效辉:"从国家与农民的关系理解中国农村的'内卷化'",《二十一世纪》(香港)2002年第三期。

⑦ 高华:"大跃进运动与国家权力的扩张——以江苏省为例",《二十一世纪》(香港)1998年第四期。

元化领导体制来说,它是高度制度化,但政治制度化的程度必须与大众政治参与程度结合起来考虑,才能判断政治民主化的程度。从意识形态上看,社会主义应该是一个民主的社会。就人民公社而言,《农村人民公社工作条例(修正草案)》规定了公社的性质、组成、权力来源等,在第六章《社员》中规定:"人民公社社员,在社内享有政治、经济、文化、生活福利等方面一切应该享有的权利。人民公社的各级组织,对于社员的一切权利,都必须尊重和保障。"①在《农村人民公社工作条例(修正草案)》中,甚至还规定了监察的组织和程序,但所规定的这些权利在现实中都缺乏实现的手段。② 其根本原因在于人民公社这种制度设计违背了农民的意愿,农民也就缺乏参与的积极性和主动性,农民虽身处集体之中,但却是"被组织"或"他组织",而不是"自组织"。③ 即使社员想主动参与政治,维护自己的权利,终究因为缺乏可操作的手段而不能达到目的。因此可以看出,人民公社的制度化程度是很高的,但积极、主动的大众参与程度很低(相反,被动参与程度倒是很高)。在这一制度的设计、修改过程中,基本上没有农民主动的参与,而只有被动的参与。农民在人民公社时期对公社制度的主要反抗手段是消极怠工,"当土地不再是农民自己的、他们又仅从完成的生产任务中取得报酬时,他们就对生产应付了事,随意地翻地和播种。"其原因在于"社员们必须遵从有关种什么、什么时候种、种在哪儿、如何种以及与谁一起种,必须把所有的收成上缴给国家的地方官员,以满足定额、税收、福利和投资方面的需求,然后才能均分剩余的粮食。"④人民公社实际上成为一个"没有主人的事业"。⑤ 用政治民主化来衡量人民公社的实践,其得分应该是比较低的。

现代化的第三个变项是生活形态方面的城市化。人民公社是一种农村社会的基层组织,它本身没有城市化的追求。现代化的城市是现代工业的载体,是工业化的直接后果之一。在资本主义发展历史上,城市化是工业化的伴生现象,就其过程来说也是一个"自然的历史过程"。由于中国的工业化是一个在国家赶超战略主导下的人为过程,因此中国城市的发展带有很强的计划经济的色彩。中国的工业化是一种城乡隔离、工农隔离的工业化,工业化战略的制定者只是把城市视为工业生

---

① 张乐天著:《告别理想——人民公社制度研究》,东方出版中心 1998 年版,第 554 页。

② 只要干部好好执行上级的命令,在其管辖范围内就有比较大的自主权。黄树民在其所著《林村的故事——1949 年后中国农村变革》一书中指出,大队干部的为所欲为难以得到遏制,"说老实话这个镇的 18 个大队支部书记大部分都贪污腐败,利用公权,将公款盗为己有。"黄树民著:《林村的故事——1949 年后中国农村变革》,生活·读书·新知三联书店 2002 年版,第 212 页。

③ 崔效辉:"参与式发展理论与'乡村建设'——参与式发展理论的本土来源与贡献",《二十一世纪》(网络版),2003 年第 2 期,http://www.cuhk.edu.hk

④ [美]弗里曼(E. Friedman)、毕克伟(P. G. Pickowicz)、赛尔登(M. Selden)著:《中国乡村,社会主义国家》,社会科学文献出版社 2002 年版,第 240—241 页。

⑤ 傅上伦、胡国华、冯东书、戴国强著:《告别饥饿——一部尘封十八年的书稿》,人民出版社 1999 年版。

产的场所,因此特别重视城市的生产功能,而忽视城市的其他功能,表现在城市建设上,长期重生产性投资,轻视生活性投资,使得各城市的公共设施长期得不到改善。对城市功能片面理解,使中国的城市发展与国家工业化的进程严重脱节,从1950年到1980年的30年间,工业总产值占GDP的比重从15%上升到80%,但城市人口占全部人口的比重只是从15%上升到16%,这个上升比例只相当于同期城市人口的自然增长率。在此30年间,有过几次下放城市人口的这种"逆城市化"做法。人民公社的社员基本上没有向上流动、成为城市居民的机会,有限的几种渠道如招工、升入大学、参军提干等对农民来说微乎其微。这些有限的流动机会还时常作为对社、队干部忠诚于人民公社制度的奖赏,而不是凭个人才能来分配。① 就人民公社的制度设计和实践来看,作为人民公社社员的农民是一种"身份农民"(peasant),而不是"职业农民"(farmer),这种身份制度使农民丧失了改变身份和职业的机会,是与现代化的价值取向背道而驰的。

现代化在人们精神活动方面的标准是世俗化,就人民公社为农民所规定的精神生活来说,它完全是世俗的。人民公社作为社会主义农村的新型社会组织,它所追求的目标完全是现世的,而非来世的,追求现世目标的手段在制度的设计者看来也完全是尽可能是现实的、科学的、理性的手段。但是,世俗化的精神生活因为不恰当的手段而变得机械、教条。例如用科学取代迷信,应该是人民精神活动世俗化的一个方面,人民公社在宣传科学、使用科学技术方面应该是有成就的,农业总产量的提高也有科学技术的一份贡献。实际上,科学并没有完全取代迷信,科学的、理性精神也没有能够主宰农民的精神世界。迷信作为一种社会存在,担负起一定的社会功能,除非用另一种功能,比如说科学,来取代它,否则它就不会消失。在传统社会中人们用巫术来处理他们日常生活中用经验无法解决的问题,政府对某些有害其权威和统治的巫术是严厉禁止的,②费孝通在《江村经济》中指出,政府仅仅反对巫术是不行的,政府必须能够用科学的方法解除人民的痛苦,巫术才会消失。"现今的地方行政官不仅拒绝履行人民的巫术师的传统职能,而且还应该执行反对巫术的法律。但水灾、旱灾、蝗虫的自然威胁仍然危害着人民。他们的科学知识和装备仍然不足以控制许多自然灾害,对巫术的需要依然保留不变。"③政府在没有改变人民的生存之时就想改变他们的信念,显然这是徒劳的,"只要巫术对人们的生活起着一些作用,不管政府发出多少命令和阐述多少理由,它仍然会存在的"。④

---

① 农村中的各种大大小小的"政治家们"总是按照自己在政治体系中的位置,享受各种政治待遇。把自己的子女从农民变成非农民——"吃商品粮的人"就是这种政治待遇之一。弗里曼等几位美国学者研究发现,一个人在政治体系中的地位越高,能够因而他而"农转非"的人就越多。[美]弗里曼(E. Friedman)、毕克伟(P. G. Pickowicz)、赛尔登(M. Selden)著:《中国乡村,社会主义国家》,社会科学文献出版社2002年版。

② [美]舒尔茨(Theodore W. Schultz)著:《改造传统农业》,商务印书馆1999年版。

③ 费孝通著:《江村经济——中国农民的生活》,商务印书馆2001年版,第150页。

④ 费孝通著:《江村经济——中国农民的生活》,商务印书馆2001年版,第151页。

人民政府在消除人民的痛苦方面做出了卓有成效的工作,但富足的生活还是遥远的未来。

上述的讨论可能只是人民公社时期农民精神活动的一个层面,革命在精神层面的动员可能并不像表面上给人的印象那样深入、持久。中国农村社会是一个具有强大包容性的存在,任何外来的因素必须寻找到与之结合的契机,才能对其产生作用。人民公社制度在20世纪60年代后确立的"三级所有,队为基础",也是向传统村落存在的让步。在新社会的建构过程中,必须从旧社会中寻找可用工具,其结果是革命者与革命对象的位置会很快互换。"政治文化、国家控制和地方关系网络结合得如此之深,以至于已经不能通过特殊的政策来摧毁它了,传统文化中的消极因素,例如家长制、性别歧视、暴力,悲剧性地强化了新权力体制中的负面,使之变得更糟。"①正是中国农村社会具有如此强大的包容性,才使得任何极端的思想和行为难以彻底改变这种社会存在。美国学者孔飞力在研究1768年中国妖术恐慌时指出,正是官僚体制的拖沓、推诿才制约了乾隆对"叫魂"嫌犯的无止境的搜捕,"没有人会哀悼旧中国的官僚制度,但不管是好事还是坏事,它的特性却可以阻挡任何一种狂热。没有这样一个应急的锚碇,中国就会在风暴中急剧偏航。"②实际上,不仅仅是官僚制度的特性,而是中国社会的特性才使得社会运行中表现出一定程度的"中庸"。就人民公社时期的农民精神活动来说,神圣化只是其中一面,另一面就是在神圣外衣包容下的世俗化。比如,农民可以用地方传统曲子来演样板戏,他们自己制作服装,自己做道具,自导、自演,自得其乐。这样农民就把演出赋予了不同于官方的意义。对于任何精神层面的活动,农民都可以进行这样的改造。③

现代化在社会的文明开化方面的标准是知识化。知识化首先意味着教育的普及,除此之外,知识化还体现在一个社会所拥有的受过专门训练的人才数量和这个社会吸收外来文明的能力,知识化是社会与个人现代化的关键。

人民公社时期的农村教育机制、成就和问题应放到新中国教育的大背景中来考察。作为临时宪法的《共同纲领》确定了"民族的、科学的、大众的"新民主主义的教育方针,体现了新中国重视社会公平、教育公平的基本价值。作为对旧教育的否定和改变,新中国的教育突出体现在面向工农大众的开放式教育,用多种形式帮助广大工农大众学习文化,接受教育。20世纪50年代初期掀起大规模扫除文盲的全国性热潮,进行了广泛的社会动员,也获得了农村知识分子和广大农民的积极响

---

① [美]弗里曼(E. Friedman)、毕克伟(P. G. Pickowicz)、赛尔登(M. Selden)著:《中国乡村,社会主义国家》,社会科学文献出版社2002年版,第372页。

② [美]孔飞力(Philip A. Kuhm)著:《叫魂——1768年中国妖术大恐慌》,上海三联书店1999年版,第306页。

③ 农民赋予很多"革命"行动不同的意义,或者从自己的角度来理解"革命"的行动。这对农民来说不一定是坏事,这可能是在今天的农村,有人怀念人民公社的原因之一。高默波:"书写历史:《高家村》",《读书》2001年第1期。

应,推广快速识字法,树立扫盲模范,其规模之大,影响之深,前所未有。农村初等教育得到较快发展,成人识字率也大幅提高。但是这种运动式教育动员缺乏后劲,一方面是国家在强调大众教育的同时,把有限的教育资源配置到高等教育领域,其目的是要为新中国的经济和国防建设提供智力支持;另一方面是中国农村社会在20世纪50年代,同此前的乡村建设运动时期一样,由于社会的普遍贫困,能够支付的教育成本也很小。费孝通在1957年重返江村时,发现很多孩子在应该上学的时间里不去上学,问其原因,孩子回答说:"我们不上学,割羊草。"老人补充说:"哪里有钱念书,吃饭要紧。"①教育资源配置的严重失衡,致使基础教育尤其是农村教育长期薄弱,农村教育水平只能维持在一个很低的水平上。在"文革"期间这种状况有一定程度的改变,农村中、小学的校舍、教师的报酬都由集体支付,受教育者无需支付多少费用,每个生产大队,甚至生产小队都办起了小学。在人民公社体制下,农村所有资源都在集体控制之下,农民的自留地很少,孩子留在家中并没有多少事情可做,这使得农村初等教育普及率大幅度提高。因此,有人认为"'文革'是教育的最好时期",所有学龄儿童都可以接受初等教育。②

　　人民公社时期农村初等教育的普及,应该是一个伟大的成就,而这种成就正是后来中国社会改革开放时期取得长足进步的基础。③ 舒尔茨认为,实现对传统农业的改造需要"向农民投资","增加这一因素的投资有几种形式:教育、在职培训以及提高健康水平。但是,还有其他向农民投资的方式,特别是向那些没有机会上学或即使上过学但所受教育少得可怜,以致实际上不能算成有文化的人投资。"④提高农民的教育水平,就可以突破传统农业链条中的一个环节,进而实现对传统农业的改造。但是,人民公社时期的农村教育也存在严重的问题,尤其是在"文革"期间,以"教育革命"或"教育改革"的名义打乱了学校正常的教学、科研秩序,差不多毁掉了一代人的教育。⑤ 除教育水平低外,在有限的资源使用过程中还有大量的浪费,比如过分强调意识形态的教育,强调教育要与生产劳动相结合、缩短学制、半工半读,以及在"教育革命"的名义下对教育制度化、正规化的反动,⑥这使得我国

---

① 费孝通著:《江村经济——中国农民的生活》,商务印书馆2001年版,第257页。

② 高默波:"书写历史:《高家村》",《读书》2001年第1期。

③ 〔英〕阿马蒂亚·森(Amartya Sen)著:《以自由看待发展(Development As Freedom)》,中国人民大学出版社2002年版。

④ 〔美〕舒尔茨(Theodore W. Schultz)著:《改造传统农业》,商务印书馆1999年版,第132页。

⑤ "教育革命"或"教育改革"在全国没有统一的方案,其主要内容是,首先改变学校的领导体制,在城市以毛泽东思想宣传队、革命群众代表和解放军代表"三结合"来领导学校,在农村则由贫下中农代表来管理学校;在教学体制方面,强调科研、教学、生产相结合,实际上是把师生下放到工厂、农村参加生产劳动。"文革"期间,高等学校一度停止招生,在恢复招生后又搞"群众推荐、领导审批"的招生方法,其后果是在空前贬损、亵渎知识和知识分子的年代,为上大学而"走后门"一时成风。童星著:《教育科技与知识经济》,南京出版社1998年版,第66—67页。

⑥ 杨东平:"教育公平的理论和在我国的实践",http://www.fon.org.cn

农村的义务教育长期以来维持在低水平上。我国 1986 年颁布了《义务教育法》,但 20 世纪 90 年代仍没有实现普及义务教育,本该作为政府义务的教育普及还要靠社会中介组织的"希望工程"、"春蕾计划"等补充。与邻国日本相比,我国普及义务教育的时间比日本要晚 100 年。① 除教育水平低之外,选拔型的教育体制还陷入了梁漱溟批评过的城市对农村人才的掠夺。农村在为城市和工业的发展提供资金的同时,还提供了大量的人才,但农村本身的发展却缺乏足够的专业人才,缺乏对外来文明的吸收能力,这使得农村社会的现代化水平难有长足的进步。梁漱溟和晏阳初都指出,科学技术要深入农村,改变农民的生活,必须有一定的组织作为载体,例如合作社,没有这样一个中介组织,农民与科学技术之间就无法建立有效的联系,单单让农民识字是远远不够的。人民公社时期的农村教育并没有很好地解决这个问题。

人民公社在普及教育方面的成就,是很有限的,在专业人才培养和吸收先进的外来文明方面也存在着问题。

现代化在个人行为方面的标准是普遍的成就取向,包括个人奋斗和个人不断进行自我更新。人民公社是农村社会的基层组织,它不仅是政治组织、经济组织,还是一种社会组织,把农民的全部生活都纳入到组织中来。作为对近代历史上中国社会"散漫无力"的一种反动,新中国政权通过一系列的社会运动,不断把国家权力向社会基层扩张,完成此前晚清政府和民国政府没能完成的"国家政权的现代化建设"。② 人民公社则是在国家权力全面向农村社会扩张的基础上,"对传统中国农村社会结构的一次全面重构",这种重构不仅打破了农民的个体所有制,而且集体之间的界限也不断被打破。③ 在人民公社这种高度制度化、组织化的社会形态中,农民个人自由被压缩到最小限度,不仅每个公社、生产大队、生产小队的组织目标都由上级规定,而且农民个人的行为也必须服从组织的大目标。个人的奋斗目标必须与组织目标一致,才可能有所作为。认同组织目标并且获得成功的个人,在不同的时期有不同的典型,作为其他人的榜样。这种典型有的是全国性的,如大寨,有的是这种全国性典型在地方的翻版。这种被上级认可并受到上级扶持的典型,遍布全国各地、遍布各行各业,如"农业学大寨"、"工业学大庆",上山下乡的知

① 明治三十五年(1902 年),日本学龄儿童入学率就超过 90%,这与日本"普及—能力提高型"的教育目的有关,而中国的历史上,一方面有"有教无类"的教育思想,另一方面则存在着为选拔"精英"而进行的教育的传统,这种"选拔—目的达成型"的教育取向,表现在新中国成立后,把有限的教育资源投向高等教育。此外还搞各种各样的"重点学校",从幼儿园一直到大学都有。[日]依田熹家:"日中两国现代化进程中文化形态之比较",谢立中、孙立平主编:《二十世纪西方现代化理论文选》,上海三联书店 2002 年版。

② [美]杜赞奇(Prasenjit Duara)著:《文化、权力与国家——1900—1942 年的华北农村》,江苏人民出版社 1992 年版。

③ 周晓虹:"从国家与社会关系看中国农民的政治参与——毛泽东和后毛泽东时代的比较",http://www.ccrs.org.cn

识青年学邢燕子,全国人民学雷锋,等等。个人的奋斗目标就是不断向这些大大小小的典型学习。除此之外,任何与组织目标不一致的成就取向都会受到批评、压制。

在人民公社化之前,有千百年家庭耕作习惯的农民对于"集体"怀有一定的恐惧,尽管有政府的大力宣传、动员、帮助、示范,但初级社、高级社的发展进度还是不能让领导者满意,发展过程也是多有反复。毛泽东不得不依靠共产党和其个人的权威,掀起一场合作化运动的高潮。毛泽东指示:"要分派数字,摊派","翻一番——摊派,翻两番——商量,合理摊派,控制数字,不然工作时心中无数。"①作为对农业集体化的反抗,部分地区在 1954 年出现大规模的宰杀耕牛的现象,在 1956—1957 年部分地区出现了"闹退社"的风潮,有的地区几乎发展为农民暴动,要动用军队才能解决问题。② 现代制度经济学的分析认为,一个社会集团力量的大小,并不取决于它人数的多少,而是取决于它的组织程度,分散的个体与组织相比在资源的占有上存在巨大差别,有可能使分散的个体成为有组织力量的奴役对象。③ 作为被"组织"起来的农民,他们本身缺乏对抗组织的资源,任何形式的反抗在组织面前都是微弱的。个体的反抗更是无法动摇"集体"这棵大树,全国农民先后都被纳入到人民公社这个组织中来,无人可以成为例外。④ 在人民公社时期,农民任何不符合公社目标取向的行为都会受到打击,个人除认同集体的价值目标外,没有自我发展的空间,个人自主目标的奋斗无从谈起。因此,就现代化所要求的个人普遍的成就取向而言,人民公社的制度设计与这一要求是背道而驰的。

现代化在社会组织结构方面的标准是功能专门化。社会结构的专门性分化,源于现代社会中日益复杂的社会分工。日益复杂的社会结构以及它们在功能上的分化、相互依赖,是现代社会不同于传统社会的主要区别,同功能分化相伴生的就是社会的组织结构越来越专门化。人民公社制度在设计者看来,应是一个无所不包的小社会。在 1958 年 8 月 30 日中共中央政治局扩大会议上,毛泽东说:"人民公社的特点一曰大,二曰公,地大物博,人口众多,工、农、商、学、兵,农、林、牧、副、渔。大,可了不起,人多势众;公,就是社会主义比合作社多,把资本主义的残余逐步去掉,如自留地和私养牲畜等。搞公共食堂、托儿所、缝纫组,全体劳动妇女可以

---

① 毛泽东著:"关于农业互助合作的两次谈话",《毛泽东选集》(第五卷),人民出版社 1977 年版,第 116 页。

② 浙江省仙居县在 1957 年 5 月发生了大规模的退社风潮,甚至发展成农民暴动,人民解放军进驻仙居后,局势才得以稳定。高化民著:《农业合作化运动始末》,中国青年出版社 1999 年版,第 361—362 页。

③ 党国印:"向农民伸出援助之手",《南方周末》,1998 年 10 月 23 日。

④ 陕西省府谷县老高川公社有个名叫戈色令的农民,顶住了互助组、初级社、高级社的一系列压力,坚持自己单干,但没有顶住 1958 年人民公社的压力,在土地、牲口入社后,只有树还是自己的,1964 年农村搞"四清",又以他搞资本主义的罪名把他家的一万多棵树没收了,1969 年又以"一贯走发家致富道路"的罪名,给戴上了富农分子的帽子,经多次批斗,被折磨而死。傅上伦、胡国华、冯东书、戴国强著:《告别饥饿——一部尘封十八年的书稿》,人民出版社 1999 年版,第 64 页。

解放。"①这样的人民公社在实际运作中的问题很多,并成为三年大饥荒的原因之一。在1962年9月颁布《农村人民公社工作条例(修正草案)》后,人民公社缩小队、社规模,取消了供给制,解散了公共食堂,恢复了社员的自留地和家庭副业,基本核算单位下放到生产队一级,确定了基本生产队所有制。但人民公社仍然包含有工、农、商、学、兵,农、林、牧、副、渔。政治与经济合为一体(所谓政社不分),政治与社会也是一体,人民公社仍是一个包容农民一切生产和生活领域的小社会。虽然人民公社内部也有分工,但这一制度的设计者是想让公社的社员亦农亦工,亦学亦兵。这实际上是想把在现代条件下的复杂"社会"简化为传统农业社会中的"社区",与现代社会所要求的功能分化和结构分化的价值取向背道而驰。"社区"一词源于拉丁语,意为共同的东西及亲密伙伴之间的关系。德国社会学家斐迪南·滕尼斯在1887年出版的《共同体与社会》(又译《社区与社会》、《礼俗社会与法理社会》等)一书中,首先把"社区"(Gemeinschaft)一词用于社会学研究,指出社区是基于亲族、血缘等自然关系之上的人类共同体。在社区中,个人与社会的一致性有共同的价值取向,有亲密无间的关系,有强烈的归属感。这样的群体产生于对亲属联结的依赖以及血缘关系的延伸,是超乎人们的选择的,是自然形成的。"社会"(Gesellschaft)一词是指基于理性、契约之上的人类共同体,滕尼斯认为社会是通过契约、立法和公众舆论三者而形成的。② 在滕尼斯看来,"共同体(社区)是持久的和真正的共同生活,社会只不过是一种暂时的和表面的共同生活。因此,共同体本身应该被理解为一种生机勃勃的有机体,而社会应该被理解为一种机械的聚合和人工制品。"③显然滕尼斯的"社区"是一种理想类型的概念,它反映出在工业化社会正在到来之际,社会学家对"理性"侵蚀"情感"的某种忧虑,实际上滕尼斯本人也认为"社会"取代"社区"将是不可避免的趋势。"如果说我们对社会的进程的观察基本上局限在这个经济领域里,这个进程的实现是作为一种发展着的共同体的和人民生活上升到最高的程度,那么社会的进程也表现为从普遍的家族经济向普遍的商业经济过渡,而且与此密切相关:从占主导地位的农业耕作向占主导地位的工业生产的过渡。"④从世界范围内的现代化进程来看,农业的现代化与市场化是密不可分的,而市场化又要求农民成为市场交易的主体,其独立的市场地位必须得到保证。把农民和市场联系起来的桥梁应该是中介组织——合作社或农民协会,在解决市场问题的同时,农民在社区生活方面依法实行自治,国家权力只是在有限的范围内发挥作用。这就要求农村社会有充分的功能分化和结构分化,由不同的机构承担不同的功能。显然,人民公社的制度设计和实际运作是与此相悖的。

---

① 罗平汉著:《农村人民公社史》,福建人民出版社2002年版,第40页。
② 童星主编:《现代社会学理论新编》,南京大学出版社2003年版,第174页。
③ [德]斐迪南·滕尼斯著:《共同体与社会》,商务印书馆1999年版,第54页。
④ [德]斐迪南·滕尼斯著:《共同体与社会》,商务印书馆1999年版,第112页。

现代化的第八、九两个变项分别是社会成员的自由流动性和等级层次方面(阶级结构)的开放性。中国传统社会中,社会成员的流动自由度同欧洲封建社会相比要大得多,阶级结构也是相对开放的,社会成员在社会中实际发生的流动率低,源于传统农业社会无法提供足够的流动机会。现代化的过程就是农业社会向工业社会、农村社会向城市社会、身份社会向契约社会转型的过程,这一过程为社会成员在社会关系位置上的上升流动提供了大量的机会。在人民公社的制度设计和实践过程中,社员个人的活动必须服从集体的安排,这个"集体"可以是国家,可以是公社,也可以是生产大队、小队,个人自由的流动是与集体的"计划"相悖的,因而这种流动不管是地理上的流动,还是职业上的流动,都是不允许的。由于不同职业的社会政治、经济地位有很大的差异,身处社会政治、经济地位低层的社会个体有强烈的向上流动的动机。为了限制这种流动,同时也是为了"有计划的流动",国家颁布了一系列限制、控制流动的法律、法规和政策,如《中华人民共和国户口管理条例》、《中共中央关于粮食统购统销的决议》,等等。这使得任何国家"计划"外的社会流动几乎不可能发生。由于工业和城市的发展,也有些社会成员在国家的"计划"安排下,实现了流动。人民政府在 20 世纪 50 年代,通过一系列的社会运动实现了对社会的全面重构,人为地对社会各个阶级、阶层进行了界定。在原有社会的统治阶层都被打倒后,一些人通过革命实现了在社会等级结构中地位的上升。在新社会,每个成员都被贴上特定的"标签",每一个阶级、阶层都有自己特殊的政治、经济和社会地位。各个阶级、阶层之间跨边界的流动是非常困难的。那些个人的奋斗目标与组织目标一致、作为认同组织目标并且获得成功的个人,才可能由于被树为"典型"而实现跨边界的流动。当然,更多的流动是在"组织"的名义下,被掌握这种机会的人作为一种谋利的手段而使用。[1] 由于实现了对社会生活的全面控制,在人民公社时期,个人任何向上流动的机会(招工、升学、参军、提干,甚至当民办教师、赤脚医生、技术员、社队企业工人,等等)都掌握在组织手中,农民个人的自由流动被控制在最小的范围内,社会各阶级、阶层之间也是壁垒森严、难以逾越的。从社会成员的自由流动性和阶级结构的开放性方面来看,人民公社的制度设计和实践远离现代化的要求。

---

① 在人民公社时期,全国共有 5 万多个公社和 69 万个大队,按每个公社 30 名干部,每个大队 10 名干部计算,全国就有 150 多万名公社干部和 690 多万名大队干部。(凌志军:《历史不再徘徊:人民公社在中国的兴起与失败》,人民出版社 1997 年版,第 332 页)除了他们的法定利益,他们还会利用手中的各种资源进行以权谋私的活动。张乐天在关于人民公社的研究中证实,以权谋私现象在 20 世纪 60 年代的浙北农村大量存在。(张乐天著:《告别理想——人民公社制度研究》,东方出版中心 1998 年版,第 119 页)从 20 世纪 50 年代的干部"特殊化"到 20 世纪 80 年代的"不正之风"及 90 年代的干部腐败,干部以权谋私是一脉相承的。实际上高度集中而又缺乏有效监督的权力,从它产生的那一天起就存在着被滥用的可能性,而这种可能性随着国家权力不断向农村扩张而逐步变成现实。(崔效辉:"从国家与农民之间的关系理解中国农村的'内卷化'",《二十一世纪》(香港)2002 年第三期)

## 第三节　对乡村建设理论的继承性批判

### ——日本、韩国以及我国台湾地区的农村现代化

梁漱溟的乡村建设理论是关于中国如何实现现代化的一种设计，是有关国家富强、民族振兴的一整套设计方案。梁漱溟认为，20 世纪上半叶中国社会的崩溃源于中国文化的失败。必须把引自西方的"团体组织"和"科学技术"应用于乡村，构造新的社会组织，复兴农业，从农业引发工业，实现国家的工业化，才能完成中国的文化重建和民族复兴。乡村建设理论只是在 20 世纪 30 年代进行了短时间的实验，从实验结果来看，乡村建设理论应该是有生命力的。在中国以后的现代化进程中，没能对这一理论再进行实验，因此，要审视这一理论和实践的现代化取向，除了度量这一理论和实践本身以及后来者的农村现代化的设计、实践外，还可以有另外一种审视的角度，那就是考察 20 世纪上半叶与中国有可比性的国家或地区，看一看它们在农村现代化进程中是如何设计、如何实践的，其结果又是怎样的。20 世纪上半叶与中国农村经济、社会发展有可比性的是日本和韩国而大陆与台湾地区也有可比性。它们在农村现代化的进程中多多少少可以看出梁漱溟乡村建设理论的影子，这可能是不谋而合（日本、韩国），也可能是对乡村建设理论的某种批判、继承（我国台湾地区）。现就日本、韩国以及我国台湾地区的农村现代化中的理论、实践与梁漱溟乡村建设理论作一个简要的横向对比。

在大陆时期，国民党农村政策总的来说是失败的，作为对这种失败的反省，以及对大陆时期某些农村政策经验、教训的吸取，①1949 年后，国民党在台湾开始推行以"土地改革"为核心的农村发展新政策。

在内忧外患不断的 19 世纪，清政府财政需求急剧增长，在田赋征收数额不变的情况下只好开征新的税种，清末的"新政"使国家财政更加困难。为支付各种"新政"事业的开支，政府不得不向农村临时摊派，在清王朝覆灭前的 1909 年，向农村的摊款已经合法化了。在田赋和田赋附加之外，层出不穷的摊款已成为农民的一种沉重负担。辛亥革命后，中央政府试图改革县政，裁撤无薪水而只靠盘剥农民生存的各种"经纪人"，但收效甚微，因为很快到来的军阀混战，要求对农民进行更多的榨取，旧体制下的各种"经纪人"很快又在新体制下找到了自己生存的位置。全

---

①　可以肯定的是，国民党在台湾的土地改革，吸取了乡村建设运动中由地权不均带来种种困扰的教训，在大陆负责管理、协调乡村建设事务的"农复会"，主持了在福建龙岩的土地改革实验，在台湾也参与土地改革方案的制订。同乡村建设运动的全方位社会改造的思路不同，"农复会"认为由于已经有了稳定的国家政权，"农复会"的工作重点是农业发展中的"技术"问题，而不是"社会"问题。李国鼎著：《台湾的现代农业》，东南大学出版社 1996 年版。[美]吴相湘著：《晏阳初传——为全球乡村改造奋斗六十年》，岳麓书社 2001 年版。

国大小各派军阀为争夺政权和地盘,连年厮杀。为筹措军费,弥补巨额财政亏空,大举强征各种苛捐杂税。这些负担很大程度上都落在农民头上。① 除了田赋和田赋附加外,向农民增收的各种摊款日益增多,"随着摊款的经常化、正规化,出现了为人所痛恨的所谓'白地摊款'",②正因为摊款不属于正规的财政预算,财政规章难以约束。"在摊派过程中,各级国家经纪人为饱私囊而层层加码,故很难弄清摊款的真正用途。"③

南京国民政府成立以后,其强化国家机器的各种措施给农村中的"土豪劣绅"提供了各种贪污中饱的机会,在农村中形成了一个靠征收苛捐杂税而赢利的"土豪劣绅"阶层。南京国民政府行政院在调查后承认,各种苛捐杂税是农民的心腹之患且危害严重,并在 1934 年召开的第二届全国财政会议上下令不得开征新税种,并且附加税总数不得超过正税。④ 就连蒋介石也抱怨说:政府开支持续上升,任何一项计划开始都要举办新税,附加税经常因需要而成为固定税,各种杂税也被创造出来,有时(地方政府)随意征收无名目的税,结果税项极多,人民在这种重税压迫下苦不堪言。⑤ 持续激化的人地矛盾,沉重的苛捐杂税,连续不断的自然灾害和帝国主义剩余农产品的大量倾销,终于导致了 20 世纪 30 年代初期中国农业的全面危机,甚至连一向较为富庶的无锡、湖州等处,都发生了无法弹压制止的农民抢米风潮,由此可见当时中国农村的凋敝程度。⑥

孙中山先生的"平均地权"和"耕者有其田"的土地纲领,在北伐期间曾广泛地动员了珠江和长江流域各省轰轰烈烈的农民运动。但南京国民政府成立后,国民党并未认真执行这个纲领,虽然国民政府也颁布了一系列有关土地问题的法规、政令,在局部地区进行了一些土改实验。抗战开始后,国民政府对土地政策作了相应的调整,并于 1938 年颁布《战时土地政策大纲》,又于 1941 年制定《土地政策战时实施纲要》。国民党战时土地政策的一个重要变动就是倡导扶植自耕农,并在全国部分地区进行了实验,当时被认为成效最显著的实验区包括甘肃兰州的湟惠渠灌区、重庆市的北碚区和福建省的龙岩县。⑦这一政策的另一个重大变革就是田赋征

---

① 黄逸平、虞宝棠编:《北洋政府时期的经济》,上海社会科学院出版社 1995 年版,第 303 页。

② 意指没有任何理由的、仅是因为"需要"而向各村庄征收的摊款,这种摊款以村庄为单位,根据各村耕地多少来决定摊款数额,具体数额如何分摊由村庄自己决定。[美]杜赞奇著《文化、权力与国家:1900—1942 年的华北农村》,江苏人民出版社 1996 年版。

③ [美]杜赞奇著:《文化、权力与国家:1900—1942 年的华北农村》,江苏人民出版社 1996 年版,第 70 页。

④ [美]易劳得(E. Lloyd)著:《流产的革命:1927—1937 年国民党统治下的中国》,中国青年出版社 1992 年版,第 239 页。

⑤ [美]易劳得(E. Lloyd)著:《流产的革命:1927—1937 年国民党统治下的中国》,中国青年出版社 1992 年版,第 254 页。

⑥ 梁漱溟著:《梁漱溟全集》(第二卷),山东人民出版社 1989 年版,第 504 页。

⑦ 成汉昌著:《20 世纪前半期中国土地制度与土地改革》,中央档案出版社 1964 年版,第 261 页。

实。抗日战争爆发之前,田赋是地方政府的税源且以现金缴纳,抗战爆发后,由于中央政府原有税源枯竭,财政困难,加上受战乱影响,粮价高涨,军民粮食供应困难,因此,政府决定将田赋征收的权力收归中央,并由征收现金改为征收实物。在实行田赋征收后,又对富户进行粮食征购和征借,是为粮食"三征"。"三征"的推行,对解决政府财政困难、动员社会力量参加抗战、保证军粮供应等都起到了重大的作用,因此,被认为是"国民政府在抗战期间推行最广泛、成就最突出的一项土地政策"。① 但它无疑又加重了农民的负担,"土豪劣绅"往往利用自己在农村的有利社会地位把负担转嫁到一般农民头上。很显然,国民党战时土地政策是以增加政府收入为重点,而不是以解决土地问题、培植农民生计为重点。就连国民党自己也承认"在抗战期间,农民出钱出力,贡献最大,而生活最苦"。②抗战胜利后,农民仍未能得到休养生息的机会,接踵而来的内战产生出名目繁多的军事摊款、壮丁和差役的征发及更多的苛捐杂税,再加上封建地租和高利贷的残酷剥削,造成农村元气耗尽,民力枯竭,经济迅速崩溃。

为对抗新中国轰轰烈烈开展的土地改革,败退到台湾的国民党,痛下决心进行"土改"。其基本做法就是用渐进温和的方式,以消灭封建土地所有制度、培植自耕农为目的,变"大地主、小佃农"为"小地主、大佃农"。为此,从1949年上半年国民党即将败退台湾之际开始,由主政台湾的陈诚拉开了"土改"的序幕,其全部过程包括"三七五减租"、"公地放领"和"耕者有其田"三个部分。

鉴于台湾土地兼并严重、佃租率高的特点,抗战期间曾主政湖北,推行过"二五"减租的陈诚,于1949年4月14日推动台湾省议会通过《台湾省私有耕地租用办法》,并正式公布实施。《办法》规定,把佃农收成的25%作为生产成本,余下的75%地主与佃农平分,地主和佃农各得收获物的37.5%,这就是"三七五减租"。陈诚在其所著的《台湾土地改革纪要》中称,减租的主要内容是要减轻租额负担,保障佃农权利,兼顾地主利益。③ 为扶植自耕农,改革土地制度,促进土地的利用。陈诚又于1951年初全面推进公地放领,把台湾公有土地(占土地总面积的21%强)放领给无地或少地的农民。地价数额为放领土地全年正产物价格的2.5倍,分十年还清,不计利息,交付的地价按稻谷实物计算。④ 1952年底,台湾的土改进入第三阶段,由陈诚主持通过的《实施耕者有其田条例草案》,决定征收地主的土地,交给农民承领,其办法是:地主可保留私有或出租耕地水田3公顷、旱地6公顷,超过限额的部分由政府征收,放领给现耕农民,地价与放领的公地相同,其中三成付给

---

① 成汉昌著:《20世纪前半期中国土地制度与土地改革》,中央档案出版社1964年版,第263页。
② 中国国民党第六次全国代表大会《对于政治报告之决定案》,载《中国国民党历次代表大会及中央全会资料》(下册),光明日报出版社1985年版,第961页。
③ 陈诚著:《台湾土地改革纪要》,台湾中华书局1961年版,第21页。
④ 孙宅巍著:《陈诚晚年》,安徽人民出版社1996年版,第108页。

实物土地债券,七成付给公营事业股票。①

国民党在台湾进行的土地改革,基本上以有利于农民的方式解决了台湾的土地问题,培植了庞大的自耕农群体,减轻了农民负担,使社会财富发生了有利于农民的分配,地主在失去土地后,把所得地价款投向了工商业,促进了台湾工商业的发展。从 20 世纪 60 年代起,台湾开始实行以"出口导向"为主的经济发展战略,工业化进程明显加快,经济结构开始转型,台湾逐步从一个农业、农村社会过渡到工业、城市社会,职业农民的人数大大减少,此后台湾农业所遇到的问题基本上是规模经营、国际化、产业化等方面的问题,农民问题不再成为台湾的一大社会问题。

台湾以渐进和平方式完成的土地改革,与梁漱溟的主张基本一致。梁漱溟认为中国的土地问题包括三个方面:"一、耕地不足问题——质言之,人多地少;二、土地使用太不经济的问题——此指农场面积狭小零碎,分散杂错,既减少耕地面积,又妨碍耕作,不便灌溉,有阻农业进步,弊害甚大;三、土地分配不均问题——此问题南北各省情形不同,问题严重到如何程度也传闻异同。"②梁漱溟认为土地分配不均与土地的私有制有关,但实行土地公有制的条件在当时尚不具备,"今日所得而行之,只是耕者有其田和土地的合作利用,这两点是我们应当积极进行,不容稍缓的。"③要解决土地问题,就要有解决土地问题的政治力量,"有了这个,才能从法律上设为种种限制,裁抑地主,终使其土地出卖;而同时奖励自耕农,保护佃农。有了这个,才能建立完整的农业金融系统,给长期金融贷款于农民以购地。"④

台湾在完成土地改革的同时,也对日本统治时期的农会进行了改造,⑤使之成为农民自己的组织,也成为农民与市场联系的中间桥梁,农业技术的改善、推广、农业教育、金融服务等都由农会负责。土改后台湾的"农会是一个重要的机构,其重要性仅次于乡公所"。⑥台湾土地改革对于促进农业发展贡献巨大,"一方面达成了农业部门内土地之重新分配,并使所得分配趋于平均。另一方面则促进农业生产提高了农村购买力,为经济发展奠定了良好的基础。"⑦土地改革基本上实现了

---

① 孙宅巍著:《陈诚晚年》,安徽人民出版社 1996 年版,第 188 页。

② 梁漱溟著:《乡村建设理论》,《梁漱溟全集》(第二卷),山东人民出版社 1989 年版,第 529—530 页。

③ 梁漱溟著:《乡村建设理论》,《梁漱溟全集》(第二卷),山东人民出版社 1989 年版,第 531 页。

④ 梁漱溟著:《乡村建设理论》,《梁漱溟全集》(第二卷),山东人民出版社 1989 年版,第 531 页。

⑤ 1949 年初,"农复会"向省政府建议三事:1. 新农会的活动范围与任务必须妥为规定,务使在新环境中能有适合其新责任、新工作的方案。2. 农会的正当经济来源必须恢复并加以保障。3. 对于农会人事的管理,农会各种设备的运用,与农会业务的管理法规等,政府均不应忽视,应以极大决心贯彻农会合并改组计划。农会改组被认为是"农复会"除土地改革以外的又一大社会改革。[美]吴相湘著:《晏阳初传——为全球乡村改造奋斗六十年》,岳麓书社 2001 年版,第 451 页。

⑥ [澳]丁·布鲁斯·家博著:《台湾乡村地方政治》,南京大学出版社 1992 年版,第 36 页。

⑦ 李国鼎:"小地主、大佃农:租佃制度自由化——台湾刻不容缓的农地改革制度之一",《联合报》(台湾)1988 年 11 月 14 日。

"以农业培植工业,以工业发展农业"①的目的,与梁漱溟所主张的"从农业引发工业,更从工业推进农业"②有异曲同工之妙。台湾土地改革的经济和社会贡献也可细分为以下几个方面:地主所有制的消亡,农业产量的提高,农场经营多样化,农民收入增加,生活水平提升,教育事业和农村卫生保健事业有长足的进步,农民的社会地位提高,参与公共事务的兴趣增加。③

　　总之,国民党在台湾,以和平渐进的方式完成了梁漱溟认为不可能完成的土地改革,并在复兴农业以后,引发了工业(农民购买力的提高、地主卖地的大部分资金投向了工商业),农民组织了农会,农业技术的改良、水利、农业金融、农业教育等都由农会来负责。由于农民收入的提高,农村的教育和公共卫生事业也有了长足的进步,基本上实现了梁漱溟把"科学技术"和"团体组织"引入农村,实现农村现代化的这种设想。

　　日本是个岛国,耕地面积只占全部国土面积的 13.6%,1994 年,全国人均耕地面积仅 0.39 公顷。日本战前土地集中化程度很高,无地少地农民占农村人口的多数。日本战后在美国占领军的命令下,于 1946 年 10 月通过了《自耕农创设措施特别法方案》和《农地调整法修改方案》,其主要内容是:(1)对不在村地主的土地不予承认,其土地全部由国家征购;(2)在村地主的自耕地最多保留 3 公顷;(3)超过保留标准的土地由国家强制收买,优先出售土地给原有佃农;(4)佃耕地租全部改为货币制,地租分别为水田收获物的 25% 和旱田收获物的 15%;(5)保障农民的耕作权,土地的买卖和借贷需得到市町(镇)农地委员会的认可。④ 这与我国台湾地区在 20 世纪 50 年代初期实施的以"三七五减租"、"公地放领"和"耕者有其田"为主要内容的土地改革,在实质上并无多少差别,与梁漱溟在 20 世纪 30 年代所设想的"裁抑地主,终使其土地出卖;而同时奖励自耕地农"的土改原则也是基本一致的。政府从地主手中收买土地,以低价卖给农民,使几乎所有的农民都有了面积基本相等的归自己所有的土地。政府在财政、金融、价格等方面对自耕农的小规模经营给予支持和保护,从而使小规模农户经营作为日本农业最基本的微观经营组织形式得以巩固和维持下来。⑤ 日本农地改革"彻底瓦解了战前延续下来的寄生地主制,使农村的经济、社会和政治关系发生了很大的变革"⑥。

---

①　孙宅巍著:《陈诚晚年》,安徽人民出版社 1996 年版,第 111 页。
②　梁漱溟著:《乡村建设理论》,《梁漱溟全集》(第二卷),山东人民出版社 1989 年版,第 506 页。
③　李国鼎著:《台湾的现代农业》,东南大学出版社 1996 年版,第 66—69 页。
④　焦必方主编:《战后日本农村经济发展研究》,上海财经大学出版社 1999 年版,第 28—29 页。
⑤　周维宏主编:《中日农村经济组织比较》,经济科学出版社 1997 年版,第 107—111 页。
⑥　焦必方主编:《战后日本农村经济发展研究》,上海财经大学出版社 1999 年版,第 30 页。

日本在战后制定并实施了一系列国土综合开发计划，①国家对工业、农业和社会的发展给予宏观指导，对日本的现代化进程产生了积极的影响。在进行国土综合开发的计划指导下，日本于1961年对此前的农业政策作了一定的调整，制定了《农业基本法》，把国家农业政策的最终目标规定为："改善农业与其他产业的生产力差距，提高农业生产力，并增加农业就业者的收入，使其能与其他产业就业者享受平等的生活。"②在《农业基本法》的保护下，战后日本农业获得了空前的发展，且这种大发展也是在向非农产业和城市大量提供劳动力和耕地的前提下取得的。在1960—1985年间，日本在农业中就业的劳动力由1,196万人减少为444万人，耕地面积由607.1万公顷减少为524.3万公顷，而同期的农业产值由19,148亿日元猛增为116,295亿日元，增长近5.1倍，与之相应，每一农户的年平均收入由44.9万日元猛增至691.6万日元。③

日本农业的发展和农民生活水平的提高，在很大程度上要依赖日本工业的高速发展。在明治维新后，国家大力倡导发展工业，在农村中有以传统农村工业为基础而发展起来的工业，在战争期间，日本政府把许多工厂疏散到农村，战后有一部分就留了下来。为防止城市人口的过分集中和农村人口的过疏化，日本政府也采取政策鼓励工厂"下乡"，"这些外来的企业通过系列承包制与农村地区的中小企业结合起来，形成了一元化的产生结构，并对地区的经济结构、地方财政和居民生活生产了重大影响。"④这种影响表现为，随着日本工业化和城市化进程的推进，日本农民人数在下降的同时，兼业化程度很高，而且以非农业收入为主的农民占日本农民的大多数，在日本传统意义上的"农村"已经不存在了，作为新的社会形态的是"区域社会"。日本战后农业的发展还与农业协同组合在农村中的作用分不开。日本战后的农业协同组合（农协）是农民自愿结合的组织，分为基层农协、农协联合会及农协中央会三大层次。按其业务对象和经营范围不同又可分为综合农协和专业农协。综合农协以本地区的农家为服务对象，业务包括所有农业部类，且经营范围很广，不仅包括购销，信贷，保险，农产品加工，存储，农村工业，技术指导，农业信息，还包括生活服务，医疗卫生，等等。在日本经济进入高速增长时期后，农协适应农业专业化、机械化和市场化的需要，在组织机构、农产品流通形式、副业范围等方面不断调整，不失时机地发挥自身优势，依循政府的农业政策，采取一系列相应的措施促进了日本农业的发展，为振兴日本经济、改善农民生活做出了重大贡献。日

---

① 1950年日本制定《国土综合开发法》，1961年制定《全国综合开发计划草案》，简称"一全综"，后来又陆续有"二全综"、"三全综"、"四全综"。李国庆著：《日本农村的社会变迁——富士见町调查》，中国社会科学出版社1999年版，第48—70页。

② 焦必方主编：《战后日本农村经济发展研究》，上海财经大学出版社1999年版，第6—7页。

③ 焦必方主编：《战后日本农村经济发展研究》，上海财经大学出版社1999年版，第107页。

④ 李国庆著：《日本农村的社会变迁——富士见町调查》，中国社会科学出版社1999年版，第130—140页。

本农协既改善了农民的交易地位,又减轻了市町(乡)政府的行政负担,承担了农村主要的经济功能。① 日本从 20 世纪 60 年代后期开始重视国民的社会保障,教育、安全、医疗制度等各种保障都由地方行政机构负责,村落的经济功能也由"农协"承担,这样,村落就成了村民日常生活的场所。"在今天的村落社会,自治组织以及各种社会团体仍然保持着严密的组织,②而且充满活力,村落社会成为居民日常生活中相互扶助和感情交流的场所。"③

通过分析,可以发现日本农村现代化的努力,与梁漱溟乡村建设要达成的目标应该是一致的,梁漱溟主张复兴农业,从农业引发工业,完成国家的工业化,实现国家的富强和民族文化的复兴。日本农业和农村现代化的道路与梁漱溟给中国设计的方案在目标取向上基本相同,其区别在达成目标的手段。这种区别源于中日两国不同的文化、历史传统和不同的农业政策。经过战后几十年的发展,日本农业已于 20 世纪 70 年代步入现代化,农村社会的现代化水平也相应提高,农村人口的生产生活条件、收入水平、居住环境质量等与城市居民趋于一致,甚至在某些方面超过城市。④

梁漱溟在乡村建设理论及其实践中,特别强调社会力量的作用,而极力排斥政府的作用,这一方面源于其早年的生活经验,另一方面也是因为在当时没有实现真正的国家统一,梁漱溟所期望的"统一的国权"建立不起来,国家对社会来说是一个"他者",只会剥削、压迫人民,而不能给人民带来任何的福利。因此在乡村建设理论和实践中,梁漱溟就把很多属于只有政府才能提供的"公共产品",如治安、教育、卫生等方面事务纳入社会力量所承担的范围内,这是没有办法的办法。梁漱溟深感在中国地权不平均所带来问题的严重性,但又不敢奢望政府可以出面解决这个问题,于是,只好退而求其次,希望通过合作的办法解决中国农村的土地问题。与中国不同,日本在明治维新以后就建立了稳定而强大的中央政府,即使在战败后,政府的权威也未受到动摇,这是 20 世纪 50 年代以前,中国现代化进程中最缺乏的要素。日本政府在战后,很重视农业在国家发展中的地位,在美国占领军的压力下对农村的土地制度进行了彻底变革,奠定了日本农业现代化的基础。日本在《农业基本法》中规定了农业政策的目标,这一目标是要提高农业生产力,让农民和从事

---

① 周维宏主编:《中日农村经济组织比较》,经济科学出版社 1997 年版,第 113—117 页。
② 在人口只有 600 多人的新田村,有各种社会组织多达 30 多个,每一个人都能找到自己的归属团体,并通过这些组织与其他村民联系起来。自治性团体有实年会、壮年团、天神讲(天神是日本的学问之神,这是关于小学生的组织和活动)、丧葬组。半行政半自治团体有老人俱乐部、青年团、妇女部、消防团、创和会新田支部等。李国庆著:《日本农村的社会变迁——富士见町调查》,中国社会科学出版社 1999 年版,第 249—257 页。
③ 李国庆著:《日本农村的社会变迁——富士见町调查》,中国社会科学出版社 1999 年版,第 3 页。
④ 甘巧林、陈忠暖:"日本农村现代化概述",《世界地理研究》1999 年第 1 期。

其他职业人能享有平等的生活。① 日本政府在农村现代化进程中的作用主要有以下几个方面：适时制定和调整农业政策；加强农业科学研究和技术推广，指导和推动农业的科技化；在财政金融上给农业特殊的支持；农业保护水平高，保护了处于弱势地位的农业；利用"农协"来贯彻政府的政策。② 日本"农协"作为一种社会中介组织，在日本农村现代化进程中发挥了重要作用，这一组织不仅仅是梁漱溟所期望的"合作社"，而且是一种综合组织，很像梁漱溟在乡村建设理论和实践中所设计的"团体组织"在中国农村的实现形式："乡农学校"。日本"农协"是一种农民的自治组织，是分散的小农进入市场的中介桥梁，它极大地提高了农民在市场交易中的谈判地位。分散的农户难以抗衡较大的自然灾害，经不起市场风浪的冲击，缺乏与市场广泛联系的中间环节，因此极需要各种社会化的中介服务，"农协"或农民合作社正好可以大显身手。它在农产品的加工、运销和农用生产资料的采购，推广农业科技、开展农业教育及组织生产协作等诸多领域都可以有所作为。从日本"农协"的实践来看，它不仅提高了农民在市场交易中的谈判地位，也作为农民利益的代言人同政府进行博弈，从政治上提高了处于弱势地位农业和农民的政治地位。③

韩国是除日本以外，农村现代化事业卓有成效的一个国家。1991 年韩国总人口 4326.8 万，农业人口 607 万，占全国人口的 14%。国土面积 992.6 万公顷，耕地面积 209.1 万公顷，占国土面积的 21%，平均每户农家耕地面积 1.23 公顷，人均耕地 0.038 公顷。④ 韩国进行了成功的土地改革，使韩国农业得到了恢复，1950—1961 年间，稻谷产量年递增 5.1%，韩国粮食自给率达到 85%。20 世纪 60 年代，韩国启动了以"出口导向"的工业化战略，韩国工业化和城市化的步伐大大加快。同一时期，政府忽视了农业的发展，粮食和供应加工业的农产原料严重不足，在 60 年代，政府收购农民的大米和小麦的价格只有市场价格的 75%。⑤ 同城市相比，韩

---

① 这一政策目标与欧盟各国的农业目标比较一致，而不同于我国的农业政策目标。例如，美国农业政策的目标是：提高农业劳动生产率；增加和稳定农场收入；增进农村福利和农村发展。欧盟农业政策目标是：通过技术进步及对生产要素特别是劳动力的最佳利用来提高农业劳动生产率；通过提高农业劳动者的收入，保证农业人口的生活在一个较高的水平上；稳定市场；保证供应的可靠性；保证消费者以合理价格可以得到供应。我国虽然强调"农业是国民经济的基础"，但农业的作用是工具性的。宣兴云、王春法等著：《西方国家农业现代化透视》，上海远东出版社 1998 年版，第 162 页。

② 张文伟："论二战后日本小农体制与农业现代化"，《上饶师范学院学报》2001 年第 2 期。

③ 日本国内大米价格长期居高不下，最高时是国际大米价格的 10 倍，欧盟各国为保护农产品市场还共同制定了农产品交易的"门槛价格"。日本"农协"被称为自民党的"票仓"，农民人数虽少，却拥有四分之一的选票，自民党为保住自己第一大党的执政地位，就不得不在农业政策方面向农民做一定的让步。日本政府反对开放国内农产品市场的态度如此坚决，就与此有关。宣兴云、王春法等著：《西方国家农业现代化透视》，上海远东出版社 1998 年版，第 169—170 页。在"WTO"最近一轮关于农产品的"多哈谈判"中，美国和欧盟各国都反对削减自己国内的农业补贴，导致谈判无果而终。"'WTO'专家程国强作客新浪"，http://www.finnce.sina.com.cn

④ 姜会明、刘联顺："韩国农业发展与农业政策"，《农业经济》1994 年第 8 期。

⑤ 姜会明、刘联顺："韩国农业发展与农业政策"，《农业经济》1994 年第 8 期。

国的农村在 20 世纪 60 年代,农民收入低,生活艰苦,居住简陋。城乡收入的巨大差距,吸引大量青壮年农民进城。面对城乡之间巨大的发展差距,韩国政府在 20 世纪 70 年代初把农村开发列为国家发展战略,开展了轰轰烈烈的"新村运动"。

为推进"新村运动",韩国 1972 年成立了专门的研究院实施新村教育。通过培养新村运动的指导员,成立社区新村学校,对农民进行教育,以"勤勉、自助、合作"为"新村运动"的宗旨,以"摆脱贫困,走向富裕"为"新村运动"的目标。① 研究院于 1990 年改名为"韩国新村运动中央研究院",中央研究院的教育内容侧重精神训练,对象不分职业、年龄,从国会议员、内阁部长、到社会各界领袖与新村运动指导员、骨干农民一起,参加内容、形式都相同的培训。全体学员都集体住宿,穿统一的制服,有统一的纪律和统一的行动,每天早上 6 点钟起床,唱国歌,做操,跑步,受到了直观、生动、互相教育、相互启发、互相鼓励的效果。"新村运动"的实质就是振奋国民精神,提高国民素质,培养国民的上进心,冲破贫穷与灰心丧气的过去,积极投身以增加收入、提高生活质量为目的的社会改革和经济开发运动。② "新村运动"的重点在于"精神启发",始终将"勤勉、自助、合作"作为一种民族精神加以启迪,唤醒国民,克服小农固有的懒散、易于满足的陋习,培养勤俭节约、自主自助、相互信任、相互帮助的良好社会风尚。韩国"新村运动"的组织者、指导员,甚至基层单位的工作骨干,在运动中身体力行,努力工作,不计报酬,团结合作,自信自强,对"新村运动"的开展及韩国农村现代化起到了极大的推动作用。③

韩国学者 In-Jong whang 认为,"新村运动"就其目的来讲,它"并不是被设想为提高经济生活水平,为农民提供以前不曾享受过的舒适的乡村现代生活",而是旨在通过对农民的价值观的改造,使得农民的精神提高与其生活水平的上升同步进行。④

"新村运动"初期,政府设计了 20 多种改善农村生活环境的工程,如桥梁、公共浴池、饮水工程、洗衣池、修筑河堤、乡村公路、新村会馆等,让各地农民根据自己的实际情况,选择适合当地需要的项目,政府免费向各村发放一定数目的水泥和钢筋支持这些项目。⑤ 1973 年,政府开始对不同情况的乡村进行分类,全国的乡村分为三类:一类是基础村,新村运动的内容是继续改善生活环境,培育自助精神;二类是自助村,运动的内容是改良土壤,疏通河道,改善村镇结构,发展多种经营,扩大农业收入;三类是自立村,运动的内容是发展乡村工业、畜牧业和农副业,鼓励和指导

---

① 沈文化:"借鉴韩国新村运动经验,搞好我国的科教兴农工作",《北京农学院学报》1997 年第 3 期。
② 刘培棣:"韩国新村运动 26 年",《世界农业》1997 年第 4 期。
③ 沈文化:"借鉴韩国新村运动经验,搞好我国的科教兴农工作",《北京农学院学报》1997 年第 3 期。
④ 马学亮:"韩国'新村运动'初探",《临沂师专学报》1995 年第 2 期。
⑤ 卢定恕、沈秋兴、孙哲、李水山、许世里:"韩国农业发展与新村运动"《中国农学通报》1997 年第 6 期。

农民采用机械化、电气化、良种化等先进技术,指定生产标准,组织集体耕作,建立标准住宅,修建简易供水、通讯和沼气等生活福利设施。[①] 通过 20 年的努力,"新村运动"取得了令人瞩目的成果,韩国国民的整体素质大幅提高,实现了经济起飞,城乡发展的差距大为缩小。根据世界银行 1995 年《世界发展报告》和韩国政府的统计资料显示,1993 年韩国 GNP 达 7660 美元,农村居民人均收入达到城市居民的 95%,农村居民的恩格尔系数为 21%,韩国已经达到中等发达国家的水平。可以认为,韩国的"新村运动"是韩国民族突破历史性贫困和外国殖民侵略而进行的一场革命,其目的是通过提倡"勤俭、自助、合作"的精神来建设一个"新社会、新韩国","新村运动"的这一目标已基本实现。进入 21 世纪后,韩国的"新村运动"又进入了第三个阶段,运动初期由政府提倡、督导,带有很强的"官办"性质,目前完全变成了一个全民参与的民间社会运动,并提出了新世纪的更高的发展目标。[②]

韩国的农村现代化事业是以政府为主导、借助"新村运动"来实现的。政府在农村现代化的进程中扮演了重要角色,"新村运动"不仅推进了韩国农村的现代化进程,而且也基本实现了"新社会、新韩国"的战略目标。"新村运动"与梁漱溟领导的乡村建设运动从形式到内容都有许多共同之处。首先,两者都重视农业发展在国家现代化进程的重要地位,梁漱溟认为,农业是立国的基础,必须复兴农业,从农业引发工业,实现国家的工业化,才能完成国家富强和民族文化复兴的历史使命。韩国在 20 世纪 70 年代之前,忽视了农业的重要性,使得城乡发展差距加大,70 年代以后不得不把农村、农业的发展作为一种国家战略加以重视,把农业、农村的发展作为国家发展的根本。其次,两者都重视对农民进行教育,而且都把精神教育放在首位。梁漱溟认为,乡村建设的首要任务就是要启发农民的"上进心",引导农民"人心向上",在乡村建设研究院的课程中安排有"精神陶练"的课程,还利用早上时间给学生讲"朝话",在"乡农学校"的课程中也有精神训练的内容。梁漱溟认为,只有启发了农民的精神觉悟,才能把"科学技术"和"团体组织"引入农村,实现对农村的全面改造。韩国的新村运动研究院也重视对学员的精神训练,把"新村运动"的实质视为振奋国民精神、提高国民素质、培养国民的上进心,而不仅是让农民学会享受现代化的物质生活。第三,两者都通过建立社区学校来教育农民,并把科学技术和合作组织引进农村。梁漱溟是通过建立"乡农学校"来启发、教育农民,再通过"乡农学校"把科学技术和合作组织引进农村。韩国"新村运动"也是通过建立社区新村学校,来推进新村运动的目标的实现,"新村教育"、"农民教育"被认为是韩国

① 拓宏伟、梅良勇:"'建设新乡村运动'与韩国经济的腾飞",《徐州教育学院学报》2000 年第 3 期。
② 卢定恕、沈秋兴、孙哲、李水山、许世里:"韩国农业发展与新村运动",《中国农学通报》1997 年第 6 期。

"新村运动"的重要成功经验。[①] 在"新村运动"中，韩国的"农协"作为农民的自发组织，在组织合作社、推广农业技术等方面起到了重要作用。中国的乡村建设运动与韩国的"新村运动"的主要区别在于，中国的乡村建设运动完全是由民间力量发起的一种社会运动。而韩国的"新村运动"则是在国家发展战略转变以后，首先由政府发起、而后得到全体国民响应的一种运动，在运动的后期才逐渐转变为一种民间运动。

中国的乡村建设运动前后不足 10 年，被日本侵略战争所打断，只留下了有限的建设成果，而韩国的"新村运动"经过 20 多年的努力，基本上实现了韩国农业的现代化，达到了"新社会、新韩国"的战略目标。鉴于韩国"新村运动"成功的经验，不少学者提出中国应该有一场自己的"新农村运动"。[②]

---

① 新村运动成功的秘诀被认为有以下几个方面：指导的献身与努力，组织活动开展得好（包括各种社会团体和农业合作组织），农民教育（面向农民），新村教育（面向全体国民），政府公务人员的努力。[韩国]李秉东、咸永、朴淳永："新村运动的发展与方向"，《中国农学通报》1997 年第 1 期。

② 陆学艺："农村发展新阶段的新形势和新任务——关于开展以发展小城镇为中心的建设社会主义新农村运动的建议"，《中国农村经济》2000 年第 6 期。林毅夫："新农村运动"，《今日中国》2000 年第 3 期。史金善："新农村战略——经济发达地区农村的可持续发展之路"，《仲凯农业技术学院学报》2000 年第 2 期。

# 第六章　新时期中国农村现代化的可能走向

## 第一节　改革以来的农村发展

经过 20 多年的改革开放,中国农村经济有了较快的增长,基本上解决了农民的温饱问题,并有部分地区的农民过上了富裕的生活。但是在温饱型的传统农业走向市场、向现代农业的转变过程中,农业内部的产业结构、农村社会的组织结构和农民在市场交易中所处的地位等都面临着一系列新的问题,这些问题是农村现代化进程中无法回避的问题。

中国有悠久的农耕文明,在传统农业社会中,历代统治者都非常重视农业,在工业革命之前中国拥有世界上无与伦比的先进农业技术和精耕细作的经验,在长达 2000 多年的传统社会中,中国的农业一直养育了世界 25%～30% 的人口。但正是因为拥有先进的农业技术和精耕细作的经验,使得近几百年来,中国人口的增长速度超过了农业的增长速度,农业是在边际效益递减的情况下继续其总量增长的,也就是出现了有增长没发展的"内卷化"状态。[1] 人口的过度增长使中国农民拥有的人均农业资源量在近几百年里大大减少,农业结构长期无法改善,效益难以提高,农民的生活长期维持在仅能糊口的水平,中国农村的经济可称之为"糊口经济"[2]。中国长江流域和黄河流域,光热条件好,降水充沛,土地易于耕作,在先秦时期农业中就有大量铁制农具的使用和牛耕技术的应用,这样的农业生产条件在人口增长率为 1% 时,72 年可使人口倍增,144 年可使人口翻两番,但实际上人口的增长会被周期性的社会动乱所抑制,这使得在 2000 多年的传统农业社会中,中国的人口只能缓慢增长。在"康乾盛世"百余年间,各种阻碍中国人口增长的因素大大减缓,出现了所谓的"人口爆炸",其直接后果之一就是,按当时的生产力水平,人均 5 亩耕地才可维持生存,在中国人口增长到 3 亿后,人口已突破了耕地的承载极限。人丁兴旺历来被视为国家繁荣的表现,但早在 18 世纪末叶,中国的有识之士已开始关注人口与资源的关系问题。在乾隆五十八年(1793),即马尔萨斯《人口

---

① [美]黄宗智著:《长江三角洲小农家庭与乡村发展》,中华书局 1992 年版。
② 顾准著,陈敏之、丁东编:《顾准日记》,经济日报出版社 1997 年版,第 61 页。

原理》第一版问世的前五年,贵州学政洪亮吉写了两篇著名的文章《治平》和《生计》,阐述了许多与马尔萨斯相似的观点,注意到人口的无限增殖与有限耕地之间的内在矛盾。① 在此后的百余年间,中国人口继续增长,并在1853年达到4.3亿。不断增殖的人口加剧了人多地少的矛盾,向边远山区甚至国外移民的运动不断,在所谓"湖广填四川"之后,不断增加的移民使得川陕鄂山区的土地已达到人口的承载极限,后来的移民不得不向农耕条件更为恶劣的滇黔山区转移。② 大量人口垦殖于这些生态条件比较恶劣的地区,既破坏了这些地区的生态环境,也使当地农民的生活长期维持在仅能温饱甚至难得温饱的水平,这些地区也是今天我国尚未脱贫的资源性贫困集中连片地区。

20世纪50年代后,中国进入一个新的历史发展时期,为解决人口问题提供了难得的历史发展机遇。中国人口问题的实质是人口与资源之间的矛盾,就农民问题来说是农民的数量与农业资源拥有量之间的矛盾。20世纪初,中国有以马寅初、费孝通为代表的大批受过现代科学训练的学者,他们清楚地认识到人与资源的尖锐矛盾是中国现代化建设中的"瓶颈"之一,并呼吁要采取相应的措施来缓解这种矛盾。可惜的是他们的呼吁没有得到响应,人口与资源的矛盾在20世纪50年代后进一步激化。在农民人均农业资源大量减少的同时,国家又实行了牺牲农业、剥夺农民的经济与社会政策,这使得农村社会发展长期处在一种"贫血"状态。为实现国家的工业化,国家采取了优先发展重工业的经济政策,在当时的历史条件下,重工业发展所需资金只有来自农业,这样一来,传统、脆弱的中国农业就担负起了推动国家工业化的历史重任。

从1949年到1979年的30年,基本是中国农业集体化实验的时期。在这一时期中国农业的现代化有了一定的进步,主要表现在四个方面:一、农业总产值有较大的增长,1979年全国粮食总产量比1949年增长了1.9倍;二、农业生产条件有了一定的改善,全国共修建了大中小水库84万座,灌溉面积由1949年的2亿亩增加到7亿亩;三、农业技术装备有了显著提高,全国有大中型拖拉机66.7万台,手扶拖拉机167万台,农业年用电283亿度,平均每亩用电19度,每亩用化肥35公斤;四、农业教育和科技事业有了发展,全国农业高等院校共培养了20万人,中等农业学校共培养了54万人。但这仅是农业发展的一个方面,总的来说,我国农业仍然远离现代农业,而具有更多的传统农业的特征。这些特征可体现在这几个方面:一、农业生产水平低。粮食亩产371斤,同期的日本是740斤,英国是610斤。我国每个农业劳动力生产粮食只有2060斤,世界的平均水平是4586斤,我国人均占有粮食只有684斤,而世界平均水平是874斤。从1958年到1979年的22年间,

① [美]何炳棣著:《明初以降人口及相关问题(1368—1953)》,三联书店2000年版,第317页。

② 童星著:《教育科技与知识经济》,南京出版社1998年版,第39页。

我国人均粮食占有增加 22 斤,每人每年增加 1 斤。二、农业的技术装备仍然很差。农用固定资产按农业劳动力人均 240 元,美国是人均 7 万多元,联邦德国是 5.7 万元,苏联是 0.99 万元。三、农业技术力量薄弱。公社一级的农业技术推广人员全国共有 3 万人,平均每个人民公社不到 1 人;此外还有农业发展不平衡、农业结构不合理等问题。① 黄宗智通过对长江三角洲地区人民公社的研究,认为 1949 年后的中国农业是过去 600 年中国传统农业的继续,对农民来说仍然是"糊口经济",农业经济仍处于一种"有增长而无发展"的"内卷化"状态,其"表现在新中国成立后 30 年的经历,农业总产出扩大了 3 倍,而劳动生产率和人均收入几乎全然没有改进"②。与过去不同的是,因为国家控制了全部的商业活动,集体化条件的农业内卷化不再采用商品化的形式,但集体化组织与传统的小农生产一样具有容纳过剩劳动力的组织特征,它不会、也不能像使用雇佣劳动力的资本主义企业那样"解雇"剩余劳动力。中国农业的内卷化状态,在改革后因为乡村工业因素的引入才被打破,"正是乡村工业化和副业发展才终于减少了堆积在农业上的劳动力人数,并扭转了长达数百年的过密化。"③黄宗智的这种观点与舒尔茨的观点是一致的,舒尔茨认为,改造传统农业的关键是要引进新的现代农业生产要素,这些要素可以使农业收入流价格下降,从而使农业成为经济增长的源泉。④ 但是,黄宗智没有回答对那些没有条件发展乡村工业和副业的地区,农业如何摆脱内卷化的状态。从近 20 年的农业发展实际情况来看,中国沿海地区乡村工业和副业发展的经验对全国来说,并不具有普适性,广大中西部农村试图延用沿海地区的经验来发展乡村工业,总的说来是不成功的。也就是说,中国沿海部分地区的农业已经基本上摆脱了过去几百年来的农业内卷化状态,实现了对传统农业的改造,但对全国大部分农村来说,认为这些地区的农业也已经摆脱的农业内卷化状态,实现了对传统农业的改造,这种认识可能会与事实不符。

到 2001 年,全国农村总人口为 9.938 亿人,农村劳动力为 4.823 亿人,农村人口占全国总人口的比重约为 75.0%;2001 年农业总产值 14609.9 亿元,占国内生产总值的 15.2%。这一年,农民家庭人均纯收入为 2253.42 元。⑤ 2001 年农村居民人均生活消费支出为 1741.09 元,中国农民的人均收入和支出每天都不足 1 美元,虽然农村居民的恩格尔系数已经是 47.7%,但总的说来,中国农民仍未摆脱贫困(见表 3)。

---

① "中华人民共和国农业三十年"(1949—1979 年),《中国农业年鉴》(1980 年),农业出版社。

② [美]黄宗智著:《长江三角洲小农家庭与乡村发展》,中华书局 1992 年版,第 11 页。

③ [美]黄宗智著:《长江三角洲小农家庭与乡村发展》,中华书局 1992 年版,第 17 页。

④ [美]舒尔茨(Theodore W. Schultz)著:《改造传统农业》,商务印书馆 1999 年版。

⑤ 国家统计局农村社会经济调查总队,《中国农村统计年鉴》(2002),中国统计出版社。农民家庭人均纯收入为 2000 年的数字。

表3　农村居民生活消费支出细则

| 种类 | 百分比(%) | 实际金额(元) |
| --- | --- | --- |
| 食品 | 47.71 | 830.72 |
| 衣着 | 5.550 | 96.68 |
| 居住 | 16.02 | 279.06 |
| 家庭设备用品及服务 | 4.421 | 76.98 |
| 医疗保健 | 5.548 | 96.61 |
| 交通通讯 | 6.316 | 109.98 |
| 文化、教育用品及服务 | 11.06 | 192.64 |
| 其他 | 3.240 | 56.42 |
| 合计 | 100 | 1741.09 |

资料来源:《中国农村统计年鉴》(2002),第260页。

中国农村经济的发展是不平衡的,有学者认为,改革开放20多年以来,中国农村的经济发展和社会变迁呈现出几种不同的状态:革命(revolution)、演进(evolution)和内卷化(involution,即没有发展的增长)。[①] 到底在哪些地方存在着没有发展的增长呢? 我们可以从中国各地农村经济发展的不平衡中得到答案。如果把各地区农民人均收入水平按省划分,就能明显地看出中国农民收入的差异是很大的。

如果用各地农村居民家庭年人均收入和年人均生活消费支出来区分差异的话,可以清楚地看到中国农村经济发展的梯度特征(见表4、表5)。

表4　各地区农村居民人均纯收入　　　　　　　　　　　　单位:元

| 第一集团 | | 第二集团 | | | | 第三集团 | |
| --- | --- | --- | --- | --- | --- | --- | --- |
| 省、市 | 收入 | 省、市 | 收入 | 省、市 | 收入 | 省、市 | 收入 |
| 上海 | 5870.87 | 山东 | 2804.51 | 吉林 | 2182.22 | 宁夏 | 1823.05 |
| 北京 | 5025.50 | 河北 | 2603.60 | 河南 | 2097.86 | 新疆 | 1710.44 |
| 浙江 | 4582.34 | 辽宁 | 2557.93 | 安徽 | 2020.04 | 青海 | 1557.32 |
| 天津 | 3947.72 | 湖北 | 2352.16 | 四川 | 1986.99 | 云南 | 1533.74 |
| 江苏 | 3784.71 | 湖南 | 2299.46 | 内蒙古 | 1973.37 | 甘肃 | 1508.61 |
| 广东 | 3769.79 | 黑龙江 | 2280.28 | 重庆 | 1971.18 | 陕西 | 1490.80 |
| 福建 | 3380.72 | 江西 | 2231.60 | 山西 | 1956.05 | 贵州 | 1411.73 |
|  |  | 海南 | 2226.47 | 广西 | 1944.33 | 西藏 | 1404.01 |

资料来源:《中国农村统计年鉴》(2002),第266页。

---

① 张小军:"理解中国乡村内卷化机制",《二十一世纪》(香港)1998年第1期。

表5  各地区农村居民人均消费支出                          单位:元

| 第一集团 | | 第二集团 | | | | 第三集团 | |
|---|---|---|---|---|---|---|---|
| 省、市 | 支出 | 省、市 | 支出 | 省、市 | 支出 | 省、市 | 支出 |
| 上海 | 4753.23 | 湖南 | 1990.33 | 内蒙古 | 1554.59 | 新疆 | 1350.23 |
| 北京 | 3552.07 | 山东 | 1904.95 | 广西 | 1550.62 | 云南 | 1336.25 |
| 浙江 | 3479.17 | 辽宁 | 1786.28 | 四川 | 1497.52 | 青海 | 1330.45 |
| 广东 | 2703.36 | 江西 | 1720.01 | 重庆 | 1475.16 | 山西 | 1221.58 |
| 福建 | 2503.97 | 湖北 | 1649.18 | 河南 | 1375.60 | 甘肃 | 1127.37 |
| 江苏 | 2374.66 | 吉林 | 1661.69 | 安徽 | 1412.14 | 陕西 | 1331.03 |
| 天津 | 2050.89 | 河北 | 1429.81 | 海南 | 1357.43 | 西藏 | 1123.71 |
| | | 黑龙江 | 1604.53 | 宁夏 | 1388.79 | 贵州 | 1098.39 |

资料来源:《中国农村统计年鉴》(2002),第269页。

从表4、表5可以看出,以人均收入划分,宁夏属于第三集团,以人均生活消费支出划分,山西属于第三集团,若将这两个省都划入第二集团的话,那么第三集团有新疆、云南、陕西、贵州、青海、甘肃、西藏7省区,与属于第一集团的上海、北京、天津、江苏、浙江、广东、福建等7省市在行政区域的数量上是一致的,其余16个省、市、区则都属于第二集团。从以上两表可以看出,第一集团在地理上属于东部沿海地区,而第三集团在地理上属于西部内陆地区,第二集团则主要集中在中部(当然东部沿海和西北内陆也有第二集团的成员)。这与我国经济发展战略中的东部、中部、西部三个发展阶梯的划分基本上是一致的。

中国农村经济发展水平最高的地区主要是沿海乡村工业或个体私营发达地区、外来投资较多的地区以及能受到大城市辐射的地区,如苏南、浙北、珠江三角地区、京津唐地区等。这些地区已基本上完成了农村的工业化和城市化,城乡差别逐步缩小,正在向城乡一体化迈进。在这些地区二、三产业已开始反哺农业,农民大部分的收入都来自非农产业。但是这些地区农民富裕的经验难以推广到其他地区。2001年中国农村尚有几千万人未能解决温饱问题,这些贫困人口显然属于第三阶梯。温饱有余,富裕不足的主要是属于第二阶梯的6亿多农村人口,他们绝大部分在中西部地区,中国农村或农业的内卷化主要是针对这些地区而言的。

经过20多年的改革与调整,过去一直困扰着中国人民的吃饭问题基本解决,各种农产品的数量和质量都有很大提高,农业的产业结构有了一定程度的改善,乡镇企业异军突起,为农民增加收入提供了新的渠道,农民的生活同20年前相比又上了一个新台阶,沿海部分地区的农民过上了富裕的生活。但在取得这些成就的同时,农业又面临着新的结构性矛盾,农民已不能从农业中获得收入的增加,工资性收入成为农民增收的主渠道,农民的生活消费水平同城市居民生活消费水平的差距继续拉大。在农民收入增幅下降的同时,各项支出却继续增长,尤其是要供养的乡村干部人数已超出了农民的实际供养能力,中国的官民之比已达到了令人难以置信的程度。一方面是增收无门,一方面是支出的刚性,农民在温饱之后的相对贫困化趋势十分明显。20 世纪 50 年代以来,农业担负起推动国家工业化的历史重任,向城市和工业提供数千亿元的资金和大量低价的工业原料,但时至今日,工业和城市并没有反哺农业,农业仍然是面临自然和市场双重风险的弱势产业,不仅城市、工业中的资金没有流向农业,农业本身创造的新价值还继续流向城市和工业。国家现有的农业税收和金融政策使得农业的"贫血"问题更加严重。① 在现有的农业政策条件下,农业结构的进一步调整与农业产业化、规模化、国际化等都成了无源之水。农业的困境和农民从农业中获得收入的减少,促使农民流向歧视和排挤他们的城市。农村青壮年人口大量外流并没有真正减少农村的人口,他们中的绝大部分人只是候鸟式的流动,②但农村的经济与社会活动却因此减少。青壮年进了城妇女、老人、孩子要继续留在农村,使得农村出现了"空壳化"趋势。由于国有企业改革的深化和城市的产业结构的升级,城市的失业、下岗人数大量增加,农民进城务工、经商更加困难。对那些已经在城市务工、经商的农民来说,他们每年要被收取高达数千亿元的各种费用。除此之外,农村干群矛盾激化、治安状况恶化、土地抛荒严重、水土流失、生态恶化、基层政府负债过多等等,在全国范围内都一定程度地存在着,正是面对这种状况才有了"农民真苦、农村真穷、农业真危险"的呐喊,③也才有了今天的中国农村有"你想象不到的贫穷,想象不到的罪恶,想象不到的苦难,想象不到的无奈,想象不到的抗争,想象不到的沉默,想象不到的感动和想象不到的悲壮"之说。④

---

① 2004 年 3 月 5 日,温家宝总理在全国人大第十次全会上宣布,五年内逐步取消农业税。2003 年末和 2004 年初粮食价格普遍上涨,导致农副产品价格、农资价格等全面上涨,使 2004 年的经济增长面临通货膨胀的压力,在这种压力下,学者们多年来要求取消农业税的呼声得到政府的响应。"五年内取消农业税意味着什么",http://www.news.sohu.com

② 这种流动可以被视为新时期城乡之间不平等交换的新形式,农民在年轻的时候到城市打工,但他们并不能成为城里人,在城市从事的是脏、苦、累、险的工作,而且没有任何社会保障,甚至对能否按时、足额地拿到自己的血汗钱也没有把握,在身体受伤、生病以及年老之后,他们必须回到农村去。由于城乡之间的制度隔离,农民不可能同市民一样享受各种社会保障,他们的最低工资也是多年没有提升,在沿海开放最早城市深圳,20 多年来四五百元的最低工资一直没有提高,而这个城市的正式居民的收入早已提高了十数倍了,这验证了诺贝尔经济学奖获得者刘易斯在《二元经济论》中阐明的一个原理,即在二元经济形态中,在没有实现工业化之前,其经济发展的形态是"劳动力无限供给条件下的经济增长",这种经济发展形态在中国因人为城乡隔离制度变得更加严重。[美]刘易斯(W. A. Lewis)著:《二元经济论》,北京经济学院出版社 1989 年版。

③ 李昌平:《我向总理说实话》,光明日报出版社 2002 年版。

④ 陈桂棣、春桃著:《中国农民调查》,人民文学出版社 2004 年版,第 5 页。

## 第二节　发展的困境——农村的过密化

农村现代化所面临的困境,究其根源来说,是因为 20 世纪 50 年代以来没有能够处理好国家(政府)与农民的关系,其直接表现就是确立了以牺牲农民利益为特征、以城市工业发展为目的、以城乡分治为手段的经济发展战略(实际上也是整个国家发展战略的最主要的组成部分),这是今日"三农"困境的根源,也是除沿海部分发达地区以外的广大中西部农村发展缓慢、农民陷入相对贫困状态的根本原因。

20 世纪 50 年代构建的经济发展战略是以国家与农民之间的不平等交易关系为基础的。因为是不平等的交易,所以必须是强制性而非契约性的交易。选择优先发展重工业的战略,就要把有限的农业剩余转移到工业建设上来,因此就要实行计划经济,在农业上就要搞合作化及集体化。计划经济的交易秩序是一种人为设计的秩序,而不是像市场经济的交易秩序那样,是一种自然秩序或曰"扩展秩序"(extended order)。哈耶克认为,"这种扩展秩序并不起源于人类的设想和意愿,而是自发地来到世间:它来自人们对某些传统的实践,尤其是道德实践的无意尊奉。"①显然,哈耶克的这种"自然秩序"是基于自由的社会契约之上的,而与其相对的计划经济,因其交易秩序是人为的设计,完全可能是非契约性的。② 无论是苏联还是中国,计划经济得以实施的前提条件都是革命的胜利。革命无疑是天下最权威的东西,其权威就来自革命的暴力。十月革命胜利后不久,为解决国内的经济困难,苏维埃政府曾在 1918 年夏到 1921 年春大力推行"战时共产主义政策"。这一政策的主要内容是:由国家按严格的集中制原则管理一切工业生产,把全部工业收归国有;实行余粮收集制,要求农民把全部剩余产品交给国家,禁止私人买卖粮食;取消货币流通,实行普遍的义务劳动等。但这一政策引发了一系列经济与社会危机,苏维埃政府不得不实行"新经济政策"。新经济政策的实质是国家资本主义,这一政策在苏联大力推进工业化和农业集体化后成为历史。超高速的工业化以及畸形的工业结构导致苏联的农副产品、特别是粮食短缺,为解决这一问题,苏联的政策是彻底消灭"富农",建立集体农庄。但农业集体化并没有真正解决苏联的农业问题,其粮食产量长时间里无法达到第一次世界大战前的历史最高水平,在卫星上天、原子弹爆炸之后,人民仍要为买面包而排队。

建构国家与农民之间的不平等交易关系,当然会招致农民的反抗,鉴于国家政权对社会的全面控制,农民的这种反抗主要是一种消极的反抗,其表现有两个方

---

① 〔美〕哈耶克(F. A. Hayek)著:《不幸的观念》,东方出版中心 1991 年版,第 1 页。
② 童星、崔效辉:"由强制性关系到契约性关系——试论农村交易基础的变更",《江苏社会科学》2000 年第 5 期。

面,表现之一就是在合作化运动高潮期间出现了"大量出卖或宰杀牲畜的现象"。毛泽东曾在 1955 年 10 月 11 日指出:"我们务必避免苏联曾经犯过的大批杀掉牲口的那个错误。关键在今后两年,主要在今后五个月,就是今冬明春……,因为我们的拖拉机很少,牛是个宝贝,是农业生产的主要工具。"①但各级政府(党委)还是未能杜绝这种现象的发生,这种现象在人民公社化初期又大量出现。其表现之二就是在合作化运动高潮的 1956 年,在浙江温州出现了"包产到户",四川、广东、贵州等地都有实验。在三年大饥荒过后的 1961 年春,"包产到户"又出现在安徽,并很快向其他地区曼延。尽管有农民的消极反抗、领导层的不同意见和学者的批评,人民公社还是成为中国此后 20 多年里农业生产的唯一组织形式,到 1984 年人民公社在中国才成为历史。

农业集体化在中国的推行,很大程度上要依靠渗透到社会基层、无所不在的国家权力。这种强大的国家权力完全吞噬了社会,社会自主发展的空间完全丧失,国家也因此可以对经济和社会的发展进行全面的"计划"。1953 年开始的第一个五年计划,要求把更多的农业剩余转移到工业和城市中来。为此,中国共产党采取了两项措施,其一就是于 1953 年 10 月推行粮食统购统销,后又于 1955 年推行粮食"三定"(定产、定购、定销)。粮食流通由国家垄断,私人经营粮食成为非法,且粮食定购价远远低于市场价格。"每家农户首先得满足国家收购粮食的需要,然后是自己消费、饲料及种子留粮。原则上国家制定统购配额时首先应在产量中扣除家庭的'三留需要',统购不应超过余粮的 80%～90%,实际上地方干部往往把征购指标定得很高,农民根本就没有可供自己支配的余额。"②国家在 20 世纪 50 年代中期制定了农民消费口粮的标准,这个标准虽全国各地略有差异,但若用今天的标准来看也许标准并不低。但是我们应考虑到中国人在食物消费结构中粮食(主要是粗粮)和蔬菜所占比例过高,因此,要保证身体所需要的热量就需要摄入更多的食物。表 6 是浙北盐官地区 1967 年的农民口粮标准。③

---

① 《毛泽东选集》(第五卷),人民出版社 1977 年版,第 205 页。

② 凌志军著:《历史不再徘徊》,人民出版社 1996 年版,第 175 页

③ 政府为人民制定口粮标准,在今天看来是有些滑稽,这一方面说明国家权力的强大,但另一方面说明这个强大的权力尚无法解决人民的吃饭问题,至少在当时是无法解决人民的吃饭问题,才有"口粮标准"之说。1949 年 8 月 5 日国共政权更迭前夕,美国国务卿艾奇逊发表了题为《美国与中国的关系》的白皮书,白皮书认为在过去的两个世纪里,中国的人口成倍增加,使土地不堪负担,没有一个政府能够解决人民的吃饭问题,这是中国革命的主要原因。毛泽东认为"革命加生产"能够解决中国人民的吃饭问题,"中国人口众多是一件极大的好事。再增加多少倍的人口也完全有办法,这个办法就是生产。"并预言"我们相信革命可以改变一切,一个人口众多、物产丰盛、生活优裕、文化昌盛的新中国,不要很久就可以到来,一切悲观论调是完全没有根据的"。《毛泽东选集》(第四卷),人民出版社 1977 年版,第 1400－1401 页。

表 6 盐官地区农民口粮标准

| 年　龄 | 粮　食 | 年　龄 | 粮　食 |
|---|---|---|---|
| 1～3 岁 | 100～170 斤 | 17～19 岁 | 460～520 斤 |
| 4～6 岁 | 200～280 斤 | 20～50 岁 | 600～650 斤 |
| 7～9 岁 | 280～330 斤 | 51 岁以上 | 440～500 斤 |
| 10～12 岁 | 330～380 斤 | 单身汉 | 700 斤 |
| 13～16 岁 | 380～400 斤 | | |

资料来源:《告别理想——人民公社研究》,张乐天著,东方出版社 1998 年版 ,第 252 页。

　　需要指出的是表 6 中的口粮是指稻谷而非大米,尽管如此,当地农民所留口粮也很难达到以上的标准。如果征购过多,农民的口粮不足,政府在必要时会返销一些粮食给农民。

　　为解决粮食问题,提高农业的商品率,把更多的农业剩余转移到工业中来,中共中央采取的措施之二就是大力推进农业的集体化,因为只有把农民组织起来,转移农业剩余的做法才更为有效。为了更有效地从农业中把其剩余转移出来,国家一方面要强制低价收购农副产品,用做工业原料和供给城市居民消费,以扩大工业的利润和降低工人的工资水平,由此形成了巨大的工农业产品的价格"剪刀差"。有人测算,从 1952—1980 年间,"剩余总量中,扣除国家财政用于农业的支出,农业资金净流出量近万亿元,平均每年达 250 亿元"。(参见表 7)

　　另一方面为保证工业化的顺利推进,防止农民向城市流动,又构筑了以户籍管理制度为核心的二元社会结构,阻断了农民流向工业和城市的通道,把大量的农村劳动力堆积在有限的土地上,导致在改革开放以前我国农业始终处在一种有增长没发展的过密化状态。虽然农产品的总量有了很大的增长,但农业劳动生产率长期没有提高,农业的增产主要是靠大量的投入来实现的,人均农产品拥有量也没有实质性的增长。

　　在计划经济时期,农业对国家工业化的贡献主要体现在税收、储蓄和由低价向国家交售农副产品和高价购买工业品而形成的巨额"剪刀差"这三个方面,但这并非农民负担的全部内容。在人民公社时期,农民负担体现的另一方面就是农村的劳动力被无偿或低偿地大量调用,在生产上,农业要服从于国家的计划,农民本身并不能决定种什么、养什么,在农业生产以外,农民还要从事大量的跨行业、跨地区的各种无效或低效的公共工程建设,在"农业学大寨"期间,这种对农村劳动力的滥用更是到了无以复加的地步。[①] 因此,在计划经济时期,农民是既无"钱"也无"闲"。

----

　　① 傅上伦、胡国华、冯东书、戴国强著:《告别饥饿——一部尘封十八年的书稿》,人民出版社 1999 年版。

表7　我国工业化汲取农业剩余的总量

| 年份 | 资金净流出量<br>（亿元） | 劳均资金流出量<br>（元/人） | 年份 | 资金净流出量<br>（亿元） | 劳均资金流出量<br>（元/人） |
|---|---|---|---|---|---|
| 1952 | 52.97 | 30.59 | 1972 | 195.21 | 69.10 |
| 1953 | 64.41 | 36.30 | 1973 | 218.53 | 75.83 |
| 1954 | 77.62 | 42.77 | 1974 | 207.12 | 70.98 |
| 1955 | 73.80 | 39.71 | 1975 | 221.99 | 75.47 |
| 1956 | 75.33 | 40.64 | 1976 | 198.66 | 67.58 |
| 1957 | 86.13 | 44.63 | 1977 | 220.27 | 75.19 |
| 1958 | 124.22 | 80.24 | 1978 | 220.11 | 77.74 |
| 1959 | 133.26 | 81.97 | 1979 | 232.11 | 81.08 |
| 1960 | 124.40 | 73.19 | 1980 | 278.62 | 95.69 |
| 1961 | 74.28 | 37.65 | 1981 | 289.26 | 97.16 |
| 1962 | 101.73 | 47.85 | 1982 | 266.53 | 92.87 |
| 1963 | 99.22 | 45.21 | 1983 | 293.28 | 94.17 |
| 1964 | 130.04 | 57.09 | 1984 | 257.13 | 83.32 |
| 1965 | 140.32 | 60.04 | 1985 | 431.80 | 138.82 |
| 1966 | 175.53 | 72.31 | 1986 | 581.24 | 186.22 |
| 1967 | 155.63 | 61.90 | 1987 | 581.97 | 184.09 |
| 1968 | 128.41 | 49.32 | 1988 | 686.26 | 213.14 |
| 1969 | 145.71 | 53.78 | 1989 | 871.72 | 262.80 |
| 1970 | 188.01 | 67.66 | 1990 | 905.79 | 266.30 |
| 1971 | 199.53 | 70.34 | 总计 | 9528.15 | |

资料来源:牛若峰、郭玮、陈凡著:《中国经济偏斜循环与农业曲折发展》,中国人民大学出版社1991年版,第46页。

农民除了为国家的工业化做贡献外,农村中的"管理者"阶层也占有了相当部分的农民劳动成果。人民公社制度的运行需要一大批忠于公社理想、按公社制度要求去执行各种任务的干部,作为对他们忠诚的回报,他们可以在此制度下获得物资和精神报偿。在"先国家、后集体、再个人"的分配制度下,当农民坐下来分配其劳动成果时,才发现已经所剩无几,1978年全国还有2.5亿农民得不到温饱。改革开放结束了长达26年(1958—1984年)的人民公社,农民有了流动和择业的自由,也有了部分生产经营自主权和土地的使用权,农业和各种非农产业迅速发展,各种农产品数量成倍增长,基本解决了中国人民的吃饭问题,并使部分地区的农民过上了富裕的生活。但是两项重要的公社"遗产"使得目前农民同国家之间的关系仍然是非契约性的。

所谓契约是指双方或多方共同协议订立的条款、文书,这里所言的农民与国家关系的非契约性是指国家任何有关涉农的政策、法规,农民很少有参与讨论、制订、修改的可能性,国家农业政策的出发点是考虑农业在国民经济中的作用即如何增加农产品的有效供给,而不是考虑如何增加农民的收入。作为弱势的一方,农民缺乏与国家及其他市场主体的谈判资格。改革开放以后,国家渗透到农村社会基层的权力有所收缩,农民不利的谈判地位有所改善,但农业市场交易中介组织还没有发育起来,农民仍是以个体的身份进入市场,市场的谈判地位依然很不利,在政治上仍由别人来代言。政治权利是经济利益的根本保障,一个政治权利没有保障的社会阶层,其经济利益不会安全。① 人民公社的两项重要遗产使得乡村干部有可能法外用权来剥夺农民,农民缺乏对其进行制约的有效手段,在此意义上讲,农民同国家间的关系仍是非契约性的。② 20 世纪 80 年代后,农民获得了土地的经营使用权,但土地仍为集体所有,这是人民公社的一项重要遗产,农民并未完全获得生产经营的自主权,也没有成为真正意义上的生产经营者。农民除了向国家缴纳各种农税外(在许多地方,没有特产的农民要缴特产税,甚至连猪都没养的农民还要交"屠宰税"),还要向集体交纳公积金、公益金和村干部的管理费,除此之外还有各种名目繁多的摊派。③ 由于存在着信息不对称,农民很难弄清楚谁是"国家",谁是"集体"或他们的代理人,这为各种强势集团以国家或集体的名义向农民巧取豪夺提供了机会。

人民公社的另一项重要遗产就是渗透到基层的党政权力仍然存在,虽然它不像以前那样过多地干预农民的生产经营。在管理集体财产和土地承包过程中,村

---

① 朱学勤:"政改是实现公平的正确路径",《南方周末》2003 年 1 月 1 日。

② 崔效辉:《从国家与农民之间的关系理解中国农村的内卷化》,《二十一世纪》(香港)2002 年第 3 期。

③ 以下是被国务院取消的中央有关部门向农民收取的费用、基金、集资项目,总数达 36 个。(1)农村宅基地有偿占用费;(2)农村宅基地超占费;(3)土地登记费在农村收取的部分;(4)治安联防费在农村收取的部分;(5)中华女子学院在农村的集资;(6)农民群众看电影集资;(7)农村改水集资;(8)农村改厕集资;(9)农村防鼠集资;(10)血吸虫病防治集资;(11)乡村医疗卫生机构建设集资;(12)农村办电集资;(13)农村水电建设基金;(14)县乡两级水利建设发展基金;(15)基本农田建设集资;(16)农村教育集资;(17)村镇规划建设管理费;(18)乡镇船舶管理费;(19)乡镇级管电组织管理费;(20)农机管理费;(21)渔船渔港管理费;(22)林政管理费;(23)林区管理建设费;(24)乡镇集体和个体矿管理费;(25)水利工程修建维护管理费;(26)建设规划用地在农村收取的部分;(27)房屋所有权登记费在农村收取的部分;(28)长江干线航道养护费对从事农业生产船舶收取的部分;(29)内河航道养护费对从事农村生产的船舶收取的部分;(30)森林资源更新费;(31)绿化费在农村收取的部分;(32)乡村医生补助;(33)农广校学员误工补助;(34)农村集体电话杆线设备更新费;(35)乡镇以下广播网络维护费;(36)乡镇文化站经费由集体和农民交纳的部分。除此之外,同时取消的还有要农民出钱、出物、出工的达标升级活动 43 项。见李茂岚主编《中国农民负担问题研究》,山西经济出版社1997 年版,第 153 页。

干部是法定代表人,手中仍有很大的权力。现代制度经济学的分析认为,一个社会集团力量的大小,并不取决于它的人数的多少,而是取决于它的组织程度,分散的个体与组织相比,在资源的占有上存在着巨大的差别,有可能使分散的个体成为有组织力量的奴役对象。乡村干部人数虽少,却是严密组织起来的力量,他们有国家给予的"名份",可以合法地行使国家赋予他们的权力,当然也可凭手中的权力谋取私利。改革初期农民获得了土地使用权,从集体的束缚下解放出来,并有了择业的自由,这使得农民收入有了较快的增长。但乡村干部在适应了新的农村形势后,开始借助于人民公社的两大遗产,过度地使用手中的权力,农民的利益开始受到损害。在国家权力有所收缩的情况下,乡村干部手中盘剥农民的权力并未减少。尽管中央政府为减少农民负担进行了几轮政府机构的改革,但就在李昌平工作过的湖北省监利县,在已经完成几轮政府机构改革后,该县红城乡财政供养人员 2001 年底仍有 1541 人,单单一个财政所就养了 105 人,所长、副所长最多时有 14 人。为完成最新一轮机构改革任务,必须把 105 人减少到 32 人,这个受到两任省委书记批评过的乡财政所,不得不用抓阄的办法来决定该谁下岗。[①] 那些下岗的人并不会永久地失去他们的工作,而是"轮岗","轮岗"期间每人每月拿 300 元的生活费,一年后那些在岗的人下岗,目前处于"轮岗"状态的人再上岗,这些上岗的人和轮岗的人都要农民来供养。我国县、乡两级财政供养的人数十分庞大,这两级政府财政收入的绝大部分都要用来养人,"养人收费,收费养人"的怪圈由此形成。[②] 很显然,农民被剥夺的这种弱势地位有深刻的体制性和结构性原因,如果不改变现有的国家农业和农村政策,农民就缺乏必要的手段来保护自己的利益。

## 第三节　半个世纪以来邹平的社会变迁

邹平县位于山东省中北部,滨州地区最南端,胶济铁路北侧,黄河下游南岸。全县总面积为 1251.75 平方公里,东西长 57.55 公里,南北宽 50.15 公里。县内地势南高北低,海拔由 826.8 米到 11.6 米,呈倾斜式下降,形成低山丘陵、山前倾斜平原、黄泛平原三种地貌类型。邹平县属于北温带大陆季风气候,冬季寒冷干燥,夏季炎热多雨,四季分明。年均降水量为 690.7 毫米,多集中在 6~9 月,光热同

---

① 位于江汉平原南部的监利县是一个产粮大县,农业占全县经济总量的 40%。近年来,由于农产品价格下跌,种粮效益低下,税费负担沉重,造成了农村贫困现象的加重。十几年来,监利县的财政供养人员成倍增长。20 世纪 80 年代中期只有 1 万人左右,2001 年则达到了 2 万 8000 多人,工资经费支出 2 亿 1000 多万元,占了当年全县财政支出的 86%。对红城乡财政所来说,1991 年只有 10 余名职工,后来进入的工作人员100% 都是上级领导干部和本所职工的亲朋好友。2002 年 12 月 31 日中央电视台《新闻调查》。

② 以湖北省英山县为例,这个只有 40 万人口的贫困县,财政收入的全部都要用来发放工资,县级机构从 1949 年的 9 个,扩展到 2001 年的 71 个。为了养活自己,政府的各个部门必须想方设法筹钱,八方向农民伸手。徐勇:"乡村治理结构改革的走向——强村、精乡、简县",《战略与管理》2003 年第 4 期。

期,适宜多种农作物的生长。① 邹平县古为邹候国,西汉时开始设县,今天的邹平县是由新中国成立初期的邹平、长山、齐东三县合并而来,目前全县共有 15 个镇,两个乡,77 个办事处,858 个行政村。② 20 世纪 30 年代,梁漱溟在邹平从事乡村建设实验时,邹平县只南北长约 40 公里,东西长约 25 公里,全县有 345 个村,32406户,共有人口 166969 人。③

同全国其他地方一样,邹平也在新中国建国之初很快完成了土地改革,经济得以迅速恢复。在第一个五年计划期间(1953—1957),邹平完成了对生产资料所有制的公有化改造,农业实现了由互助组、初级社到高级社的过渡,工农业生产保持了较高速度的增长。就农业生产而言,1955 年,邹平开始使用拖拉机耕地(7 台,共213 马力),同年也开始使用机械灌溉(18 台灌溉机械,共 216 马力),④这是邹平农业历史上第一次使用机械动力。1958 年,邹平也卷入了"大跃进"运动,最典型的事例是邹平县计划在本县的八里河乡建立一个拥有数万职工,包括采矿、冶炼等分厂在内的大型联合企业,其结果当然是不了了之。"大跃进"给邹平带来极为严重的后果,1962 年的国内生产总值下降到 2007 万元,比 1949 年还低 15.90%。从1962 年开始,邹平经济开始恢复增长,在"文化大革命"期间,邹平农业由于灌溉面积的增加、农业机械的广泛使用、良种的推广和化肥的大量使用等而迈上了一个新台阶。⑤ 邹平在 20 世纪 50 年代初期开始了工业化进程,到 1959 年,全县共有工业企业 31 个,其中轻工企业 28 个,重工业 3 个,职工 1555 人,年产值 1200 多万元。到 1979 年,邹平县共有企业单位 115 个,职工 14070 人,其中工业企业职工4110 人。⑥

20 世纪 70 年代末期的改革,首先在农业生产领域引发了一场变革,农民获得了部分生产经营自主权,农业生产得以大幅度的增长。随之而来的是,商业和工业领域中的改革,多种所有制形式被逐步认可,私营经济逐步获得政府的认可、支持。通过 20 多年的改革,邹平的社会面貌有了很大的改观。1998 年全县 GDP 已达459,608 万元,农民年人均收入是 2,680 元,职工年人均工资是 6,261 元。根据邹平县农调队的统计,每百农户拥有缝纫机 80 架,自行车 182 辆,电风扇 132 台,洗衣机 5 台,电冰箱 8 台,摩托车 41 辆,电视机 110 台,其中彩电 41 台,全县村村通电,90% 村喝上了自来水或深井水,90% 以上的村子通上了电话。

可以通过下面的表 8、表 9 来了解邹平半个多世纪以来的经济与社会变迁。

---

① 曲延东著:《邹平通史》,中华书局出版社 1999 年版。

② 邹平县统计局编:《邹平统计年鉴》(1999 年),第 16 页。

③ "邹平实验县概况",《乡村建设》半月刊,山东乡村建设研究院编,第五卷第四期。

④ 《邹平 12 年历史资料统计汇编》(1949—1960),邹平县计划委员会 1962 年编(手抄本)。

⑤ Andrew G. Walder, Zouping in Transition:The Process of Reform In Rural North China. Harvard University Press,1998. p93.

⑥ 《1979 年邹平县国民经济统计资料》,邹平县计划委员会 1980 年编。

### 表 8　邹平 50 年来社会变迁的部分指标

| 时间<br>类别 | 1949 年 | 1959 年 | 1969 年 | 1979 年 | 1999 年 |
|---|---|---|---|---|---|
| 总人口（万人） | 41.13 | 47.27 | 54.57 | 63.12 | 68.40 |
| 农业劳动力（万元） | 16.90 | 18.75 | 21.11 | 25.50 | 33.06 |
| 耕地面积（万亩） | 142.00 | 135.71 | 125.00 | 122.21 | 107.40 |
| 工业产值（万元） | 16.0 | 1,704.4 | 1,221.5 | 4,895 | 242,996 |
| 农业产值（万元） | 3,096 | 3,467 | 4,345.24 | 1,289.5 | 130,126 |
| 商品零售额（万元） | 1,476.9 | 2,796.6 | 2,949.7 | 7967 | 95,318 |

资料来源：《邹平 12 年历史资料统计汇编》（1949—1960），邹平县计划委员会 1962 年编，《1969 年邹平县国民经济统计资料提要》，邹平县革命委员会生产指挥部 1970 年编印，《1979 年邹平县国民经济统计资料》，邹平县计划委员会 1980 年编，《1999 年邹平统计年鉴》，邹平县统计局 2000 年编。

### 表 9　邹平 50 年来的教育、医疗机构的变迁

| | 时间<br>类别 | 1949 年 | 1959 年 | 1969 年 | 1979 年 | 1999 年 |
|---|---|---|---|---|---|---|
| 教<br><br>育 | 小学（所） | 529 | 759 | 794 | 764 | 192 |
| | 学生数 | 24,819 | 65,410 | 72,292 | 99,874 | 52,361 |
| | 中学（所） | 3a | 12 | 293 | 184 | 36 |
| | 学生数 | 599 | 4,328 | 20,454 | 37,780 | 45,290 |
| 医<br><br>院 | 城镇（所） | 1 | 1 | 4 | 2 | 4 |
| | 技术人员 | / | / | 139 | 307c | 1743e |
| | 乡村（所） | 54b | 16 | 15 | 17 | 14 |
| | 技术人员 | / | / | 123(1677d) | 1,840d | 1,743e |

资料来源：《邹平 12 年历史资料统计汇编》（1949—1960），邹平县计划委员会 1962 年编；《1969 年邹平县国民经济统计资料提要》，邹平县革命委员会生产指挥部 1970 年编印；《1979 年邹平县国民经济统计资料》，邹平县计划委员会 1980 年编；《1999 年邹平统计年鉴》，邹平县统计局 2000 年编。

说明：a.1952 年邹平出现了 3 所初中，20 世纪 50 年代末出现了高中，此表没有区分初中与高中。

b.54 是指全部乡村诊所。

c.307 是 17 所人民公社卫生院和 4 所县级医院的全部技术人员。

d.1677、1840 都是指农村生产大队医疗室里的"赤脚医生"、生产小队卫生员和生产小队妇幼保健助产员的全部人数。农村合作医疗体制瓦解后，各村出现私人性质的诊所，但现在没有这些私人诊所的相关统计资料。

e.1743 是指全县医疗机构的全部技术人员，这包括县卫生防疫站和县妇幼保健站的技术人员。这些技术人员大部分服务于 4 家县级医院、县卫生防疫站和县妇幼保健站，只有小部分专业技术人员服务于 14 家乡镇卫生院。

同全国其他地方一样,邹平在中国成立后的 30 年所实行的也是"城乡分治,一国两策"的发展战略,经过 30 年的发展,工业化有了一定的基础,农业生产也迈上了一个新台阶。但是,农村发展仍处于过密化的状态之中。其表现是,在 1979 年全县总人口 63 万多人,非农业人口只有 2 万多人,非农行业的全部就业人员有 14,070 人,创造产值 4,895 万元,其中在工业企业就业的只有 4,110 人,人民公社的社员每天劳动的工值只有 0.43 元,全年从集体中所得的分配收入是 67.43 元。① 在整个国民经济中,只有 6% 的劳动力从事非农产业,工业产值还不到整个国民生产总值的 25%。到 1978 年的时候,全县只有 81 部卡车和 9 部客运汽车,1977 年全县只有 92 公里的沥青公路,全县 62 万人口也只有 900 部电话。②

邹平在改革初期农业获得了较大的发展,进入 20 世纪 80 年代以后,邹平工业化步伐大大加快,这主要得益于在市场化取向的改革中,原有的政治权威依然可以在新的历史时期获得经济上的最大收益,因此县、乡、村的各级别干部都积极投身这一轮新的工业化的运动中。

在整个 20 世纪 80 年代,邹平和中国其他地方一样,通过一种可称为"全能主义的政府管理模式"促进了地方经济的发展。③ 政府对国有企业和集体企业的控制主要源于政府财政收入最大化的需要,政府在政策和法律许可的范围内为企业提供各种可能的帮助,从市场信息、市场准入、技术改造、银行贷款等方面为企业提供尽可能多的便利,实际上,地方政府几乎把自己变成了一个股份有限公司,④其谋求的"利润"就是财政收入最大化。在农业集体化解体之后,能获利的集体企业仍然由乡村干部来管理,在利用集体化时期的政治权威促进企业发展的同时,乡村干部个人也能最大限度地获取个人利益。这是 20 世纪 80 年代中国的"乡镇企业"发展的原动力之一。只有那些规模小、收益预期差的企业才进行了私有化,为了保证政府财政收入的来源,地方政府时刻警惕着来自私营企业的威胁,并利用政治资源对其进行种种限制。同中国的其他地方一样,有些私营企业为了争取较好的发展条件,不得不设法戴上一顶"红帽子"——号称自己是集体企业。但到了 20 世纪 90 年代,中国的经济形势发生了很大的变化,市场竞争加剧了,国有企业和乡镇集

---

① 《1979 年邹平县国民经济统计资料》,邹平县计划委员会 1980 年编。

② Andrew G. Walder, Zouping in Transition: The Process of Reform In Rural North China. Harvard University Press,1998. p7.

③ Jean C. Oi 在 The Evolution of Local State Corporatism 一文中把政府对国有企业和集体企业的全面控制称之为"local state corporatism",直译为"地方政府的社团主义",根据汉语的表达习惯,我把"local state corporatism"译为"全能主义的政府管理模式"。Andrew G. Walder, Zouping in Transition: The Process of Reform In Rural North China. Harvard University Press,1998. p35.

④ Andrew G. Walder 在 The County Government as an Industrial Corporation 中,指出政府官员参与了一些大的国有企业的重要决策,即使是在今天,我们依然可以看到各地政府官员头等重要的事情仍然是"招商引资"。

体企业因为产权不明和管理机制僵化等原因，不得不进一步强化市场化取向的改革，一场全国范围内的企业"改制"浪潮席卷而来，邹平也不例外。随着财政收入中来自私营企业的比重越来越大，政府已经认识到私营企业不仅不会成为政治权威的一种威胁，而且是政府一个重要的财源。在1884—1988年期间，来自私营企业的税收只占非农业税收的16％，但到了1994年这一比重已上升到了25％。[①] 在20世纪90年代中期，随着国有企业和集体企业"改制"的完成，政府开始转变其政策，凡是能够为政府带来税收的企业，不管其所有制性质如何，都给予支持，当然那些利税大户依然是政府关注和支持的重点。

表10　邹平的非农化进程（1980—1993年）

| 项　目 | 时　间 | 1980 | 1986 | 1988 | 1990 | 1993 |
|---|---|---|---|---|---|---|
| 国内生产总值（百万元） | 农业 | 190.4 | 286.0 | 276.7 | 331.9 | 410.6 |
| | 工业 | 67.5 | 281.2 | 481.9 | 678.2 | 1,560.0 |
| | 农/工之比 | 2.8 | 1.0 | 0.57 | 0.49 | 0.26 |
| 对财政的贡献（百万元） | 农业税 | 2.0 | / | 2.4 | 2.3 | 2.7 |
| | 工商税 | 2.7 | / | 17.8 | 21.7 | 34.4 |
| | 农/工商税之比 | 0.74 | / | 0.13 | 0.11 | 0.08 |
| 就　业（千人） | 农业 | 260 | / | 262 | / | 243 |
| | 非农业 | 18 | / | 87 | / | |
| | 总人数 | 278 | / | 349 | | |
| | 非农业（％） | 6 | / | 25 | | 38 |
| | 城市化（％） | 3.4 | / | 6.4 | / | 7.6 |

资料来源：Andrew G. Walder, Zouping in Transition：The Process of Reform In Rural North China. Harvard University Press, 1998. p12.

在人民公社解体后，每个农户按人口的多少分得了不同面积的经营土地，农民有自己的生产经营权，但集体的部分权威依然保留下来了，除了前文所述的集体企业外，行政村还保留了主要农作物的种植选择权、农产品部分销售权，统一耕地和灌溉的权力。由于农民的土地是按人口平均分配的，老人也分得了和年轻人相同的土地，因此提高了老人在家庭中的地位。同一般的看法不同，美国学者 Stewart Odend'hal 和美籍华裔学者黄树民认为，集体化的解体提高了妇女在家庭中的地

---

[①] Jean C. Oi, The Evolution of Local State Corporatism. Andrew G. Walder, Zouping in Transition：The Process of Reform In Rural North China. Harvard University Press, 1998.

位,因为男人可能更多地从事工副业生产,妇女成为农业中的主要劳动力,她们对家庭经济的贡献是很明显的,这也表明传统的家庭生产在农业中仍然是有生命力的。[1] 改革以后,邹平农业的商品化程度进一步提高,到 20 世纪 90 年代初期,邹平农民只有三分之一产品是用来自己消费的。随着农业商品化程度的提高和农村工业化的推进,来自农业以外的收入也变得日益重要。1990 年的调查统计表明,在全部 257 户样本中,只有 100 户人家的收入全部来自农业,所占比例不到 40%,几乎有一半的农户中家庭成员有工资收入,18% 的农户有家庭成员受雇于家庭企业,他们之中有一些是季节性雇佣。[2]

经过 20 多年的发展,邹平已基本上实现了工业化,第一产业的构成比重已经不足 20%。[3] 在新世纪,邹平县政府对经济发展的战略作了调整,虽然仍然把财政收入最大化当做政府优先追求的目标,"大跃进"式的"赶超战略"思维仍然存在,[4] 但在追求财政收入最大化的同时,提出了要提高农村劳动力在非农产业中的就业比重,根据邹平的实际情况,鼓励农民进厂务工,把农民的务工收入作为农民收入的主要来源。据邹平县政协副主席曲延庆估计,在邹平 33 万多农村劳动力,会有一半以上不再从事农业生产,这些人中的大部分又都在当地企业做工,离淄博近的几个乡镇,有些人到该市做工。邹平县有亚洲最大的纺织企业——魏桥棉纺集团,拥有几万名职工,周边乡镇的适龄女青年大多进入该企业集团工作,该企业甚至还吸引了一部分来自外地的女工。据曲延庆估计,该企业的一名女工年收入应有万元左右。这样一来,当地农民务工收入就会超过农业收入,这与 20 世纪日本的情况很相似。20 世纪 60 年代以后,兼业农户成为日本农户的主体,而且大部分是第一兼业农户,即非农业收入大于农业收入的农户。这也容易使人联想到,20 世纪30 年代,在"江村"开办的那个合作丝厂,一名女工一年可以挣得工资 70 元,它带给村民的好处,在 1957 年费孝通重访"江村"时,村民们还念念不忘。[5] 与 20 世纪30 年代不同,那时的农户虽然也卷入农业商品化进程之中,但是农业和副业(包括

---

① Huang Shu-min and Stewart Odend'hal, Fangjia : A Village in Transition. Andrew G. Walder, Zouping in Transition: The Process of Reform In Rural North China. Harvard University Press,1998.

② Sarah Cook, Work , Wealth ,and Power in Agriculture. Andrew G. Walder, Zouping in Transition: The Process of Reform In Rural North China. Harvard University Press,1998. p165.

③ 2000 年邹平第一产业的构成比重是 22.37%,这几年又是邹平"跨越式"发展的几年,其第一产业构成比重无疑会进一步降低。当作者于 2004 年 5 月 11 日访问邹平县统计局的时候,其 2003 年的统计数字尚未得出来。

④ 最能体现这种"大跃进"式的"赶超战略"思维的是,邹平县政府给政府的所有部门下发招商引资的指标,并且对完成指标的单位和个人按比例给予一定的奖励。在作者访问邹平的时候,邹平县电视台正在播放有关"超常规、跨跃式"发展的系列节目。作者在访问当地的梁漱溟研究专家郭蒸晨时,他认为这种"超常规、跨跃式"发展思路,就是一种"大跃进"的发展思路。

⑤ 费孝通著:《江村经济——中国农民的生活》,商务印书馆 2001 年版。

打短工)是贫困的中国农民维持生存所必要的两根拐杖,对农户来说缺一不可。[①]邹平20世纪90年代,农业的商品化和农业的兼业化与20世纪30年代华北农村的情形在表面上有一定的相似性,所不同的是,邹平工业化的步伐还在继续推进,农民虽然没有大规模地离开农业和农村,但农业收入占其家庭的全部收入中的比重逐步降低,非农业收入对许多农户来说已经成为第一收入来源,农业正在变成"副业",这与20世纪60年代的日本农业有些相似。日本农业目前仍以家庭经营为主,兼业是日本农民增加收入的主要手段,这并没有妨碍日本农业和农村的现代化。

邹平工业的主体是劳动密集型企业,在早期的发展阶段,都是对当地农产品进行加工,像魏棉集团就是利用邹平所产优质棉花发展起来的。这样企业符合梁漱溟在乡村建设理论中的设想:农村工业应该是从原料、市场都在农村,与农民日常生活密切相关领域中发展起来,并且要利用当地的人力,让农民能够分享工业所带来的好处。梁邹美棉运销合作社开设轧花厂,还计划利用当地的人力和优质的棉花在邹平开设纺织厂,由于日本侵略战争打断了这一计划。梁漱溟的这种计划,半个世纪以后在邹平得以实现。邹平的快速工业化并没有带来同样速度的城市化,因为在工业进城的同时,也出现了相反的趋势,那就是工业下乡。这也符合梁漱溟关于农村工业化的设想,农工相辅、城乡协调发展这也是我们今天的理想。

改革以来,邹平的经济成就令人瞩目,并有望打破农业的过密化状态,实现城乡社会的全面发展。但是,要实现这一目标,邹平仍面临着一些结构性的或体制性障碍。

在外生型的现代化国家中,政府在现代化进程中的作用是不言而喻的。在邹平半个世纪以来的变迁中,我们也看到了政府的主导作用。梁漱溟在其乡村建设理论中,因为没有强有力的政府而让社会承担了太多的职责,历史的经验表明,离开政府的强有力的推动,发展中国家的现代化是不可想象的。但20世纪50年代以后的邹平,又走向了另一个极端,国家权力深入并控制了社会生活的各个方面,社会自主发展的空间被压缩到最小的限度。改革以后,这一局面有一定程度的改变,但是在邹平我们仍然可以看到一个强有力的政府,在促进当地经济发展的同时也把自己变成了一个股份有限公司,财政收入最大化成了政府的首要目标。邹平县政府投资3亿多元建设的"邹平政务中心"在2004年5月后投入使用,这座12层高的办公大楼的豪华程度令人印象深刻,办公楼的入口有4名警察值班,楼内的工勤人员都穿着宾馆式的制服,大理石铺就的楼道里一尘不染,楼内工作人员办公室之大、办公设备之先进都让来访者惊讶。同中国其他地方的县城一样,邹平县城的高楼都属于银行、电信局、电力公司等这样的国有垄断企业,对于一个只有几十

---

① [美]黄宗智著:《华北小农经济与社会变迁》,中华书局2000年版。

名工作人员的县级支行来说,十几层的办公大楼不知该如何使用。与政府对经济事务的积极干预相比,政府对自己理应提供的公共产品——秩序、安全、公平等却不大热心。20 世纪 90 年代的研究表明,在改革以后,邹平在农业集体化时期建立起来的合作医疗体制很快瓦解,绝大多数的农民不再享有任何形式的医疗保障。医疗卫生领域里的市场化取向的改革,使得当地的卫生防疫机构和医院都以收入最大化为目标,同农业集体化时期重农村、重防疫的政策不同,市场化取向的改革使医疗服务变得重治疗、重城市而且也更昂贵,这种改革使农民处于非常不利的地位。[①] 改革以后的邹平,教育有了很大的进步,但仅限于国民教育,梁漱溟所主张的社会教育、韩国新村运动所推行的、并被实践证明对农村现代化事业有极大贡献的"农民教育"、"农业教育"在今天的邹平还有待加强。[②] 作者所访问的邹平当地梁漱溟研究者也都表示,梁漱溟所提出的一些问题在邹平仍然没有得到很好的解决,比如农村的民主问题、农业合作组织的问题、农民的教育问题等等,也就是如何让农民享受现代化所带来的物质和精神成果的问题。在梁漱溟看来,让农民享受经济发展所带来的物质成果固然重要,但让农民学会自我管理、享有一种"人心向上"的精神生活同样重要,这样的生活才是完整的生活。阿马蒂亚·森认为,财富、收入、技术进步、社会现代化等固然可以是人们追求的目标,但它们最终只属于工具性的范畴,是为人的发展、人的福利服务的。[③] 这种观点与梁漱溟的观点有一定的相似性。为了避免在现代化进程中过分追求物质内容所带来的弊端,中国政府正在倡导一种"科学"的发展观,那就是更加全面地理解发展的意义,注重发展中的非物质因素。邹平同中国其他地方一样,也面临着这样的问题,而问题的答案,我们可能要从梁漱溟的乡村建设理论中去寻找。

## 第四节　新时期中国农村现代化的可能走向

中国的农村、农业、农民问题的产生有深刻的社会结构性与体制性根源,要解决"三农"问题,必须构建新型的城乡平等关系,调整国家的宏观经济与社会发展政

---

[①] Gail Henderson and T. Scott Stroup, Preventive Health Care: Privatization and the Public Good. Andrew G. Walder, Zouping in Transition: The Process of Reform In Rural North China. Harvard University Press, 1998. p184-187.

[②] 当地有一些专业农民协会,政府也提倡特色农业。在作者 2004 年 5 月访问邹平时,注意到邹平所在的滨州市电视台有一专门的频道用来播放农业科技方面的节目。

[③] 阿马蒂亚·森认为,把发展理解为就是国民经济总产值(GNP)的增长、或个人收入的提高、或工业化、或技术进步、或社会现代化等等,这是一种狭隘的发展观,发展可以看做是扩展人们享有的真实自由的一个过程。人们享有的自由程度取决于他们的"自由行为能力",而适当教育、医疗等政策有助于人们提升自己的行为能力,甚至在收入没有增长的条件下,这些方面的改进也可视为一种有意义的发展。阿马蒂亚·森著:《以自由看待发展(Development as Freedom)》,中国人民大学出版社 2002 年版。

策,否则,就会陷入"头痛医头、脚痛医脚"的老路上去。例如,同分散的农民相比,农民的交易对象却是严密组织起来的力量,比如乡村干部,他们合法地行使国家赋予他们的权力,当然也可凭借手中的权力谋取私利,事实上他们也一直在这样做;农民在出售农产品时面对的是国有垄断的粮食、棉麻等收购部门,而在购买农用物资时面对的又是供销社、种子公司、农机公司等有组织的力量,因此,在交易过程中农民始终处于不利的地位,被剥夺实在无法避免。除此之外,因"赶超战略"的实施而必然带来的对农业、农村的过分剥夺也是农业长期"贫血"的重要原因。在计划经济体制下建构的这种城乡不平等的交换关系是现有农业发展战略的基础,它至今仍在发挥作用,这是今天"三农"问题的深层次社会根源。社会交换理论认为,资源占有的不平等是产生权力的根本原因,在强大的国家权力及其依附于此种权力的各社会集团与分散的农民之间不可能有平等的契约关系。因此,要解决"三农"问题,必须改革使农民在交易中处于不利地位的某些现行社会体制及农村目前的社会权力结构,打破对农民的身份歧视,给农民以平等的"国民待遇",确保农民生产经营者的自主权;同时允许农民用组织化的手段(农民协会或真正意义上的、在世界各国普遍行之有效的为农民生产、生活服务的和作为农民进入市场中介桥梁的合作社)来增强自己的谈判地位,改善自己的处境。在此基础上,国家改变对农业的歧视性政策,加大财政转移支付力度,培育农业自我发展的造血功能,使农业成为一个有利可图的产业。曾大呼"农民真苦、农村真穷、农业真危险"的湖北省监利县棋盘乡原党委书记李昌平认为:破解"三农"难题需要的大思路是进一步解放农民;需要的大前提是给农民同等国民待遇,需要的新战略是以社会发展为中心,而需要的措施则是回报农民,尊重农民,依靠农民。① 其实质也是要对原有的农业发展战略进行重大调整。

目前中国的农业、农村、农民问题已成为中国现代化的"瓶颈"问题,要推进中国的现代化进程,必须对造成今日"三农"问题的农业发展战略进行重构,才能提升农业的整体水平,增强国际竞争力,增加农民收入,加快农村现代化的步伐,从而最终解决或缓解"三农"问题。在新世纪要构建以增加农民收入为目的,以保护农业、反哺农业为手段,以城乡协调发展为特征的新型农业发展战略,来取代原有的以牺牲农民利益为特征、以城市工业发展为目的、以城乡分治为手段的农业发展战略。要建构这种新型农业发展战略,必须解决以下四个方面的问题:

## 一、改革农村目前的社会管理体制

农民收入增长缓慢、负担过重、农业基础脆弱与农村目前的社会管理体制有很大的关系。要以促进功能分化为目标,缩小政府行政管理范围,促使国家与社会的

---

① 李昌平:《出路何在——"三农"寻思录之二》,《读书》2002 年第 8 期。

分离,让社会有充分的自我发展空间。

现行的农村管理体制是一个自上而下的高度集中的统一的体制,作为对近代中国一盘散沙状况的矫正,新中国所建立起来的国家管理体制,向社会的各个领域扩张权力,曾一度控制了社会生活的各个方面。改革开放后这种体制有所松动,但在目前仍然管了许多"不该管、管不了、也管不好"的事情。实践证明,政府权力的无限扩张最终只能是政府质量的贫困化,政府也就无力推进乡村社会的发展,实现乡村社会向工业社会的转变。① 全能政府必然是权力过剩,各种减负措施都要由加重负担的权力机构自己来操作,农民本身并无对其进行制约的手段,这等于要求权力机构本身靠"道德自律"来解决问题,这是农民负担久减不轻的重要原因之一。现在的税费改革也无法避开农村基层政府的职能扩张后带来的结构臃肿问题。简化职能,才能精减人员,农村基层组织负债的问题和向农民多方伸手的问题才有望解决。有人主张依法解决农民负担问题,要明确以下几点:第一,农民除了国家明文确定的各种税费负担外,对其他负担可以一概拒绝。第二,需要农民集资的,必须是农民自觉自愿,不准强迫,按集资规矩本息都要还。第三,用法律手段来保护农民的利益。② 这些主张缺乏操作性,在第一条里,首先遇到的问题是谁是"国家"? 地方政府、各职能部门,还是国有垄断行业(如粮食部门)? 对农民来说,有权力的集团或个人就是国家或其代表。第二个问题是由于信息不对称,农民很难知道什么是"明文"规定的,什么是没有"明文"规定的。而且更为重要的问题是农民用什么手段来拒绝"明文"规定以外的各种摊派呢? 对第二条而言,没有话语权利的农民总是由别人代言,强迫可能就是"自愿"。如果集资的本息不还,农民可能会因索取本息的成本过分高昂而放弃索取。对第三条而言,谁用法律手段、如何用法律手段来保护农民的利益? 在现行体制下,乡党委书记可以去当县公安局长,③法制局副局长可以去当乡长,农民利益的剥夺者们可能会处于相同的社会阶层,被罗织在一个巨大的权力网络中,他们之间可以相互交换其手中的资源,而农民手中则没有什么资源可以与他们交换。如果没有外在的制度化的监督与制约,他们之间更可能进行资源交换而无视农民的利益。

现行农村社会管理体制的主要特征是党政不分、高度集中化的管理。乡政府差不多成了党委的一个工作部门,一切由党委决定,权力主要集中在书记手里,20多年的改革并没有触动这一体制。目前大张旗鼓推行的村民自治大都回避了村委

① 童序、吴从环:"组织重构:乡村现代化的社会基础",《天津社会科学》1998 年第 4 期。

② 吴定宪:"关于农民收入差距的调查与对策",《农业经济问题》1998 年第 8 期。

③ 1998 年 11 月 9 日,河南省宁陵县孔集乡岳柴村农民因到县里上访,反映村干部的腐败问题,该县公安局出动 100 多名警察到岳柴村抓走 8 个村民,第二天 100 多名警察再次进村抓人,800 余名村民闻风而逃。农民上访所反映的问题是现任公安局长任孔集乡党委书记时留下的问题,所以才有这次抓人行动。见 1998 年 11 月 11 日《河南日报》。

会与村党支部的关系问题,实际上村党支部的权力大于村委会的权力。我国目前几个被大力宣传的农村现代化的典型如华西村、南街村以及曾红极一时的大邱庄等,其领导人更是集党、政、经各种权力于一身,在其村民的物质生活水平有了很大提高的同时,人身依附程度并没有降低,其社区内的行政、经济、社会等功能不仅没有分化,反而更融为一体,这是与现代化的价值取向背道而驰的。正是这种集中的权力使得乡村干部可以过度剥夺农民。郑杭生的实证研究表明,被调查对象有超过一半的人(54.5%)认为乡村干部及其亲属赚钱的机会比一般人多。这一数据支持了这样一种结论,即随着农村社区经济的发展,乡村干部利用工作之便和手中的权力为自己及其亲属谋取私利的机会增多。社区经济的发展使干部掌握的资源有所扩大,在集体经济的管理、生产与生活资料的分配及人员使用等方面乡村干部的权力都相应扩大。[1]

改革农村社会的管理体制除了严格限定政府职能,实行党政分开外,另一个必然的选择就是改革农村社区领导人的产生办法。现在的乡镇领导人几乎都住在城里,不在乡村居住,每日车接车送。从户籍性质上来说乡镇领导都是"城里人",他们与其工作社区的居民没有利害关系,其权力来自上级而非本社区的居民,因而他们只会看上级的脸色行事而根本无需顾及农民的利益。改革后的选举办法要对乡镇领导人的资格进行限制,其候选人必须是家在本社区、且居住满一定年限的。条件成熟时可将直选扩展到县、市、省。如果认为农民素质低,缺少民主习惯,那不是对农民的误解,就是其本身的无知。原湖北监利县棋盘乡党委书记李昌平认为,农民既有民主的要求,也有民主的习惯,他认为:"只要有不专制的领域,就有民主的存在;只要没有专制的破坏,民主就会自由、健康地发展。"[2]有了选票的约束,当选者才可能对本社区居民负责。公开、公正的选举,改变乡村干部的权力来源,是对其权力进行制约的最好办法。党的领导可体现在对当选领导人的监督上,以保证其执行国家在农村的各项政策。

### 二、改革农村土地制度——以日本和韩国以及我国台湾地区的经验为参照

功能分化是现代化的必然要求。"经济功能和行政功能必须按照自身原则独立运转,这是中国农村地区变革的重要内容"。[3]农村社区的经济功能分化出去后,行政管理范围才会相对缩小,各种非政府组织(NGO)和专业协会的功能才会逐步增强,这一趋势代表着农村社区结构和功能的未来模式。要促进农村社会结构的分化,就要改革现行的农村土地制度,还农民"耕者有其田"的生产者的主体地位。只有这样,农民才可能在自愿公平的基础上,以自主生产经营者的身份实现某

---

① 郑杭生:《当代中国农村社会转型的实证研究》,中国人民大学出版社 1996 年版,第 165 页。
② 载世界与中国研究所《内部刊物》第 31 期 ,2001 年 8 月 17 日。
③ 李国庆:《日本农村的社会变迁——富士见町调查》,中国社会科学出版社 1999 年版,第 304 页。

种形式的经济联合,组建某种承担经济功能的非政府组织,作为其进入市场的中介,增强自己在市场交易中的谈判地位。目前我国农村的土地集体所有制是人民公社的一项重要遗产,它源于 20 世纪 50 年代的农业合作化运动。因为计划经济的交易基础是强制而非自由的契约,所以对农民来说,"集体"是个不能自由进退的外在强制组织。在合作化运动时,农民"自愿"将其土地归公,而一旦土地归公后,农民就无退出"集体"、实行单干的自由。改革以后农民向"集体"承包土地,并向其交纳"租金"。如果因为"集体"为农民提供了各种服务,农民可以把"租金"看做其理应交纳的"服务费",否则农民不会为自己制造个主人,然后向其称臣纳贡,这是违反常识的。如果"集体"的租金源于其为农民提供的服务,那么农民就有权利选择接受谁的服务、接受何种服务以及在什么情况下拒绝服务,另寻合作伙伴。如果是这样的话,现在的"集体"就会是一个边界明确、进退自由的合作社。土地集体所有制源于榨取农业剩余供给工业发展的需要,只有把分散的农民组织起来,才能更直接更有效地占有农民的剩余劳动,甚至必要劳动,以确保工业化战略的实施。毛泽东认为"个体所有制与大量供应是完全冲突的",因此,"个体所有制必须过渡到集体所有制,过渡到社会主义。"①

实际上,小农制同样可以保证工业化所需资金从农业部门畅通无阻地流出。小农制究竟有无优越性、有无生命力,归根到底要看它能否适应农业发展和高速工业化的需要,日本、韩国以及我国台湾地区的经验对此都做出了肯定的回答。在土地改革完成后,实现了农村地权的平均化,自耕农成为农村居民的主体。由于人多地少,家庭农场的经营面积都很小,但这并未妨碍日本在 20 世纪 60 年代、韩国在 20 世纪 70 年代完成工业化进程,实现由农业社会向工业社会的转变。在社会转型过程中,韩国和我国台湾地区的农民负担一度都很重。但在完成工业化进程后,韩国通过"新村运动"②基本实现了城乡居民收入的均等化,而台湾地区则通过执行被称为"第二次土改"的"农地重整十年规划"以及一系列其他相关措施,改善了农民的交易地位,使台湾的农民负担问题大大缓解。

台湾的土地改革实现了台湾农民地权的平均化,但土地分割细碎、排水不良、灌溉不便、缺少道路等不利于农业生产的因素随之而来。为进一步提高农业生产力,克服这些小农经济条件下存在的问题,台湾实施了被称为"第二次土改"的"农地重划"计划。早在 20 世纪 50 年代后期就开始了这方面的试验,1962 年正式出台

---

① 《毛泽东选集》(第五卷),人民出版社 1977 年版,第 119 页。

② 韩国开展新乡村运动所取得的成就和经验,得到联合国有关组织的关注和肯定,得到发展中国家的重视,先后有 130 多个国家派出 12000 多人参观、学习和取经,有些国家的总统、各部部长亲自带领考察团组织学习、考察。中国农业部、中国农学会在绿色证书培训、科教兴村活动、农村科教扶贫、农村综合开发等项活动中,与韩国新乡村运动组织机构、全国大学教授新乡村研究会有着广泛深入的联系、交流与合作,据 2002 年 4 月统计,在全国开展科教兴村活动的村庄已有 3000 个。李山水:"韩国的新乡村建设运动",http://www.ccrs.org.cn

"农地重划十年(1962—1972)方案",但由于经费等原因,进展缓慢。1967 年又制订了《六年经济建设计划和农地重划方案》,并增加了对该方案的财政投入,由台湾当局承担农地重划三分之二的经费,其余的三分之一由地方乡镇承担,这样到 20世纪 80 年代初,"农地重划"才大致完成。其结果是增加了生产用地,改善了农地结构,为在台湾推行农场经营打下了基础。

日本、韩国在 20 世纪 50 年代以前的农村社会结构及土地制度与同时期的我国很相似。除日本工业化程度稍高外,韩国也与中国一样处于典型的传统农业社会中,人多地少,地权兼并程度严重是当时的共同特征。上述三地经验说明,只要实现对土地制度的变革,加上政府宏观配套措施得当,以家庭小农场为主体的农业生产方式仍然可以为工业化提供启动资金,而且在大体完成工业化进程后,政府对农业实行保护政策,对处于弱势地位的农民"帮扶"一把(韩国政府的"帮扶"体现在"新村运动"中,日本的体现则是严格的谷物保护价格),城乡收入差距扩大,农民负担过重的问题是能够很好地解决的。

我国 20 世纪 50 年代的土地改革与日韩等国的"土改"的相同之处在于土改的目标是要实现地权的平均化,但不同之处也很明显,我国的"土改"是以激进手段没收地主的土地,无偿分给无地或少地农民的,而且实现了在一定区域内地权的绝对平均化(日韩等国的农村地权的平均化则是相对的)。因工业化战略与日韩等国不同,[1]为获取更多的工业化启动资金,不得不在农村搞农业集体化,土地作为最主要的农业生产资料,农民已无私有的可能,这就是今日土地属于集体所有的由来。我国目前农村土地集体所有制存在着严重的缺陷:①土地主体不清;②地权结构模糊,权能缺损严重,农民税外负担已超过税内;③农地非商品色彩浓厚,缺乏适合我国国情的规范化的土地流转制度。[2] 因此,必须对农村现行土地制度进行改造更新,改变集体所有权虚拟、无人格承担的状况,只有这样,才会有人关心土地的利用率,主动增加对土地的投入。

中国农民问题归根到底是权利问题,是公平与公正的问题。只有"耕者有其田"的农地制度才能使农民从小共同体(集体)中获得解放,成为名副其实的独立的生产经营者,这样才能为农村社会的功能分化创造条件,中国农村的城市化、市场经济条件下的土地流转、农业的产业化和规模经营才可以真正实现,这是中国农村现代化也是中国现代化的必然选择。

---

①　林毅夫等人认为,日本、韩国等国及我国台湾地区实行的"比较优势发展战略",与我们的赶超战略不同,这种战略不通过牺牲农业、农民的利益来扶持少数重点产业和行业,而是通过发展劳动密集型的产业来积累资金,带动出口,促进经济腾飞。林毅夫、蔡昉、李周:"比较优势与发展战略——对'东亚奇迹'的再解释",载《中国社会科学》1999 年第 5 期。

②　赖泽源著:《比较农地制度》,经济管理出版社 1992 年版,第 182 页。

### 三、用组织化的手段增强农民的自我保护能力

农村过密化的实质是农民在交易中作为弱势的一方被过分剥夺的问题,因此,在转变政府职能、缩小政府行政范围及农民成为独立自主的生产经营者以后,农民还必须用组织化的手段来进行自我保护,增强自己的谈判地位,改善自己的交易处境。

制度的形成过程应是一个多次博弈的过程。实际上我国的各种涉农政策、法律、法规的出台均无农民的发言机会。"农民压力集团的缺乏,使农村制度外公共产品的供给决策程序成了自上而下的单方面意愿,从中央到村组各级政府、各个部门都有权出台各种收费、集资、摊派项目,而其使用过程却根本不受监督,造成了部分公共资源的挥霍浪费。"[1]在现行的干部制度下,农民根本无法约束干部的政绩冲动和浮夸风。美国政治学家赫尔德曾解释过一种残酷的"置换战略",其核心是一方面把政治和经济问题的糟糕后果分散给最软弱无力的集团,另一方面是安抚那些能够最有效地调动呼声的集团,[2]这一点在近年来的粮食收购体制的改革上表现最明显。尽管粮食价格很低,但政府并未从此低价中获得好处。亏损巨大、拥有数百万职工的粮食收购部门才是真正的获益者,尤其在粮食专营以后,农民处于更加不利的谈判地位。国家为保护农民利益而采取的诸如"保护价"之类的措施,因政策设计有缺陷和实际操作成本太高而难以执行,分散的农民缺乏自我保护手段,农民利益被粮食收购部门严重侵蚀。因此,粮改的方向应是粮食作为一种商品的自由流通(就粮食作为普通商品而言),再辅之以国家粮食专储制度(就粮食作为一种战略物资而言),其他农产品的收购也应逐步走向市场化。粮食专营无疑是改革的一种倒退。

要提高农民在交易中的谈判地位,就要真正地按照自愿、互利和民主管理的原则,广泛建立社区性和专业性的农民合作经济组织——农民协会或农民合作社。除经济功能外,还可使其"作为农民利益的代言人,参与社会政治的运作,对各种非常规权力进行自下而上的抵制,从而形成农民利益的自我保护机制"[3]。分散的农户难以抗衡较大的自然灾害,经不起市场风浪的冲击,缺乏与市场广泛联系的中间环节,因此极需要各种社会化的中介服务——农民合作社正好可以大显身手。它在农产品的加工、运销和农用生产资料的采购,推广农业科技、开展农业教育及组织生产协作等诸多领域都可以有所作为。合作社作为农民自己的合作组织,可以在市场交易中代表农民进行谈判。现在部分地区的贸—工—农一体化组织,解决了分散经营的农民如何进入市场的问题,但在这样的组织中,农民仍处于弱势地

---

① 段庆林:"我国农村宏观分配制度改革的回顾与展望",载《战略与管理》1998年第3期。
② 转引自党国印:"'村民自治'是民主政治的起点吗?",载《战略与管理》1999年第1期。
③ 金玉国:"转轨时期农民利益流失问题的制度分析与对策",载《农业经济问题》1995年第11期。

位,其利益可能会被处于强势地位的合作伙伴侵蚀,农民自己的合作社可以增强农民在利益分配中的谈判力量。这里所言的合作社是国际上通行的那种企业法人,而不是 20 世纪 50 年代初在中国推行的那种以农业集体化为目标的"合作社"。1995 年国际合作社联盟对合作社原则进行了修改,修改后的原则共 7 条:(1)自愿和成员资格开放;(2)民主的成员控制;(3)成员经济参与;(4)自治和独立;(5)教育、培训和宣传;(6)合作社之间的合作;7. 关心社区。① 即使按最早的罗奇代尔先锋社的原则中的"成员资格开放和入社自愿"原则,我国 20 世纪 50 年代农业集体化运动的早期阶段仍不能被称为真正意义上的合作社。除了入社自愿、民主管理等这些重要原则外,国际上的合作社无一例外地都保持社员非入股财产的私有权,社员对合作社的参与是有限的,一个农民可以同时参加几个不同的合作社。与此不同的是,马克思主义经典作家都是把合作社作为对小农进行改造的一种手段,合作社的发展必然意味着"社会主义"性质的集体经济的产生。实际上,欧文 1825 年在美国印第安纳州进行的"和谐新村"(New Harmony)实验的失败就表明,缺乏明确的产权安排、让其成员对合作社全方位的参与是行不通的。②

农民合作社作为农民同政府及社会之间的互动中介,可以用组织化的手段改善农民在交易中的谈判地位,减少各种力量过分剥夺农民的可能,增强了农民的自我保护能力。作为一种有组织的力量,农民合作社(或农民协会)在政治上可以成为农民利益的代言人,改变农民总是由别人代言的这种状况。从世界各地的经验来看,对保护处于弱势地位的农民,农民合作社或农民协会能够利用有组织的力量,在城乡交换中增强农民的谈判地位、让农民参与分享工业化和城市化的成果。日本"农协"就是比较成功的例子,日本战后的农业协同组合(农协)是农民自愿结合的组织,分为基层农协、农协联合会及农协中央会三大层次。按其业务对象和经营范围不同又可分为综合农协和专业农协。综合农协以本地区的农家为服务对象,业务包括所有农业部类,且经营范围很广,不仅包括购销,信贷,保险,农产品加工、存储,农村工业,技术指导,农业信息,还包括生活服务、医疗卫生等。③ 在日本经济进入高速增长时期后,农协适应农业专业化、机械化和市场化的需要,在组织机构、农产品流通形式、副业范围等方面不断调整,不失时机地发挥自身优势,依循政府的农业政策,采取一系列相应的措施,促进了日本农业的发展,为振兴日本经济、改善农民生活做出了重大贡献。日本农协既改善了农民的交易地位,又减轻了市町(乡)政府的行政负担,承担了农村主要的经济功能。

在政府行政范围相对缩小、农村经济功能由农民协会承担后,农民自治组织的功能将逐步增长。经济和行政功能独立后的村落成为以生活互助为基本功能的生

---

① 杜吟棠主编:《合作社:农业中的现代企业制度》,江西人民出版社 2002 年版,第 22 页。
② 杜吟棠主编:《合作社:农业中的现代企业制度》,江西人民出版社 2002 年版,第 22 页。
③ 周维宏主编:《中日农村经济组织比较》,经济科学出版社 1997 年版,第 114 页。

活空间。作为日常生活单位,必须确立每一农户的社会地位,这样农村社区成员才能在平等、自由的基础上建立合作关系,这种关系将从以社区为基础的地缘关系转向以个人为基础的网络关系。身份的平等性是现代社会的重要特征,只有身份的平等才能保证竞争机会的平等,才能建立真正的契约关系,只有在此基础上的村民自治才有意义,也才能真正实现。在转变政府职能、缩小行政范围、改革社区领导人产生办法后,变革现有农村土地制度,还农民生产经营者的主体地位,确保农村从小共同体中获得解放,给农民真正的"国民待遇",然后再借助于组织化的手段——农民协会和村民自治组织来改善农民的交易地位,增强其自我保护的能力,这样农民被过分剥夺、农村过密化的状况就会改变。

### 四、国家实行农业保护政策,城市、工业反哺农村、农民

在过去的半个多世纪里,农民为国家的工业化作出了很大的牺牲,这也是今天"三农"困境的重要原因所在,因此,无论是从中国经济与社会发展的实际需要,还是从经济伦理的角度来看,现在都到了城市、工业反哺农村、农业的时候了。实行某种程度的农业保护政策和加大对农村、农业的财政转移支付力度是这种反哺的主要形式。建构新型的农业发展战略,调整城乡关系,变国家与农民之间的强制性关系为契约性关系是这种反哺的主要手段。

关于农业保护政策,有研究者认为中国目前不宜实行农业保护,主要原因是中国农业人口庞大,政府无法实行代价高昂的价格补贴。[①] 其实,这是一种认识上的误区。农业保护政策保护的是在现代社会中处于弱势地位的农业,而与其从业人员的多少没有太多的关系。政府对农业的保护源于"市场失效",农业生产由于其自然性质必然要面临着自然与市场的双重风险,其劳动生产率的提高远远慢于工业生产,因此,在工农业产品交换时,农业生产者所处的谈判地位是非常不利的。为了让农民分享工业化、城市化的成果,更是为了经济与社会的协调发展,许多国家尤其是发达国家都实行程度不同的农业保护政策。其政策的出发点是在保护农民利益的前提下,提高农业生产率,保障农产品的市场供给。日本、美国、欧盟各国的农民收入中有相当一部分直接来源于政府的农产品价格补贴,2001 年 11 月在卡塔尔多哈举行的 WTO 新一轮多边贸易谈判中,以欧盟为代表的发达国家坚决反对取消农产品价格补贴,而只同意逐步减少,这是多哈谈判的重点与难点之一,也是谈判失败的主要原因。2004 年 2 月,新一轮 WTO 的多边贸易谈判在多哈重新启动,但很快失败,其根本原因还是欧美发达国家拒绝削减巨额的国内农业补贴。与世界通行的做法不同,我国目前是世界上仅有的几个向农业征税的国家之

---

① 卢锋:"我国是否应当实行农业保护政策?——外国农业保护政策的经验教训和启示",《战略与管理》1998 年第 6 期。

一,农业各税一年征收量目前不过约 400 亿元,而在 2003 年国家的全年财政收入已达 2 万亿元,完全可以减免农业各税,或是把其征收后作为农村社会保障的建设资金。在社会各方呼吁之下,国务院决定五年内逐步取消全国的农业税。其实,农村九年制义务教育所需的资金每年也不过 1000 多亿,国家也完全可以采取包下来的办法,这对于减轻农民负担和提高农村九年制义务教育的水平都有决定性的意义。

欧美发达国家除直接的农产品价格补贴、停耕补贴、灾害补贴等名目繁多的补贴外,农业保护政策更体现在国家承担了农村、农业发展所需的基础设施建设,在"硬件"上表现为国家投资或补贴农村道路、供电、供水、农田水利设施的建设。例如,美国在联邦预算中有专门用以促进农村公用事业和其他服务设施的资金,美国 1998 年农村住房补贴 36 亿美元,直接贷款 18 亿美元;用于农村社区公共事业的开支 5.8 亿美元,直接贷款 5.3 亿美元;用于农村发展电力和电话事业的开支为 1.2 亿美元。[①] 日本 20 世纪 60 年代的"农业结构改善事业"及 20 世纪 70 年代韩国的"新村运动"都是国家投资农村建设的典型例子。在"软件"上表现为国家投资于农业科研、教育及技术推广,为农民提供农业教育、科技服务和为农民提供农业信贷服务等等。除此之外,还有国家加强对土地资源及环境的保护等,农业也从中收益。

我国对农业的支持主要体现在,国家投资于部分农田水利建设项目及农业科研并建立了一套效率不高的农业科技推广体系。除此之外,国家对农村的公共设施并未承担多少责任,农村的基本生活、生产设施主要是由农民自己投资,尤其是在道路、供电、供水、通信、医疗、教育等方面,国家基本上推卸了自己应承担的责任,国家的公共支出长期以来向城市、工业倾斜。公共支出的重要作用就在于消除"市场缺陷"所导致的收入分配不公平,从中国农村公共收入的筹集、国家财政资源在城乡之间及服务项目等方面的分配来看,公共收入的两个原则——受益原则和支付能力原则都没有得到很好的体现,在政府提供的公共产品和服务的成本费用分配上存在着违背支付能力的城乡不平等问题。国家对农村生产、生活设施的不投入或少投入政策,导致"农业生产者在纳税后还要为享受一般公共产品和服务而付费,这实际上是双重征税"。[②] 这一问题不是今天才出现,而是已有半个多世纪的历史,为确保以重工业为核心的工业化战略的施行而采取的"城乡分治,一国两策"的政策是其根源。[③] 因此,建构新型的农业发展战略,调整城乡关系是其主要内容。

---

[①] 宣兴云、王春法等著:《西方国家农业现代化透视》,上海远东出版社 1998 年版,第 72 页。

[②] 朱钢:"改革以来中国农村财政若干问题透视",《中国农村发展研究报告 2》,中国社科院农村发展研究所,社会科学文献出版社 2001 年版,第 93 页。

[③] 陆学艺:"农民真苦,农村真穷",《读书》2001 年第 1 期。

　　国家通过实行农业保护政策和通过财政的转移支付的方式投资于农村的生产、生活设施,可以增强农业的竞争力,使农业成为一个有利可图的产业,在此基础上的农业规模经营问题、农业结构调整问题才能真正解决。解决了农业问题才能增加农民收入、改善农村社区环境和农民的生活质量,促进城乡协调发展,这既是解决"三农"问题的关键,也是中国现代化建设所必须解决的"瓶颈"问题。

　　如何在借鉴国外经验教训的同时,挖掘和利用中国现代化的本土资源,走出一条中国自己的现代化道路,是值得认真思考的问题。梁漱溟乡村建设理论为我们反思历史和描绘未来提供了一个重要的参考坐标。

# 第七章 梁漱溟乡村建设理论在中国现代化进程中的历史地位

## 第一节 全球化进程中的儒家思想

19世纪以来中国社会的危机,迫使国人反思中国传统文化在近代中国的命运,作为这种反思最重要组成部分的五四新文化运动,对中国传统文化做出了深刻的、系统的和彻底的批判,曾一度出现了"打倒孔家店"和"全盘西化"的极端思潮。作为对这种极端思潮的反应,现代新儒家应运而生。现代新儒家是20世纪20年代兴起的、以复兴和创新儒家文化为标识的一种文化思潮。这股思潮起始于中国大陆,兴盛于港台,流行于海外,20世纪末还一度席卷东亚,成为一时的显学。一般认为梁漱溟、熊十力、冯友兰、张君劢等为新儒家的第一代,钱穆、唐君毅、牟宗三、徐复观等为第二代,杜维明、刘述生、蔡仁厚等为第三代。[①] 梁漱溟被公认为是现代新儒家的开山鼻祖。以新儒家为代表的文化保守主义,与以马克思主义为代表的革命激进主义和以现代西方思想为主体的自由主义一起,成为20世纪中国社会的三大思想流派。20世纪的新儒家不同于传统的儒家思想,尤其不同于被认为是导致中国近代落后的封建意识形态。理解中国传统文化,特别是儒家学说,可以有两个层面:一是把儒家学说作为一种封建意识形态,即沉淀在中国人的文化心理结构中具有"封建"色彩的经济、政治、社会和文化形态,特别是那些在潜意识层面还在起作用的价值和观念。就此而言,中国传统文化有三个相互依赖的系统组成:以家长官僚制度为核心的政治文化、以宗法家族纽带为纲领的社会文化和以小农自然生产为基础的经济文化,可以把这部分的中国传统文化称为"儒教中国"。儒家学说的第二个层面,就是中华民族的自我认同,即象征中华民族优秀传统的文化精神,此为"儒家传统",是一个体现"终极关怀"的精神文明:在最坏的客观条件下表现出最好的人性光辉,具有可贵的抗议精神,是超越性和现实性的结合。[②]

中国的新儒家是在19世纪末20世纪初,变法和革命接连不断而中国社会危

---

① 徐文明:"新儒家与文化重建",《学术界》1996年第1期。

② 洪晓楠:"儒家传统的现代转化——论杜维明的文化哲学思想",《大连理工大学学报》(社会科学版) 2003年第1期。

机日益加深的情况下出现的一种文化思潮,也是在西方资本主义势力席卷而来、面向古老的东方文化呈压倒性优势之时出现的一种文化反应形式,这种形式被称为文化保守主义(或文化守成主义)。资本主义势力向全球扩张所到之处都能激起这种本能式的文化反应,因为伴随着资本主义而来的现代化不仅是一种新的思想、新的制度,更是一种新的价值。在现代化的潮流席卷全球、地球正日益成为一个村子(地球村)的时候,作为对现代化潮流冲击所做出的反应,文化保守主义在世界范围内应运而生。其反应形式从态度温和的"中体西用"、"和魂洋才"之说,到极端的"义和团"运动、"塔利班"政权式的宗教激进主义运动,等等。在多种多样反抗的形式中,文化保守主义(文化守成主义)就是其中常见的一种类型,"文化保守主义"的共同特征是原有文化发生了认同性危机,这种危机的反应之一就是表现出对原有文化优越性的肯定。

中国近代意义上的文化保守主义思潮,不同于政治保守主义,这种"文化保守主义所肯认的'中体'则更注重于体现民族历史精神的文化传统,他们不但将中国文化的道统与旧政统分离出来,还极力赋予其非封建性甚至现代意义的诠释,两者的差别是显而易见的"①。20世纪的文化保守主义与19世纪文化保守主义一样,在主张维护传统文化的同时,也主张引进西方先进文化的要素对传统文化进行改造。19世纪末,出现了以王韬、冯桂芬、郭嵩焘、薛福成、黄遵宪、郑观应等为代表的一些知识分子,这些人都在内地的环境中长大,都在年轻时接受了正统儒家文化训练,但深厚的儒学背景并未阻碍他们认识西方,走向世界。就像梁漱溟的父亲梁济一样,虽是一个典型的精神贵族,深受儒家文化熏陶,但并不妨碍他主张维新变革,并且让自己的子女都接受新式西学的训练。文化保守主义的形成也是对越来越激进的革命思潮和革命行动的一种反应。在清王朝灭亡以后,部分知识分子开始了对中国传统文化的清算,并在五四运动前后演化成"打倒孔家店"和"全盘西化"的极端思潮。作为对这种极端思潮的反应,各种文化保守主义提出了自己关于如何对待中国传统文化的主张,"最能显示此期文化保守主义思潮主流色彩的,则是现代新儒家的活动。"②

梁漱溟是20世纪中国最重要的思想家之一,他对中国文化及其与现代化的关系进行了全方位思考,其理论涉及中西哲学、佛学、儒学、文化、教育、工业化、农村社会发展等诸多方面,他在新的历史时期,试图把引进的西方文化要素与中国传统文化中的优秀部分相结合,来实现中华文化的复兴,他的乡村建设理论就是这种结合的尝试。更为重要的是梁漱溟不仅是一位坐而论道的思想家,更是一位身体力

---

① 萧功秦著:《危机中的变革——清末的现代化进程中的激进与保守》,上海三联书店1999年版,第6页。

② 胡逢祥著:《社会变革与文化传统——中国近代文化保守主义思潮研究》,上海人民出版社2000年版,第15页。

行的社会活动家,尤其是他对自己的乡村建设理论进行了多年的实践。在诸多的新儒家的学者中,只有梁漱溟才是"行动的新儒家",这种行动就是他对自己乡村建设理论的实践。20 世纪 80 年代初,梁漱溟重新活跃在中国的学术讲台,激发起国内外学者对其思想的研究。这些研究首先是把梁漱溟作为新儒家的开山人物来看,认为梁漱溟对儒家传统的重新诠释,为儒学在新的历史条件的复兴创造了条件。甚至认为儒学"可以和犹太教、基督教、伊斯兰教,同佛教、马克思主义、弗洛伊德和后弗洛伊德的心理学家们进行对话,并从中获益"。① 这实际上与艾恺主张的把梁漱溟的思想放到现代化与全球化的大背景中来考察是一致的。

在梁漱溟看来,中国社会的崩溃源于中国文化的失败,是极其严重的文化失调的客观后果。与西方个人本位的社会不同,中国社会在本质上是伦理本位的社会,这种社会突出了家庭、家族,压抑了个人。结果就是所有的问题都被转换为道德问题,以伦理判断代替技术化的行政管理,这是中国文化渐失生命力的根本原因之一。梁漱溟认为,对中国社会的改造,要求助于西方的"团体组织"和"科学技术"这两大法宝,并且从农村着手才能取得成功。所谓"团体组织"也就是西方的民主制度,因此,他提倡社会本位教育,创办"村学"这种政教合一的农村社会组织形式,试图用合作的手段来解决中国社会散漫无力的状况。"科学技术"是梁漱溟从西方借来的改造中国社会的又一"法宝",实现工业化是改造中国社会不言自明的目标,在各种改造中国的社会思潮中,这一点是共同的,梁漱溟也不例外。他认为现代化的大生产要依赖科学技术和社会化的组织手段,所以把"团体组织"和"科学技术"引进中国,复兴农业,从农业引发工业,才能实现中国的工业化,进而为实现民族的复兴和中国文化的重建提供物质基础。求助于西方的"科学"与"民主"来改造中国,必须把它们与中国文化中的合理因素嫁接起来才能达到目的。梁漱溟的主张是,对于西方文化要全盘承受,而根本改过,就是对其态度要改一改;对于中国文化则是"批评的把中国原来态度重新拿出来"。而不能不加批判地强调中国文化的优越性,"只有在怀疑之后,重新认识,重新找回来才行。我曾告诉大家说,中国的民族就是,必须在唾弃脱失之后,再慢慢重新认识,重新找回;他必不能是传统的传下来,因为传统已全无用处。可是重新认识,重新找回,很不容易,不能仍然敷衍陈旧学说。"②中国人必须改变对待西方文化的态度,承认西方文化的长处,也必须批评地、审视地对待中国的传统文化。中国文化中的合理的、有生命力的因素就是中国文化中的"理性"。作为中国传统文化核心内容的儒学,具有任何宗教所不具备的世俗的、现世的精神,其所关注的是日常的生活及其日常生活中的人。儒家学说是一种不同于那种反自然、反神学的西方人文主义,而是主张积极参与现实生活、关

---

① 岳华著:《儒家传统的现代化——杜维明新儒学论著辑要》,中国广播电视出版社 1993 年版,第 301 页。

② 梁漱溟:"孔子学说的重光",《乡村建设》半月刊,山东乡村建设研究院编,第四卷第五期。

注人自身的东方人文主义。① 梁漱溟认为，这就是中国传统文化中的"理性"的体现。"这就是他相信人都有理性，而完全信赖人类自己所谓'是非之心，人皆有之'，什么事该作，什么事不该作，从理性上讲原自明白。"②这种"理性"与韦伯"理性"有差异，但也有共通之处。韦伯的"理性化"一词包含两个方面的内容，一个是"价值理性"，一个是"工具理性"。在韦伯那里，"理性"就是"合理性"，"合理性"就是"现代性"。儒家的"内圣外王"思想中既包括工具理性（格物致知，诚心正意），也包括价值理性（治国平天下——教化天下、怀柔外邦），而"修身齐家"则兼具工具理性和价值理性的两重性。传统儒家思想广受批评之处就在于它"内圣"（格物致知，诚心正意）而不能"外王"（治国平天下——教化天下、怀柔外邦），甚至连"内圣"也难以做到。也可以认为传统儒家"内圣外王"的思想分属两个不同的体系，前者属于价值系统，回答应然问题；后者属于知识体系，回答实然问题，两者属于不同的领域，不能交流，这是儒家"内圣外王"思想落空的原因所在。与东方的儒家学说不同，西方的基督教在历次宗教改革运动的冲击下，逐步变革了其教义，蕴涵了个人自由、世俗理性的现代要求，从而为现代化社会的存在找到了合法性。③ 梁漱溟也看到了中国传统文化中存在这种结构性问题，他把这个问题归结为"中国文化的不落实"，之所以不落实，是因为缺乏落实的手段。他认为，从西方文化中引进科学与民主，就可以使中国的传统文化的合理因素与西方文化嫁接，解决中国传统儒家思想中手段与目标的断裂的问题，这是中国现代化事业的希望所在。

作为一种社会文化思潮的现代新儒家，在20世纪的中国与自由主义相比其影响要小得多，同革命思潮相比，更是不可同日而语，毕竟20世纪50年代以后的中国都是"革命的中国"，革命作为一种意识形态、也作为一种社会形态获得了主宰中国社会的合法性。但是新儒家思想的影响还是在20世纪80年代以后作为一种世界性思潮而出现，甚至还有人预言了人类在21世纪所面临的"文明的冲突"——儒家文明与基督教文明的冲突。

东亚国家（或地区）在20世纪60年代以后，现代化事业取得了长足的进步，使世人惊呼"东亚奇迹"，尤其是把东亚国家（或地区）现代化的基础条件与拉丁美洲地区的现代化的基础条件作一比较后，就会发现，先天条件并不好的东亚已经跑到了现代化的前列。④ 虽然经历的20世纪末的亚洲金融危机，东亚的发展模式与发展经验受到了广泛的质疑，但与拉美诸国比起来，东亚在危机面前的表现仍是不错的。这次危机暴露了东亚发展模式存在的严重问题，但正如亚洲开发银行不久前

① 洪晓楠："儒家传统的现代转化——论杜维明的文化哲学思想"，《大连理工大学学报》（社会科学版）2003年第1期。

② 梁漱溟著：《中国文化要义》，《梁漱溟全集》（第三卷），山东人民出版社1989年版，第105页。

③ 刘冰："传统与现代的契合——当代新儒家的现代观"，《辽宁师范大学学报》1998年第1期。

④ 李明德主编：《现代化：拉美和东亚的发展模式》，社会科学文献出版社2000年版。

估计的那样,"在过去30年里推动亚洲取得引人注目成就的许多基础因素仍然完好无损",经过调整和改革,东亚"将在比过去更加坚实的基础上恢复持续增长"[①]。拉美诸国在经历过20世纪60年代经济的快速增长后,却陷入了拉美化的泥潭。虽然有人仍看好拉美国家的发展,但在短时间内,拉美国家还一时难以找到克服"拉美化"问题的灵丹妙药。在东亚现代化的进程中,儒家文化到底起了怎样的作用,目前还存在广泛的争论,但一个不争的事实是,如果儒家文化还不能被证明是一种推动现代化的力量,那至少已经可以被证明它不是一种阻碍现代化的力量。在东亚国家(或地区)内部,都不同程度地认同儒家文化在现代化进程中的推动作用。明治维新以后,在日本流行的"和魂洋才"和"士魂商才"两个口号,有着极其丰富的内涵,其历史渊源久远,比较典型地表达了日本传统文化与现代化的关系。"和魂汉才"、"士魂汉才"的"士魂",是指封建武士的伦理思想、伦理观念,即武士道。"和魂洋才"的含义,是日本固有的民族精神与西方科学技术及资本主义经营管理知识、技能相结合。旧有的武士伦理观念,经过扬弃、筛选和转换,适应了资本主义的需要,又与西方传入的某些可接受的资本主义思想相结合,逐渐成为日本发展资本主义的指导思想。即是说,这两个口号不仅仅是从事产业革命的资本家们的理论和信条,而且是日本进行现代化的指导思想和根本路线。在日本近代思想历史上,被誉为日本"现代化之父"的涩泽荣一,首倡《论语》与算盘必须统一,提出"《论语》算盘说",力倡儒家伦理与经济的一致,重新解释孔子的理财富贵观,阐释和确立了"义利合一"的观念。涩泽荣一"《论语》算盘"思想和"道德经济合一"论有力地推动了日本近代社会经济的发展,十分明显地表现了传统文化的积极作用。[②]日本用儒家伦理加经济民主的模式,实现了现代化,形成了独特的新文化体系,新加坡以儒家为主导思想、以道德为立国之本也走出了一条成功之路。这都意味着儒家文化在经过现代改造以后仍是一份重要的精神遗产。

现代新儒家作为学术流派,与其他思潮一样,目的是推动中国的现代化,与其他思潮的区别在于它强调社会的根本问题是文化问题,文化问题的解决比社会问题、政治问题的解决更迫切、更根本,难度也更大。新儒家之"新"在于能以开放的心态对待中国传统文化和西方文化。一个世纪以来,现代新儒家为畅通中华民族文化的本源,保存民族文化的命脉,反对全盘西化的民族虚无主义,做出了重要贡献。[③] 现代新儒家对中国现代化的关切,使它具有了深刻的时代意义和价值。它对人本身、人的存在意义、价值和自我完善问题以及人类文化的前途的探索,都极

---

①　李明德主编:《现代化:拉美和东亚的发展模式》,社会科学文献出版社2000年版,第22页。

②　李玉、严绍主编:《传统文化与中日两国社会经济发展》,北京大学出版社2000年版,第219—200页。

③　张椽浩著:《复兴民族文化的探索——现代新儒家与传统文化》,江苏人民出版社2003年版,第286—287页。

具现代意义。① 除了对中国传统文化进行改造,使之具有现代意义外,现代新儒家还赋予中国文化以世界文化的意义。把中国文化作为世界文化的一部分,用西方文化做参照来研究中国文化,在近代历史上梁漱溟首开先河。1921 年,梁漱溟正式发表《东西文化及哲学》一书,梁漱溟第一次把中国文化纳入世界文化体系中加以考察,赋予中国文化以世界文化的形式,被认为是新儒学的开山祖师。"中国传统思想基础雄厚,面对西方文化的冲击,只要采取正确的态度,可以走出一条不失主体框架的思想文化发展道路,中国一定有能力开拓这一道路,这一条道路的可行之处在于正确对待中国传统思想之中,即对中国传统思想的现代清理、价值观念的更新之中。现代意义上的清理需要一个参照系,这个参照系不能在中国传统思想自身之中寻求,而在于站在世界文化的高度,对西方进步文化的借鉴之中。"② 梁漱溟的乡村建设理论及其实践正是这种努力的一部分。

## 第二节　历史视野中的乡村建设理论

乡村建设理论是梁漱溟思想体系中的重要组成部分,而梁漱溟又是现代新儒家的领军人物,在乡村建设理论及其实践发表、发起之日就遭到来自自由主义者和革命激进主义者的批判,面对种种批判,梁漱溟不为之所动,坚持自己的理论及其实践。1935 年 4 月,新知书店出版了千家驹、李紫翔主编的《中国乡村建设批判》论文集,对 20 世纪 30 年代在全国各地兴起的乡村建设运动,从理论到实践均有所批判。梁漱溟于 1941 年 2 月出版了《答乡村建设批判》一书,作为对这种批判的答复。

在《答乡村建设批判》一书中,梁漱溟主要回答了批判者提出的以下几个问题:

第一,乡村建设是打破现状还是维护现状?批判者认为,乡村建设的改良主义性质其实质是要维护农村的现状。在今天看来这种批评有些不着边际,乡村建设运动是一种改良主义运动,任何社会改良运动要想取得成效,几年时间实在是太短了,乡村建设运动只是改变现状太慢而已,用梁漱溟的话说就是"号称乡村运动而实际上乡村不动"。③

第二,乡村建设运动要通过什么样的道路来实现对中国社会的改造?千家驹指出,中国的社会改造应该是由这样一种组织来领导,这样的组织应该是能代表最广大农民的利益,必须是自下而上组织起来的,这种组织必须是能够适应世界潮流的,而且必须以反对帝国主义和封建势力为主要任务,很显然,这种组织是革命性的组织,基本上是要以革命的手段来实现对中国社会的改造。而梁漱溟所领导的

---

① 方松华:"现代新儒家与中国现代化",《社会科学》1996 年第 5 期。
② 曹德本著:《中国传统思想探索》,辽宁大学出版社 1988 年版,第 378 页。
③ 梁漱溟:"我们的两大难处",《梁漱溟全集》(第二卷),山东人民出版社 1989 年版,第 573 页。

则是一种社会改良运动,这种改良运动的主要内容是,推动社会、组织乡村;知识分子下乡领导乡村改造;改造方法是组织农民进行经济上的合作、政治上的自治;乡村建设运动主要是要解决中国的政治问题、推动国家的统一。革命和改良是改造社会的两种不同的思路,应该都有其合理性。梁漱溟试图"以进步达到平等,以建设完成革命",这固然是行不通的,革命的问题只能用革命的手段来解决,但建设的问题同样只能用建设的手段来完成。梁漱溟乡村建设理论不能解决革命前的中国问题,也不能解决只有用革命手段才能解决的问题,但可以为革命以后中国社会的改造和建设提供有价值的参考。在已有的研究中,仍多以"失败"来看待梁漱溟领导的山东乡村建设运动,实际上,山东的乡村建设运动只有短短的 7 年时间,对这样一种全方位的社会改造实验来说,时间是太短了,而且,山东乃至全国的乡村建设运动是被日本侵略战争所打断的。

第三,如何解决中国的政治问题? 乡村建设运动的批判者指出,乡村建设运动无法解决只有通过革命才能解决的政治问题,而事实证明这一批判是切中要害的。对于如何才算是解决了中国的政治问题,梁漱溟认为有两个标准:一、能够统一稳定,国权之树立,便为初步的解决;二、彻底完成一民主主义之新政治制度于中国,乃为完全的解决。① 事实是,中国共产党人在梁漱溟写作此书后的第八年就用革命的手段建立了中华人民共和国。按梁漱溟的两条标准,算是彻底解决了中国的政治问题。这是非常出乎梁漱溟意外的。1950 年初,梁漱溟应中共之邀到北京共商国是,并到全国各地参观了正在进行的土地改革运动。1951 年 10 月 15 日,梁漱溟在《光明日报》上发表了《两年来我有哪些转变》的文章,改变了自己的一些看法,包括对自己的理论的看法,也包括对中国共产党的看法。②

第四,乡村建设运动对待帝国主义、军阀到底是什么态度? 批评者认为乡村建设运动不反对帝国主义,不反对封建军阀,不领导农民反对封建土地制度,因此不能最大限度地得到农民的支持,这是乡村建设运动实际不动的主要原因。梁漱溟对批评的回答是,不是不反对帝国主义、反对封建军阀,而是反对的方法不是用暴力革命的方法,而是要用乡村建设来解决这个问题。如果能够复兴农业,从农业引发工业,实现中国的工业化,解决了中国的政治问题、经济问题和社会问题,也就是完成了中国的文化重建问题,那就自然解决了帝国主义和军阀的问题。在对待日本侵华的问题上,梁漱溟也是这个态度:搞好乡村建设才能更好地抗击日本的侵略。当然,在抗战爆发后梁漱溟还是很快投身到抗战之中去。

除了来自革命派的批评以外,乡村建设运动在当时还遭到自由主义者的批判。这些批判多指出,在历史已进入工业化时代之后,乡村建设运动还指望复兴农业,

---

① 梁漱溟:《答乡村建设批判》,《梁漱溟全集》(第二卷),山东人民出版社 1989 年版,第 605 页。
② 李渊庭、阎秉华著:《梁漱溟先生年谱》,广西师范大学出版社 2003 年版,第 242－245 页。

引发工业,进而解决中国的问题,这是对现代化潮流的一种反叛,应该发展城市和工业,以便来救济农业和农村,而不是相反。这种批判比革命派的批判更不着边际,因此,没有得到梁漱溟的回应。从日本、韩国以及我国台湾地区农村现代化的历史进程来看,农村现代化的过程离梁漱溟的主张比较接近,而离自由主义者的批判主张较远。

在回复外界批判的同时,梁漱溟自己还对乡村建设运动进行了深刻反省。这种反省体现在 1936 年 10 月 25 日梁漱溟在山东乡村建设研究院的讲话中,这篇讲话的题目是"我们的两大难处",其一是高谈社会改造而依附政权,其二是号称乡村运动而乡村不动。依附政权的问题是乡村建设运动本身面临的一个深刻的悖论:如果得不到政权的支持,乡村建设运动无法开展,河南村治学院存在不到一年便结束就是最好的证明。如果依附政权,依靠政权来进行社会改造,这哪里还是社会改造呢?况且在梁漱溟看来,当时的国家政权对社会、对人民来说都是一个剥削者和压迫者,是乡村建设运动的重要改造目标之一。如果依附了这样一个需要被改造的国家政权,那是根本不可能对其实行改造的,其结果就是站在政府的立场上来改造社会,这当然也就背离了乡村建设运动的初衷,不再成为乡村建设运动了。这是梁漱溟的两难,也是整个乡村建设运动的两难。对于乡村不动的问题,除了与站在政府一边来改造农民有关外,还与乡村建设运动的社会改良性质有关。社会改良运动不能像革命运动那样实现对社会的有效动员,因为其一,没有革命者那样严密的组织;其二,没有用来动员农民的资源。乡村建设运动承诺的东西都是经过漫长的奋斗才能实现的,而不是像革命的目标那样明确、具体,并且易于达成。这就注定了社会改良是一个漫长的过程,在短时间里一时难以看到效果。梁漱溟认为,在进行深刻的反省以后,只要坚持立场,从小处着手,从大处着眼,一步一个脚印地努力,乡村建设运动的目标一定是可以实现的。[①]

在 20 世纪 50 年代,梁漱溟的乡村建设理论还被批判过,只是这种批判不是学术意义上的批判,因此弃之不论。20 世纪 80 年代以来,梁漱溟思想成为学术界研究的热点。但对其在山东邹平所领导的乡村建设实践的评价长期受意识形态的影响,不够公正与客观,已有的研究没有能"放宽历史的视野",缺少对其理论和实践在中国现代化的历史进程中的对比研究。在已有的研究成果中,美国学者艾恺最先把对梁漱溟的研究放到现代化和全球化的大背景中,艾恺认为,如果我们把梁漱溟作为对来自外界冲击反应的世界性反应的一种,或许能看出梁漱溟的真正意义。中国的现代化是一种非内生型(Endogenous Development,又译为内发性发展)的

---

① 梁漱溟:《答乡村建设批判》,《梁漱溟全集》(第二卷),山东人民出版社 1989 年版,第 605 页。

现代化，①对中国这样一个拥有五千年悠久文明的民族来说，现代化的进程必定是一个充满痛苦的涅槃过程，在这个长期曲折的历史进程中，我们不能奢望有一个思想家、一种理论或理论流派能够为中国的现代化进程描绘出准确的蓝图。一种思想或理论的生命力在于它为中国的现代化事业贡献了多少有价值的思考。从"传统"到"现代"是一条漫长的道路，现代化不是一天的工作，也不是一年或十年的工作。中国的现代化过程就是一个不断"试错"的过程，梁漱溟乡村建设理论及其实践就是这一过程中最有意义的尝试之一，其理论的生命力就在于它为中国社会的改造提供了一整套的较为可行的方案，并进行了极为可贵的实验。但在革命的意识形态成为中国社会的主宰以后，曾一度认为革命是改造中国社会唯一可行的手段，甚至也是现代化建设的可行手段，试图用革命的方法来推动建设，在一段时间内把凡是不革命的就看成是反革命的，对人与事物的评价完全取决于他与革命的关系。除此之外，我们还仍然习惯以成败论英雄，但正如美国学者艾恺所言的那样："并非任何事都宜于根据我们眼见的成败去认识和估量。多次去邹平后，我觉得本来是他对了，他提出的确实是建设中国的长期方案。"②

　　梁漱溟的乡村建设理论是一个极具时代特征和个人特色的理论，也是"行动着的新儒家理论"，这一理论同其他任何关于中国现代化的理论一样，也有自身无法逾越的历史局限。

　　乡村建设理论的时代特征体现在，它是在中国现代化事业屡屡受挫后、激进主义思潮要全面抛弃中国传统文化之际，提出的一种在肯定民族文化合理因素的前提下，引进西方文化来改造中国文化的理论。这一理论的价值取向是维护并发扬中国传统文化，甚至在将来用改造后的中国文化来拯救世界。梁漱溟在这里所提出的是一个带有普遍性的问题，那就是对现代化的后来者们来说，既然全盘西化是不可能的，那么如何在民族文化与外来文化之间寻找一种结合的契机呢？因此，可以认为，梁漱溟的乡村建设理论是一种"内发性发展理论"。

　　乡村建设理论的个人特色，表现在梁漱溟这位"最后的儒家"身上。梁漱溟出身元朝宗室，祖上世代为官，梁家是真正"官宦之家"、"书香门第"，梁漱溟从小就深受儒家文化的熏陶。更为重要的，梁漱溟的父亲梁济是一位身体力行的儒家道德的实践者，一生既恪守儒家的修齐治平的道德理想，又是一位力主维新并亲身实践者，正是在其父亲身上，梁漱溟看到儒家文化的生命力，看到中国传统文化在本质

　　① 内生性发展（Endogenous Development，又译为内发性发展）指的是一种不同于"冲击—反应"模式的现代化道路，是在力图保持固有"文化基础"的同时，积极导入外来文化并加以实践从而促进本国发展的一种传统。这种模式强调尊重历史传统，并创造性地转化外来模式来谋求自身的发展。［日］三井善吉著：《传统中国的内发性发展》，中央编译出版社 1999 年版。

　　② ［美］艾恺（Guy. s. Alitto）著：《最后的儒家——梁漱溟与中国现代化的两难》，江苏人民出版社 1995年版，第 4 页。

上并不拒斥西方文化。在梁济一代人中，他并不是唯一，梁济的好友彭仲翼，也对梁漱溟产生了很大的影响。在晚清的知识分子中，这种深受儒家文化熏陶又力主维新变革的人，如郭嵩焘等，都是中国现代化事业的积极推动者。梁漱溟的这种成长环境和所受的早期教育，对梁漱溟乡村建设理论的形成产生了很大的影响。也正是这种影响才使得梁漱溟深信中国文化仍然有强大的生命力，在传统与现代性的取舍上徘徊不定、犹豫不决。

如同其他任何一种理论一样，乡村建设理论也有自己无法克服自身理论的局限、摆脱不了理论与实践之间的矛盾。

从理论上讲，乡村建设的最终目标是要复兴中国文化，并用改造后的中国文化来拯救整个世界。要复兴中国文化，就要从还保留有中国传统文化的乡村去着手，复兴农业，引发工业，实现国家的独立和富强。然而，"如果中国文化的本质就是中国物质低下的直接原因，它的复兴又如何能够解决中国的物质低下问题呢？理性曾经使中国与富强无缘，它现在又如何能突然使他们获得富强？而且，那些被梁漱溟视为中国文化对立物的西方文化的因素又恰恰被他认为是西方物质成功的原因，并且对于乡村建设也是必要的。"①中国传统文化可分为以知识分子为载体的精英文化和以普通大众为载体的通俗文化，鉴于梁漱溟自身的成长和教育环境，有理由相信梁漱溟所要保存和发扬的主要是以知识分子为载体的精英文化，梁漱溟却要到乡村寻找，"都市人各不相关，易引起狭小自私的观念；乡村则比较能引起地方公共观念，中国固有的社会是一种伦理的社会、情谊的社会；这种风气、这种意味，在乡村里还有一点，不像都市中已被摧残无余。"②在他的乡村建设理论中，梁漱溟的这种主观判断随处可见。③ 梁漱溟没有受过系统的学术训练，也没有在工业化后的大城市里生活过，他对城市的想象有时就同他对乡村的想象一样，充满了主观臆断的成分，这也是乡村建设理论主要缺陷之一。

---

① ［美］艾恺(Guy. s. Alitto)著：《最后的儒家——梁漱溟与中国现代化的两难》，江苏人民出版社 1995年版，第 284 页。

② 梁漱溟著：《乡村建设理论》，《梁漱溟全集》（第二卷），山东人民出版社 1989 年版，第 316 页。

③ 梁漱溟的这种主观臆断，主要源于他的生活经历和早期教育，也与当时中国社会的发展程度有关，这就是他无法突破的历史局限。从发达国家的经验来看，事实与梁漱溟的判断正好相反。国际上通常把为社会提供公共产品与服务的政府看做社会的第一部门（The First Department），把以效率为第一目标的企业看做社会的第二部门（The Second Department），而把各种非营利性、非政府的中介服务组织看做社会的第三部门（The Third Department），社会工作机构是第三部门的主体。以社会工作机构为主体的第三部门可以在促进社会公平、化解社会风险上起重要的作用，政府的社会保障功能在一定程度上要依托社会工作机构来实现。在传统农业社会向现代社会的转型过程中，社会成员的保障义务逐步转移到政府那里，形成一种制度化、组织化的社会保障体系，来克服现代社会所带来的不确定性。这种制度化、组织化的保障制度首先诞生在城市而不是农村。社会的第三部门担负起解困济难和发展援助的职能，这种组织所体现出来的对社会弱者充满温情的关怀，正是梁漱溟在农村要寻找的。崔效辉、晏凤鸣："论突发性社会危机应对中政府职能与社工角色"，《南京人口管理干部学院学报》2003 年第 2 期。

梁漱溟在乡村建设理论中所设计的"人治的多数"，仍然是"为民做主"的传统思路，它可以成为、也必然成为中国社会迈向民主政治的过渡阶段，但其目标取向必定是真正的民主政治。在乡村建设理论中，梁漱溟把手段当成了目的。费孝通在《乡土中国》也谈到了农村的习惯法和现代国家正规法律的冲突。在一定时期内，国家的法律在农村的施行肯定会遇到来自习惯的阻力，但在两者的博弈过程中，国家的法律最终要在它的适用范围内起作用。如果主张用农村的习惯法来取代国家的正式法律，那就违背了现代国家所要求的法治原则。

乡村建设理论与实践的矛盾主要表现在，理论要迁就实践。乡村建设理论要求启发农民的"理性"，引导农民走合作之路，但在实践上能引导农民走合作之路的不是梁漱溟所期望的"理性"，而恰恰是农民的自私自利——参加合作社能够提高自己的经济收入，或许还能提高自己的社会地位。乡村建设理论把实现社会改造的力量定位于知识分子与农民的结合，视政府为一种异己力量，是社会改造的目标之一。但在实践上，我们看到的只是政府机构设置的变化，而不是改变它的职能或是对它本身进行改造。这种理论对实践的迁就，我们在山东的乡村建设实践中随处可见。现代化的实践表明，现代化后发型国家在现代化的过程中，政府对现代化事业的主导地位无法取代，从经验来看从未有过一个国家，政府只是一个旁观者，而由民间组织来推动就实现了现代化。

梁漱溟乡村建设理论中的这些历史局限是它自身无法克服的，就如同任何一种理论都不能克服自身的历史局限一样。但这些局限并不妨碍乡村建设理论成为一种对中国的现代化事业有启发意义的理论，也并不妨碍我们在推进农村现代化建设时从中寻求帮助。

## 第三节　梁漱溟乡村建设理论在中国现代化进程中的历史地位

发展社会学主要有两大研究方法，其一是社会指标法，这一方法所用的社会指标是指反映社会结构与社会发展状况的数量特征，它是测量社会现象和社会过程的工具，可说明社会的状态、发展水平和发展趋势。其二是历史比较法，是指按照时间顺序解释同一社会内部或不同社会中的社会现象或事物的相似性和差异性的一种研究方法。研究社会发展或变迁离不开历史比较的方法，这一方法要求把发展问题置于整个人类社会发展的历史之中加以考察，也就是把时间维度作为一个基本变量，注重对一个社会不同时期或同一时期的不同社会形态的比较研究。[①]

社会学理论从其诞生之日起就比较重视历史分析，社会学理论的创始人孔德及后来的大师级的理论家如马克思、韦伯等都有很强的历史意识，其传世之作也多

① 吴忠民、刘祖云主编：《发展社会学》，高等教育出版社 2002 年版，第 389—399 页。

用历史比较法。20 世纪以降,实证主义的社会学成为社会学的主流,社会学家比较注重对共时态的社会微观研究,但对宏观社会的变迁研究一直在社会学的研究中占有重要地位,在现代化理论和发展理论的研究中出现了微观研究和宏观研究并重的局面。20 世纪末在历史比较研究方面又出现了沃勒斯坦这样的理论大师,运用历史比较的方法在理论研究方面出现了新的突破。

本书认为,只有把梁漱溟的思想放到中国现代化和全球化的大背景中来考察,才能准确认识其思想的价值。本书试图用历史比较法对梁漱溟的乡村建设理论进行研究。梁漱溟乡村建设理论是中国现代化建设中的一份重要精神遗产,如果我们能够放宽历史的视野,把梁漱溟的乡村建设理论放到 20 世纪这 100 年的历史进程中、甚至鸦片战争以来一个半世纪的中国现代化进程中来看,我们就会对梁漱溟及其乡村建设理论有一个比较准确的定位,而不会拘泥于一些细枝末节。对梁漱溟的乡村建设理论我们不仅要用放大镜进行深入、细致的研究,同样也需要用望远镜来窥其全貌。本书的主要结论如下:

一、梁漱溟是 20 世纪中国最重要的思想家之一,他对中国文化及其与现代化的关系进行了全方位思考,其理论涉及中西哲学、佛学、儒学、文化、教育、工业化、农村社会发展等诸多方面,其思想的深度和广度是少见的,他指出中国的根本问题是文化问题。由于中国文化在东亚两千年来享有的“光荣的孤立”,形成了以自我为中心的“天朝模型”世界观,不能平等对待外来文化,尤其是在近几百年来的中西文化交流中,仍然把西方文化看做“夷、狄”文化。鸦片战争以后又认为中国文化不如西洋文化。因此,要把中国文化放到世界文化的大背景中来考察,为中国文化确立一个必要的参照系,才能正确认识中国的文化。梁漱溟的《东西文化及其哲学》及《中国文化要义》正是按照这种思路来认识中国文化的。梁漱溟开创的这种文化对比研究,开阔了中国人的研究思路,他主张在“返本开新”的基础上复兴中华文化,他由此被公认为现代新儒家的领导者。在梁漱溟看来,中西文化的对比是“认识老中国”的最好方法。“认识老中国”是为了“建设新中国”,只有在正确地认识了中国文化之后,才能为中国的社会改造提供有价值的、可操作的设计。

作为与梁漱溟几乎同时代、但学术风格完全不同的费孝通,其所接受的学术训练是西方式的,其早年的研究也是实证主义的微观研究,在第二次学术生命迸发之时仍是从小城镇研究开始的,但综观费孝通近 20 多年的研究可以发现,他逐步从微观的实证研究过渡到宏观的理论研究、从具象研究过渡到抽象研究、从生态研究过渡到心态(文化)研究,“文化反思”成了费孝通晚年研究中一个主题。他认为 20 世纪是一个世界性的战国时代,由一个个分裂的文化集团合成一个统一的世界,一个多元一体的国际社会。中国文化是世界上许多个不同的文化集团中的一个,是世界上历史最悠久的几个文化集团中到现在还没有中断、还在发展的一个。中国文化正处在一个世界文化统一体形成要成而未成的前夕,这是一个世界性的战国时期,其发展有个方向,就是多元一体的世界文化的出现。① 在新世纪到来之际,世界并没有变得更为和平,而是更加充满了动荡和冲突,这种动荡和冲突的背后都有文化的因素在起作用。对于这样一个动荡的世界性"战国"时代,费孝通认为,我们这样的时代需要一个"新的孔子",这个新孔子"不仅懂得本民族的人,同时又懂得其他民族、宗教的人。他要从高一层的心态关系去理解民族与民族、宗教与宗教和国与国的关系"②。面对这种世界性的"战国"时代,费孝通主张不同文化、不同宗教背景的人民要"各美其美,美人之美,美美与共,天下大同"③。费孝通研究的转变说明了无论是中国文化走向世界的问题,还是世界不同文化集团的和平共处问题,都是我们所面临的尚未解决的大问题,也说明了梁漱溟在中国开创的文化比较研究依然很有意义。美国学者艾恺这样评价梁漱溟:"梁漱溟是一个文化守成主义者,他的思想在当下不易为人们所接受。不过,一百年后回顾 20 世纪中国的思想家,或许只有他和少数几个人才经得住时间的考验,而为历史所记住。"④在全球化的背景下,如何推进中国的现代化事业,如何实现中华文化的现代转化并与世界先进文化平等交流,我们仍可以从梁漱溟的思想中寻求有益的借鉴。

二、梁漱溟的乡村建设理论是梁漱溟理论体系中的"行动理论",是行动的新儒家理论,是其他诸方面理论的逻辑归宿,对该理论的实践也是梁漱溟社会活动中的最重要的组成部分。在乡村建设理论中,梁漱溟不仅回答了中国社会"是什么"、"为什么"的问题,而且还提出了解决中国问题的行动方案,即回答了"怎么办"的问题,更为重要的是梁漱溟不仅是一位坐而论道的思想家,更是一位身体力行的社会活动家,尤其是他对自己乡村建设理论进行了多年的实践。把中国的传统文化与西方文化进行嫁接并付诸实践,是梁漱溟乡村建设理论的本质,这一理论及其实践仍是我们今天解决农村发展问题的重要精神遗产。

在 1934 年召开的中国社会教育第二届年会上,梁漱溟提交的"由乡村建设以复兴民族"的讨论提纲,比较清晰地说明了他的理论逻辑:

甲:民族复兴问题

1. 近百年来,中华民族之不振,是文化上的失败。

2. 文化上的失败,由于不能适应世界大交通后之新环境。

3. 五六十年来,时时变化,以求适应,但无积极成功,只是本身文化之崩溃。

4. 民族复兴有待于之重新建造。

5. 所以民族复兴问题即文化中心建造问题。

---

① 张冠生著:《费孝通传》,群言出版社 2000 年版,第 567 页。

② 费孝通著:《费孝通学术散文》,浙江文艺出版社 1999 年版,第 442 页。

③ 张冠生著:《乡土足音——费孝通足迹、笔迹、心迹》,群言出版社 1996 年版,第 262 页。

④ [美]艾恺(Guy S. Alitto)著:《最后的儒家——梁漱溟与中国现代化的两难》,江苏人民出版社 1996 年版,第 4 页。

乙：民族复兴之途径

1. 文化建造即社会组织机构之建造。

2. 中国新社会组织结构必肇端于乡村。

3. 所谓乡村建设，乃从乡村中寻求解决中国政治问题、经济问题，以及其他一切社会问题之端倪。此端倪之寻得，即新社会组织构造之发现。

4. 新社会组织构造之发现在乡村不过是一个苗芽，此苗芽之苗长以至长成，都靠引进新的生产技术、生产组织，乃至一切科学发明。

5. 新社会组织结构之开展，以讫于完成，即文化建造成功，亦即民族复兴。①

在找到民族复兴的途径之后，梁漱溟为乡村建设设计了既符合西方民主精神又与中国传统文化相契合的"乡农学校"这样一种农村社会组织。这个组织是在引进西方文化的长处"科学技术"和"团体精神"的基础上，结合中国儒家传统而设计的一个地方自治组织，并非是国民教育意义上的"学校"。这个乡村组织是理想社会的苗芽、端倪，也就是中国经济进步的必要条件。

乡村建设的行动起点就是在农村推行政教合一的新型农村社会组织——乡农学校，这种组织结合了中西文化的长处，把"科学技术"与"团体组织"引进了农村。在社会方面，可以克服很多农村社会的腐败和陋习，把农民带入一种文明的新生活中；在经济上，可以通过互助合作的方式，利用合作社这种形式改善农村金融流通、引进新技术和新品种；在农业复兴后，农村市场就产生了对工业品的需求，引发了农村工业，进而实现国家的工业化；在政治方面，农民在乡农学校中学会了民主的习惯，实现了地方自治，为国家的民主政治打下了坚实的基础。这样一来，"以建设完成革命，以进步达到平等"的乡村建设运动的目标就实现了。梁漱溟认为，乡村建设可以解决中国的社会问题、政治问题、经济问题，是国家富强、文化复兴唯一可行的道路。梁漱溟在乡村建设理论中提出了一系列的设计和设想，这些设计和设想涉及农村中的政治、经济和社会生活的诸多方面，勾勒了一幅农村新社会的蓝图。他的这些设计和设想对 21 世纪中国农村的发展仍富有启发意义。

三、20 世纪 50 年代以后，以毛泽东为首的中国共产党人按照自己所理解的马克思主义，对中国社会实行全方位的改造。在农村进行彻底的土地改革后，很快又推行了农业的合作化及集体化——人民公社化。在完成工商业社会主义改造以后，城市国有工业已成为国民经济的主体，城乡之间、工农之间按照有利于城市与工业的原则，在国家的严格控制下进行不平等的交换，这种不平等交换的实质是把农业剩余甚至是部分非剩余强制转移到城市和工业中去。但是在农业集体化的30 年间，中国农业仍处于"内卷化"的状态中，农村经济对大多数农民来说仍是"糊口经济"。经过 20 多年的改革，中国农村经济又迈上了一个新台阶，但除沿海地区

---

① 梁漱溟："由乡村建设以复兴民族"，《乡村建设》半月刊，山东乡村建设研究院编，第四卷第五期。

和大中城市能够辐射到的郊区以外,中国中西部地区的大多数农民仍是处在温饱有余、富裕不足的状态中,对他们来说,农业的内卷化状态还没有被打破。这说明我国农村经济与社会发展的战略要做根本性的调整,而不是进行局部的修补。这种调整就是要回答梁漱溟在乡村建设理论及实践中所提出来的问题,即如何在不剥夺农村、农民的情况下实现国家工业化,如何实现城乡协调发展,如何把科学技术引进农村,如何在农业生产中引入合作组织,如何使农民在政治上实现真正的自治,如何在改善农民物质生活的同时,提升农民的精神生活品质,等等。

在如何实现国家的工业化方面,梁漱溟的主张是从农业引发工业,国家、社会和个人在各自能够起作用的范围内,协力完成国家的工业化。这种工业化不仅不会剥夺农民,还会使农民从中受益,并促进农业的科学化,最终实现城乡社会的和谐发展。如何才能把科学技术引进农村呢? 梁漱溟的设计是首先要对农民进行合作教育,培养农村的合作组织,使它成为科学技术下乡的载体。有了这个载体,才能克服小农生产与科学技术之间的天然障碍。如果没有这样一种农民自己的合作组织,分散的农民即无法充分利用科学技术。农民就有了自己的组织,这就提高了他们在市场交易中的谈判地位,即可以应对所面临市场风险和自然风险,保护自己的利益。反之,农民不仅无法应对自然的风险,还容易受到各种中间商的剥削以及来自政府的无限度的苛求。在人民公社期间,我们建构了新型的国家与农民之间的关系,国家取缔了市场,直接和农民进行交易。事实证明,分散的农民同强大的国家政权之间并不可能有平等的契约,农民自身无法保护自己免受国家政权的过度剥夺。不仅如此,同分散的农民相比,农民的交易对象都是严密组织起来的力量,农民在出售农产品时面对的是国有垄断的粮食、棉麻等收购部门,而在购买农用物资时面对的又是供销社、种子公司、农机公司等有组织的力量,因此,在交易过程中农民始终处于不利的地位,被剥夺实在无法避免。有了经济上的合作组织,农业的科学化就有了保障,而经过合作组织训练的农民自然也就在合作的过程中,学会了如何民主管理、提高了管理水平。

在我们试图解决这些问题,进一步推动农村的现代化进程时,梁漱溟的乡村建设理论是一份宝贵的本土精神遗产。

四、日本、韩国以及我国台湾地区在农业发展和农村现代化建设中的许多做法,旁证了梁漱溟乡村建设理论的价值。

由于众所周知的原因,梁漱溟的学术创作和创造性的社会实践活动,在 20 世纪 50 年代初就过早地结束了,当时其理论思想、乡村建设实践以及其他一些社会活动都受到了批判,梁漱溟的学术思想和乡村建设实践的影响被大大削弱。在此后的几十年里,中国没能对这一理论进行深入的研究以及学术意义上的批判。更谈不上对其理论进行借鉴。因此,要审视这一理论和实践的现代化取向,除了度量这一理论和实践本身以及后来者的农村现代化的设计、实践外,还可以有另外一种审视的角度，那就是与中国 20 世纪上半叶有可比性的国家或地区，它们在农村现代化进程中是如何设计、如何实践的，其结果又是怎样的？也就是指按照时间顺序解释不同社会中的社会现象或事物的相似性或差异性。20 世纪上半叶与中国农村经济、社会发展有可比性的是日本、韩国。从它们农村现代化的进程中，多多少少可以看出梁漱溟乡村建设理论的影子，这可能是不谋而合（日本、韩国）。

日本、韩国以及我国台湾地区的农村现代化进程各具特色，又有共同的特征，这些特征与梁漱溟乡村建设理论相关的内容如下：

1. 日本、韩国以及我国台湾地区都在政府的主导下，用和平渐进的手段进行了土地改革，消灭封建土地制度，在农村实现了地权的相对平均化，这是梁漱溟在乡村建设理论和实践中梦寐以求、但当时在大陆无法做到的。梁漱溟的理想是由政府出面来解决农民的土地问题，因缺乏强有力的政府以及对政府的怀疑，梁漱溟对当时的中央政府和地方政府都不抱这种奢望，只能设想通过合作的方法，慢慢解决农民的土地问题，日、韩的土地改革正是梁漱溟设想的和平渐进的土地改革方式。

2. 日本、韩国以及我国台湾地区都是先恢复农业，稳定农村，然后再开始进一步的工业建设。对日本来说，因其工业化水平较高，加上朝鲜战争的影响，其工业恢复快。对韩国和我国台湾地区而言，在恢复农业生产以后，在 20 世纪 60 年代都依托"出口替代"的战略实现了工业化。日本、韩国以及我国台湾地区在工业化的过程中，都不同程度地出现过城乡之间、工农之间不平等交换的问题，日本是靠农业保护政策来扶持农业，台湾则是靠"第二次土改"，韩国是靠"新村运动"来解决这种问题。

3. 日本、韩国以及我国台湾地区都不同程度地扶持农村工业，引导工业下乡，让农民能够享有工业化所带来的好处，主要是为农民提供农业以外的收入机会，比较顺利地实现了工业化和城市化。在完成工业化以后，又不同程度实行农业保护政策，保护面临自然和市场双重风险、处于弱势地位的农业。

4. 同梁漱溟的主张一致，日本、韩国以及我国台湾地区都比较重视社会中介组织（农业合作组织和农民自治组织）在农村现代化进程中的作用。在市场条件下，如果没有合作组织，农民很难在市场交易中保护自己的利益。农业合作组织既提高了农民在市场交易中的谈判地位，又是科学技术进入农村、工业引进农村的有效载体。在台湾起作用的是农会及各种专业合作组织，在韩国和日本起作用的是"农协"，这种农民自己的组织不仅为农民的生产提供各种产前、产中、产后服务，还为农民提供各种生活服务，让农民在享受现代化的物质生活的同时，能够享受现代化所带来的精神生活。

5. 日本、韩国以及我国台湾地区都比较重视农村、农民的教育。日本、韩国以及我国台湾地区的社会中介组织比较重视农业技术教育、合作教育和农民的现代生活教育，在台湾是"农复会"和农会一起来做这项工作，在日本这是"农协"的日常工作内容,在韩国除"农协"在做这项工作外,20世纪70年代开始的"新村运动"还特别强调要培育农民"勤俭、自助、合作"的精神,把精神训练视为"新村运动"的最主要内容之一。

除了这些共同特征外,日本、韩国以及我国台湾地区的农村现代化还各有自己的特点,比如日本"农协"在日本农业、农村的作用就比较大,台湾地区则是"农复会"在农村、农业发展上起了很大的作用,在韩国则是"新村运动"对农村现代化的推进功不可没。从日本、韩国以及我国台湾地区农村现代化的进程中,我们或多或少地能够看到梁漱溟乡村建设理论的影子。

# 参考文献

[1] [英]安东尼·吉登斯著:《为社会学辩护》,社会科学文献出版社 2003 年版。

[2] [英]安东尼·吉登斯著:《社会理论与现代社会学》,社会科学文献出版社 2003 年版。

[3] [英]安东尼·吉登斯著:《社会学》,北京大学出版社 2003 版。

[4] [英]阿马蒂亚·森著:《以自由看待发展》,中国人民大学出版社 2002 年版。

[5] [法]埃米尔·迪尔凯姆著:《社会分工论》,生活·读书·新知三联书店 2000 年版。

[6] [英]哈耶克著:《不幸的观念》,东方出版中心 1991 年版。

[7] [英]哈耶克著:《通往奴役之路》,中国社会科学出版社 1997 年版。

[8] [美]丹尼尔.贝尔(著:《资本主义文化矛盾》,三联书店 1989 年版。

[9] [美]弗里曼、毕克伟、赛尔登著:《中国乡村,社会主义国家》,社会科学文献出版社 2002 年版。

[10] [美]易劳得著:《流产的革命:1927—1937 年国民党统治下的中国》,中国青年出版社 1992 年版。

[11] [澳]布鲁斯·家博著:《台湾乡村地方政治》,南京大学出版社 1992 年版。

[12] [美]费正清、赖肖尔著《中国:传统与变革》,江苏人民出版社 1996 年版。

[13] [德]弗兰克著:《依附性积累与不发达》,译林出版社 1999 年版。

[14] [美]艾恺著:《最后的儒家——梁漱溟与中国现代化的两难》,江苏人民出版社 1995 年版。

[15] [美]施坚雅著:《中国农村的市场和社会结构》,中国社会科学出版社 1998 年版。

[16] [美]吉尔伯特·罗兹曼著:《中国的现代化》,江苏人民出版社。

[17] [美]黄仁宇著:《中国大历史》,生活·读书·新知三联书店 1997 年版。

[18] [美]黄仁宇著:《万历十五年》,三联出版社 1987 年版 。

[19] [美]黄宗智:《中国农村的过密化与现代化:规范认识危机及出路》,上海社会科学院出版社 1992 年版。

[20] [美]黄宗智著:《长江三角洲小农家庭与乡村发展》,中华书局 1992 年版。

[21] [美]黄宗智著:《华北小农经济与社会变迁》,中华书局 2000 年版。

[22] [美]何炳棣著：《明初以降人口及其相关问题(1368—1953)》，生活·读书·新知三联书店 2000 年版。

[23] [美]柯文著：《在传统与现代性之间——王韬与晚清改革》，江苏人民出版社 1992 年版。

[24] [美]乔纳森·H.特纳著：《现代西方社会学理论》，天津人民出版社 1988 年版。

[25] [美]约翰·凯克斯著：《为保守主义辩护》，江苏人民出版社 2003 年版。

[26] [美]杰里弗·亚历山大著：《社会学二十讲——二战以来的理论发展》，华夏出版社 2000 年版。

[27] [美]詹姆斯·C.斯科特著：《农民道义的经济学》，译林出版社 2002 年版。

[28] [美]杰罗姆·B.格里德尔著：《知识分子与现代中国》，南开大学出版社 2002 年版。

[29] [法]卢梭著：《论人类不平等的起源和基础》，商务印书馆 1962 年版。

[30] [法]卢梭著：《社会契约论》，商务印书馆 1980 年版。

[31] [美]莫里斯·梅斯纳著：《毛泽东的中国及其发展——中华人民共和国史》，社会科学文献出版社 1992 年版。

[32] [德]马克斯·韦伯著：《新教伦理与资本主义精神》，三联书店 1987 年版。

[33] [美]马若孟、史建云著：《中国农民经济》，江苏人民出版社 1999 年版。

[34] [美]孔飞力著：《叫魂——1768 年中国妖术大恐慌》，上海三联书店 1999 年版。

[35] [德]斐迪南·滕尼斯著：《共同体与社会》，商务印书馆 1999 年版。

[36] [美]彼德·布劳著：《社会生活中的交换与权力》，华夏出版社 1988 年版。

[37] [美]杜赞奇著：《文化、权力与国家：1900—1942 的华北农村》，三联书店 1998 年版。

[38] [美]本尼迪克特著：《文化模式》，华夏出版社 1991 年版。

[39] [美]亨廷顿著：《变化社会中的政治秩序》，生活·读书·新知三联书店 1989 年版。

[40] [英]马尔萨斯著：《人口原理》，商务印书馆 1992 年版。

[41] [美]托马斯、[波兰]兹纳涅茨基著：《身处欧美的波兰农民》，译林出版社 2000 年版。

[42] [美]舒尔茨著：《改造传统农业》，商务印书馆 1999 年版。

[43] [美]汪祖荣著：《从传统中求变——晚清思想史研究》，百花洲文艺出版社 2002 年版。

[44] [美]W.L.刘易斯著：《二元经济论》，北京经济学院出版社 1989 年版。

[45] [美]汪荣祖著：《走向世界的挫折——郭嵩焘与道咸同光时代》，岳麓书社

2000 年版。

[46][德]沃尔夫冈·查普夫著:《现代化与社会转型》,社会科学文献出版社 2000
年版。

[47][法]魏丕信著:《18 世纪中国的官僚制度与荒政》,江苏人民出版社 2003
年版。

[48][美]吴相湘著:《晏阳初传——为全球乡村改造奋斗六十年》,岳麓书社 2002
年版。

[49][美]伊曼纽尔·沃勒斯坦著:《所知世纪的终结——二十一世纪的社会科学》,
社会科学文献出版社 2002 年版。

[50][日]中村哲著:《东亚近代史理论的再探讨》,商务印书馆 2000 年版。

[51][美]张仲礼著:《中国的绅士——关于其在 19 世纪中国社会终点作用》,上海
社会科学出版社 1998 年版。

[52]《马克思恩格斯全集》第 3—4 卷,人民出版社 1972 年版。

[53]《毛泽东选集》第 1—5 卷,人民出版社 1997 年版。

[54]薄一波著:《若干重大决策与时间的回顾》(下卷),中共中央党校出版社 1993
年版。

[55]彭德怀著:《彭德怀自述》,人民出版社 1981 年版。

[56]陈桂棣、春桃著:《中国农民调查》,人民文学出版社 2004 年版。

[57]成汉昌著:《20 世纪前半期中国土地制度与土地改革》,中央档案出版社 1964
年版。

[58]陈诚著:《台湾土地改革纪要》,台湾中华书局 1961 年版。

[59]曹锦清著:《黄河边的中国——一个学者对乡村社会的观察与思考》,上海文艺
出版社 2000 年版。

[60]曹幸穗著:《旧中国苏南农家经济研究》,中央编译出版社 1996 年版。

[61]杜吟棠主编:《合作社:农业中的现代企业制度》,江西人民出版社 2002 年版。

[62]傅上伦、胡国华、冯东书、戴国强著:《告别饥饿——一部尘封十八年的书稿》,
人民出版社 1999 年版。

[63]费孝通著:《费孝通学术文化随笔》,中国青年出版社 1994 年版。

[64]费孝通著:《江村经济——中国农民的生活》,商务印书馆 2001 年版。

[65]费孝通著:《乡土中国 生育制度》,北京大学出版社 1998 年版。

[66]费孝通著:《小城镇四记》,新华出版社 1985 年版。

[67]费孝通著:《费孝通学术散文》,浙江文艺出版社 1999 年版。

[68]费孝通著:《江村农民生活及其变迁》,北京大学出版社 1997 年版。

[69]关鸿、魏平主编:《蒋梦麟社会文谈:现代世界中的中国》,学林出版社 1997
年版。

[70]高化民著:《农业合作化运动始末》,中国青年出版社 1999 年版。

[71]郭蒸晨著:《梁漱溟在山东》,人民日报出版社 2002 版。

[72]郭德宏著:《中国近现代农民的土地问题研究》,青岛出版社 1993 年版。

[73]顾准著:《顾准日记》,经济日报出版 1997 年版。

[74]葛剑雄、侯杨方、张根福著:《人口与中国的现代化》,学林出版社 1999 年版。

[75]黄逸平、虞宝堂编:《北洋政府时期的经济》,上海社会科学院出版社 1995 年版。

[76]黄树民著:《林村的故事——1949 年后中国农村变革》,生活.读书.新知三联书店 2002 年版。

[77]胡逢祥著:《社会变革与文化传统——这个近代文化保守主义思潮研究》,上海人民出版社 2000 年版。

[78]华东师范大学日本文化研究中心编:《现代化与社会文化》,学林出版社 1995 年版。

[79]胡春惠著:《民初的地方主义与联省自治》,中国社会科学出版社 2001 年版。

[80]胡荣著:《理性选择与制度实施——中国农村村民委员会选举的个案研究》,上海远东出版社 2001 年版。

[81]焦必方主编:《战后日本农村经济发展研究》,上海财经大学出版社 1999 年版。

[82]景海峰、黎业明著:《梁漱溟评传》,人民出版社 1999 年版。

[83]金耀基著:《金耀基自选集》,上海教育出版社 2002 年版。

[84]金耀基著:《从传统到现代》,中国人民大学出版社 1999 年版。

[85]姜义华、吴根梁、马学新编:《港台及海外学者论传统文化与现代化》,重庆出版社 1988 年版。

[86]蒋和平等著:《当代农业新技术革命与中国农业科技发展》,江西人民出版社 2002 年版。

[87]金雁、卞悟著:《农村公社、改革与革命——村社传统与俄国现代化之路》,中央编译出版社 1996 年版。

[88]金雁著:《苏俄现代化与改革研究》,广东教育出版社 1999 年版。

[89]隗瀛涛著:《制夷之梦——林则徐传》,四川人民出版社 1995 年版。

[90]李国鼎著:《台湾的现代农业》,东南大学出版社 1996 年版。

[91]李渊庭、阎秉华著:《梁漱溟先生年谱》,广西师范大学出版社 2003 年版。

[92]李小云:《谁是农村发展的主体》,中国农业出版社 1999 年版。

[93]李小云著:《参与式发展概论》,中国农业出版社 2001 年版。

[94]李伯重著:《多视角看江南经济史》,生活·读书·新知三联书店 2003 年版。

[95]李国庆著:《日本农村社会的变迁——富士见町调查》,中国社会科学出版社 1999 年版。

[96]李明德主编:《现代化:拉美和东亚的发展模式》,社会科学文献出版社 2000 年版。

[97]李昌平著:《我向总理说实话》,光明日报出版社 2002 年版。

[98]李玉、严绍主编:《传统文化与中日两国社会经济发展》,北京大学出版社 2000 年版。

[99]李培林、孙立平、王铭铭等著:《20 世纪的中国:学术与社会》(社会学卷),山东 人民出版社 2000 年版。

[100]梁漱溟著:《梁漱溟自述》,漓江出版社 1996 年版。

[101]梁漱溟著:《梁漱溟全集》第 1—8 卷,山东人民出版社 1989—1993 年版。

[102]梁培宽编:《梁漱溟先生纪念文集》,中国工人出版社 2003 年版。

[103]罗荣渠著:《现代化新论——世界与中国的现代化进程》(增订版),商务印书 馆 2004 年版。

[104]罗荣渠著:《现代化新论——世界与中国的现代化进程》,北京大学出版社 1993 年版。

[105]罗汉平著:《农村人民公社史》,福建人民出版社 2003 年版。

[106]陆学艺主编:《当代中国社会阶层研究报告》,社会科学文献出版社 2002 版。

[107]陆学艺著:《三农论——当代中国农业、农村、农民研究》,社会科学文献出版 社 2003 年版。

[108]陆学艺、王春光、张其仔著:《中国农村现代化道路研究》,广西人民出版社 1998 年版。

[109]凌志军著:《历史不再徘徊——人民公社的兴起和失败》,人民出版社 1997 年版。

[110]赖泽源著:《比较农地制度》,经济管理出版社 1992 年版。

[111]马勇著:《梁漱溟评传》,安徽人民出版社 1992 年版。

[112]毛泽东著:《毛泽东书信选集》,人民出版社 1983 年版。

[113]毛泽东著:《毛泽东早期文稿》,湖南人民出版社 1990 年版。

[114]毛丹著:《一个村落共同体的变迁》,学林出版社 2000 年版。

[115]牛若峰著:《当代农业产业一体化经营》,江西人民出版社 2002 年版。

[116]牛若峰著:《中国农业的变革与发展》,中国统计出版社 1997 年版。

[117]牛若峰、郭玮、陈凡著:《中国经济偏斜循环与农业曲折发展》,中国人民大学 出版社 1991 版。

[118]钱乘旦、陈意新著:《走向现代国家之路》,四川人民出版社 1987 年版。

[119]钱乘旦、刘金源著:《寰球透视:现代化的迷途》,浙江人民出版社 1999 年版。

[120]钱乘旦、陈晓律著:《在传统与变革之间——英国文化模式溯源》,浙江人民出 版社 1991 年版。

[121]钱成润等著:《费孝通禄村农田五十年》,云南人民出版社 1995 年版。

[122]秦晖著:《秦晖文选:问题与主义》,长春出版社 1999 年版。

[123]任美锷主编:《中国自然地理纲要》(修订第三版),商务印书馆 1992 年版。

[124]宋林飞著:《西方社会学理论》,南京大学出版社 1997 年版。

[125]司马云杰著:《文化社会学》,中国社会科学出版社 2001 年版。

[126]孙立平著:《断裂:20 世纪 90 年代以来的中国社会》,社会科学文献出版社 2003 年版。

[127]宋连生著:《总路线、"大跃进"、"人民公社"运动始末》,云南人民出版社 2001 年版。

[128]孙宅巍著:《陈诚晚年》,安徽人民出版社 1996 年版。

[129]童星主编:《教育科技与知识经济》,南京出版社 1998 年版。

[130]童星著:《中国现代化热点审视》,南京出版社 1999 年版。

[131]童星主编:《现代社会学理论新编》,南京大学出版社 2003 年版。

[132]童星著:《世纪末的挑战——当代中国社会问题研究》,南京大学出版社 1995 年版。

[133]唐德刚著:《晚清七十年》,岳麓书社 1999 年版。

[134]吴忠民、刘祖云主编:《发展社会学》,高等教育出版社 2002 年版。

[135]吴承明:《中国的现代化:市场与社会》,生活·读书·新知三联书店 2001 年版。

[136]王景新著:《中国农村土地制度的世纪变革》,中国经济出版社 2001 年版。

[137]乌廷玉编:《中国租田关系通史》,吉林文史出版社 1992 年版。

[138]萧功秦著:《危机中的变革——清末现代化进程中的激进与保守》,上海三联书店 1999 年版。

[139]谢立中、孙立平编:《二十世纪西方现代化理论文选》,上海三联书店 2002 年版。

[140]熊吕茂著:《梁漱溟的文化思想与中国现代化》,湖南教育出版社 2000 年版。

[141]宣兴云、王春法等著:《西方国家农业现代化透视》,上海远东出版社 1998 年版。

[142]徐浩著:《农民经济的历史变迁——中英乡村社会区域发展比较》,社会科学文献出版社 2002 年版。

[143]杨善华主编:《当代西方社会学理论》,北京大学出版社 1999 年版。

[144]杨菲蓉著:《梁漱溟合作理论与邹平合作运动》,重庆出版社 2001 年版。

[145]尹保云著:《什么是现代化》,人民出版社 2001 年版。

[146]岳华著:《儒家传统的现代化——杜维明新儒学论著辑要》,中国广播电视出版社 1993 年版。

[147]殷海光著:《中国文化的展望》,上海三联书店2002年版。

[148]苑书义、董丛林著:《近代中国小农经济的变迁》,人民出版社2001年版。

[149]于建嵘著:《岳村政治——转型期中国乡村政治结构的变迁》,商务印书馆
　　　2001年版。

[150]周晓虹著:《西方社会学历史与体系》,上海人民出版社2002年版。

[151]周晓虹著:《现代社会心理学》,上海人民出版社1997年版。

[152]周晓虹著:《传统与变迁——江浙农民的社会心理及其近代以来的嬗变》,生
　　　活·读书·新知三联书店1999年版。

[153]郑杭生主编:《社会学概论新修》(第三版),中国人民大学出版社2003年版。

[154]张岩冰著:《梁漱溟印象》,学林出版社1997年版。

[155]郑大华著:《梁漱溟传》,人民出版社2001年版。

[156]郑大华著:《民国乡村建设运动》,社会科学文献出版社2000年版。

[157]张冠生著:《乡土足音——费孝通足迹、笔迹、心迹》,群言出版社1996年版。

[158]张冠生著:《费孝通传》,群言出版社2000年版。

[159]张岱年、方克立主编:《中国文化概论》,北京师范大学出版社1994年版。

[160]张橡浩著:《复兴民族文化的探索——现代新儒家与传统文化》,江苏人民出
　　　版社2003年版。

[161]周积明著:《最初的纪元——中国早期现代化研究》,高等教育出版社1996
　　　年版。

[162]张乐天、曹锦青、陈中亚著:《当代浙北乡村的社会文化变迁》,上海远东出版
　　　社2001年版。

[163]张乐天著:《告别理想——人民公社制度研究》,东方出版中心1998年版。

[164]张新蚕著:《红色少女日记——一个女红卫兵的心灵轨迹》,中国社会科学出
　　　版社2003年版。

[165]郑谦、刘波著:《一个伟人的奋斗与命运——刘少奇之路》,中共党史出版社
　　　2001年版。

[166]周维宏主编:《中日农村经济组织比较》,经济科学出版社1997年版。

[167]朱国宏、林尚立著:《中国社会变迁:反观与前瞻》,复旦大学出版社2001
　　　年版。

[168]朱国宏主编:《社会学视野里的经济现象》,四川人民出版社1998年版。

[169]中国社会科学院农村社会发展研究所编:《中国农村发展研究报告》,社会科
　　　学文献出版社2001年版。

[170]曲延东著:《邹平通史》,中华书局1999年版。

[171]中国人民政治协商会议邹平县委员会编:《邹平文史》第十、十一辑,中国文史
　　　出版社2001年版、2003年版。

［172］邹平县政协文史资料委员会、山东省政协文史资料委员会编:《梁漱溟与山东乡村建设》,山东人民出版社 1991 年版。

［173］《中国农村统计年鉴》(1980),中国统计出版社。

［174］《中国农业统计年鉴》(1997—2002),中国统计出版社。

［175］《邹平 12 年历史资料统计汇编》(1949—1960),邹平县计划委员会 1962 年编(手抄本)。

［176］《1969 年邹平县国民经济统计资料提要》,邹平县革命委员会生产指挥部 1970 年编印。

［177］《1979 年邹平县国民经济统计资料》,邹平县计划委员会 1980 年编。

［178］《1999 年邹平统计年鉴》,邹平县统计局 2000 年编。

［179］Neil. J. Smelser. 1988. Sociology, Third Edition , Prentice-Hall Inc.

［180］Alex Thio . 1992. Sociology in Introduction, Third Edition , HarperCollins Publishers Inc.

［181］Yu Hai. 2002. Western Social Theory, Classic and Contemporary Readings, Fudan University Press.

［182］Andrew G. Walder, Zouping in Transition: The Process of Reform In Rural North China. Harvard University Press.

# 附录：邹平记行

　　2004年5月上旬，在邹平一年中的最美丽日子里我访问了她。在到达邹平的前一天我夜宿济南，在半夜到达济南时，已是大雨滂沱，在酒店里，窗外的雨声让我久久难以入睡。我知道对山东这个半干旱地区来说，这场春末夏初的大雨就是一场"甘霖"，是一场知时节的好雨。第二天早上，大雨仍未停下，因为大雨，从济南到邹平70公里的高速公路，汽车开了一个半小时。雨过天晴的邹平县城，空气清新，街道整洁，树木葱绿，没有一般北方城市常见的那种灰蒙蒙的感觉。与酒店的服务员聊起这场雨，她说这是今年来最大的一场雨，小麦正在灌浆，雨来得正是时候。

　　到达邹平后，我找到刚刚迁往新办公楼的"邹平政务中心"，县政府及其大部分政府部门、县人大、县政协都在这座新落成的12层高的大楼里办公，大楼前后建有很大的绿化广场和喷水池，尚未完工。我首先拜访了位于11层楼的邹平县统计局，办公室的耿连锁接待了我，由于时间的限制，我提出希望从1949年起，每隔10年抽一本邹平统计年鉴来阅读。耿先生告诉我，1950年到1962年只有一本手抄油印的统计资料汇编，1969年、1979年、1989年、1999年的资料都有，最新的资料是2002年的。我花了一整天的时间阅读和摘抄有关的数据，希望借此能对邹平半个世纪以来的社会变迁有个大致的认识。第二天，我前往邹平县政协拜会政协副主席曲延庆先生，他是邹平当地的梁漱溟研究专家，也是山东省梁漱溟研究会的副主任，曾多次陪同美国学者艾恺在邹平从事有关梁漱溟的研究。在翻阅过我的博士论文的初稿后，他向我介绍了山东省和邹平当地梁漱溟研究的情况，由于他还有已经安排好的其他公务，这次会面只有不到一个小时的时间，他约我第二天再来，并送我几本有关邹平的书，其中一本是他自己编写的《邹平通史》。第二天，我如约前来，听曲先生谈当地近年来经济与社会发展的情况。曲先生介绍说，这几年邹平招商引资工作力度大，不断有新项目开工，邹平的综合经济实力在山东全省130多个县中目前排在第29位，已经进入了第一方阵。在谈到邹平的工业时，他介绍说，邹平有不少有实力的企业集团，在改制完成后，比较有活力，既是邹平的利税大户，也是吸纳农村劳动力的主要渠道。像亚洲规模最大的魏桥棉纺集团，有几万职工，不仅附近几个乡的适龄女青年都到该企业工作，还吸引了一部分外县、甚至外省的人来工作。曲先生估计，在邹平30多万农村劳动力中，大部分已不再从事农业生产，对大部分农家来说，农业已经成为"副业"，这与20世纪60年代日本农户的兼业情况有些相似,日本把非农业收入大于农业收入的农户称为"第一兼业农户",把农业收入大于非农业收入的农户称为"第二兼业农户",从20世纪60年代起,日本的第一兼业农户就超过了第二兼业农户,目前第一兼业农户占全部农户的85%以上。邹平在改革以后出现了兼业农户,农户兼业化的趋势在20世纪90年代初期进一步加快,美国学者 Andrew G. Walder 在《Zouping in Transition》书中对此有比较详尽的定量研究。县政府最近提出要把农村劳动力的工资收入作为主要收入来源,鼓励农民进入当地的企业务工。在回答为什么邹平的统计资料上只有6万多城镇人口时,曲先生回答说,这是个统计口径的问题,那些不具有"非农村户口"的人即使在城里工作、居住,也不会被统计为城镇人口。今天的邹平是由以前的长山、齐县、邹平三县合并而来,原来三县的县城都在今天的邹平,工业并没有都集中邹平县城,相对来说比较分散。在工业进城的同时,也出现了工业下乡,邹平的工业集中是相对的,这也给农民就近进厂务工提供了方便。曲先生对邹平的经济发展表示满意,但对邹平的非物质建设——农村的民主、农民的教育、农民的精神生活、农业合作组织的发育等不甚满意,这实际上是梁漱溟在上个世纪30年代提出的乡村建设的主要内容。曲先生认为,梁漱溟乡村建设理论的显示意义也正在于此。

曲先生还向我推荐了当地另一位梁漱溟研究专家郭蒸晨。我与郭先生约在邹平县老干部活动中心会面,这里是刚刚搬离的原县政府所在地,一个偌大的院子很是空寂,大院绿化很好,两幢四五层的办公楼已经被封闭了。老干部活动中心就在县政府后边的食堂边,"老干部"是指已经退休或离休的具有一定级别的干部,现在既然退休也就远离了权力,被留在原地也是情理之中。郭先生是比较早研究梁漱溟的人,曾参与编写《梁漱溟与山东乡村建设》一书,最近又刚出版了一本《梁漱溟在山东》专著,目前正在筹备梁漱溟研究资料馆,下一本准备出版关于梁漱溟的书是《梁漱溟图片集》,郭先生表示要把梁漱溟的全部图片收集起来,这个工作正在进行之中。因工作原因,郭先生在20世纪80年代就开始收集、整理梁漱溟在邹平从事乡村建设的历史资料,在梁漱溟生前曾代表邹平父老乡亲专程拜望过梁漱溟,在得知梁漱溟病逝后就立即赶往北京,向梁的家人提出希望梁漱溟的骨灰能够安葬在邹平,后得梁家人同意,梁漱溟骨灰的三分之一安葬在邹平(有三分之一安葬在北京近郊家族墓的,另三分之一安葬在祖籍地广西桂林)。郭先生向梁家人提出希望梁漱溟的骨灰安葬在邹平,事先并未得到当地政府的授权,在得到梁家人的首肯后,郭先生赶紧回来游说县政府,在当时的政治环境下,县政府虽然还有些犹豫,最终还是同意了,梁漱溟毕竟还是全国政协常委,但在有关表述上改为"应梁漱溟家人及学生的请求"将梁漱溟安葬在邹平(在梁先生墓前的"梁漱溟先生墓筹建记略"中是这样表述的:"应另嗣培宽等人要求")。

在与我交流后,郭蒸晨表示他在10年前召开的梁漱溟国际学术讨论会上,就提出过"革命的问题只能用革命的手段来解决,而建设的目标也只能用建设手段来实现"这样类似的观点。对邹平当前的"跨越式、超常规"的发展思路,郭表示这就是"大跃进"的翻版,对县政府向所有的政府部门下达招商引资指标的做法不以为然。郭认为这不是一种可持续性的发展,这种片面追求GDP的做法是对发展的一种片面理解,梁漱溟在乡村建设理论中提出的有些问题在邹平乃至中国都还没有解决。

与郭先生分手后,我前去拜谒梁先生的墓。本来想在县城买一束花带上,在去墓地的路上并没有看到花店,只好作罢。梁先生的墓位于县城近郊的黄山南麓,70年前山东乡村建设研究院的农场就在黄山脚下,如今梁先生也长眠在这里。黄山并不高,海拔应不足百米,有大小两个山峰,梁先生长眠在第二个山峰的旁边。在我去梁先生的墓地时,整座葱茏的青山寂静无声,路上难得遇见人影,路上也没有指路牌,我沿着大致方向一路走来,最后终于在绿树丛中看到了梁先生的墓。郭燕晨介绍说,梁先生的墓大约耗资6万元,地方行署出资2万元,邹平县政府出资2万元,家属及学生出资2万元,墓地是由梁先生的长孙梁钦元设计的,1989年10月建成。梁先生的墓朴实无华,一如梁漱溟的为人。墓前有自称是"后学"的袁晓园、张岱年、冯友兰等人题写的挽联,郭燕晨说邹平县政府准备把更多人题写的挽联、诗词等,立碑刻石。约两米高的大理石碑上刻有赵朴初先生题写的"梁漱溟先生之墓"几个楷书大字,碑后是朴实无华的花岗岩墓,墓的两侧和后面是依山而建的墓墙,正对着墓地大门的墓墙上嵌有一块黑色的大理石,刻有"梁漱溟先生述略"。梁先生墓的南侧约一公里远就是大型的市民休闲广场,这个休闲广场与县政府大楼前的广场中间隔着济青高速公路。站在梁先生墓前就可以看到在阳光下熠熠生辉的县政府新办公大楼。面对济青高速公路上川流不息的车流,梁先生还是可以独享这份安宁,真是难得。

崔敬辉

2004.5.20.

# 索　引

# 致　谢

本书由我的博士论文修改而来。从 2001 年 9 月进入南京大学师从童星教授攻读社会学专业的博士，到 2004 年 6 月完成博士论文、通过论文答辩，获得博士学位，如果从 1997 年 9 月进入南京大学攻读社会学硕士算起，我与南京大学有着长达七年的不解之缘。南京大学社会学系为我提供优良的学习环境和学习氛围。我非常感谢南京大学社会学系对我的培养和教育，在我硕士和博士阶段的学习过程中，社会学系的周晓虹教授、宋林飞教授、张鸿雁教授、童星教授、翟学伟教授、风笑天教授、朱国云教授、汪河建教授、朱力教授、周沛教授等老师，或是在课堂上为我精心"传道、授业、解惑"，或是在课后言传身教，或是认真批阅我的学位课程论文，使我受益匪浅。在我博士论文的修改过程中，周晓虹教授、张鸿雁教授、童星教授、翟学伟教授、朱国云教授等都提出了很好的修改意见，周晓虹教授还把他的私人藏书借给我阅读。如果没有他们的修改意见或建议，很难想象我的博士论文会有今天这个结果。

我还要特别感谢我的指导老师童星教授和师母范菊芳老师，在硕士和博士阶段的学习中，他们一如既往地关心我的学习和生活，童老师悉心给我学业及学业外的诸多教诲，在教我做"文"的同时也教我做"人"，使我受益终生。在毕业论文及已公开发表的数篇文章里，童老师无不从文章的立意、结构、逻辑等方面给我诸多指导。在硕士阶段的学习中，童老师就指导我阅读梁漱溟的有关理论，帮助我确定后来的研究方向，因此，这篇博士论文显然不是三年的学习成果，而应是在童老师的指导下，我五年或六年的学习成果。

在南京大学的求学过程中，我有幸遇到了来自全国各地青年才俊，和他们一起学习、讨论、交流，开阔了我的视野，增长了我的见识，他们是花菊香、郑红娥、姜继红、王效仿、邱建新、杨光辉、李一、谢燕清、王卓君、郑欣、严新明、潘金宏、李宏毅、王毅杰、鲁兴虎、周凯、周义安、周建国、狄晓华、谢俊贵、文军、还有来自遥远澳洲的周效（Jason Atkinson），等等。他们在各自的研究领域都是学有所成的专家、学者，他们是我友亦是我师。在论文的修改过程中，译林出版社的学友范红升、南大中美中心的王曲也提供了他们力所能及的帮助。

2004 年 5 月，在我访问邹平期间，邹平县政协副主席曲延庆先生、县文史资料办公室的郭蒸晨先生、县统计局的耿连锁先生给我提供了力所能及的帮助，让我体会到了山东人的热情，对他们所提供的帮助我深表谢意。

最后，我还要特别感谢我的妻子朱艳女士，她在我攻读博士学位的最后一年里放弃了自己心爱的护理事业，专门在家相夫教子，为我提供了非常好的后勤服务，她甚至能够忍受我一整天地面对书本或电脑而不和她说一句话，没有她的宽宏大量，我的论文写作是不敢想象的。在进入南大学习的时候，我的女儿崔可遇还未出生，今天，她已经初中快毕业了，她时常用她的聪明与调皮提醒我，催我奋进，让我不敢懈怠。另外，我的父母就是农民，他们身上的那些优良品质是我一生都用之不尽的力量源泉，对他们来说，仅有感谢是远远不够的。

从 2004 年 8 月完成博士论文，到今日论文出版，中国农村、农业与农民发生了一些显著变化，主要表现为国家的农业政策的重大变革。涉农税收的减免、农业保护制度初步实施、农民养老保险政策的全面覆盖、农村新型合作医疗的全面推广和筹资金额大幅度上升、国家农村义务教育阶段的寄宿补贴，等等。中国农民终于不再缴纳已经缴纳了几千年的"皇粮"了，国家反过来给农民种养补贴了。农民终于也可以领养老金（虽然数量很少，每人每月只有 65 元）了、看病可以报销了。涉农政策的变化巨大，表明政府已经认可一些新的理念，学习一些被认为是行之有效的发展农业、保护农民、建设农村的好经验。这些经验来自国内不同地区的现行实验，也来自国际上的通行做法。

中国农村、农业、农民是一个巨大的社会存在，在现代化的进程中，中国农村发展在学习他人经验的基础上一定会带有自身的特色，这是不以任何人的主观意志为转移的。"认识老中国、建设新中国"依然是我们前进中不可或缺、行之有效的方法。希望本书的出版能够部分达成梁漱溟先生的这个愿望。美国学者艾恺把他访问梁漱溟先生的录音整理出版，命名为《这个世界会好吗》，希望中国在新世纪的发展能够回答梁先生的这个问题：是的，这个世界会好的，中国也会好的！

本书的出版还要感谢南京大学新闻传播学院融合应用传播实验室的出版资助，并特别感谢实验室主任蒋旭峰教授，正是蒋博士策划了"融合应用传播丛书之三农传播系列"及不遗余力地督导、催促才有此书的出版。最后要感谢浙江大学出版社李苗苗编辑为编辑本书付出的辛劳。

崔效辉

2013 年 10 月 1 日于南京锁金村